チャレンジャー・セールス・モデル

――成約に直結させる「指導」「適応」「支配」

THE CHALLENGER SALE
Taking Control of the Customer Conversation
by Matthew Dixon and Brent Adamson

This edition published by arrangement with Portfolio,
a member of Penguin Group(USA) LLC, a Penguin Random House Company
through Tuttle-Mori Agency, Inc., Tokyo

序文

——ニール・ラッカム

『大型商談を成約に導く「SPIN《スピン》」営業術』著者

営業という仕事は、これまで少しずつ着実な進歩を遂げてきたが、その途上で、方向性の大きな転換をもたらす「大躍進」を経験している。まったく新しい考え方に基づいて、営業成績を劇的に改善した大躍進、それは、私に言わせればこの一〇〇年で三回だけあった。

ひとつ目は、それこそ一〇〇年ほど前である。販売戦略を変えるだけで売上を倍増できることに、保険会社が気づいたときだ。それまでは家具や家財道具、あるいは機械などの資本設備と同様、保険は販売員によって販売され、その販売員が毎週のように顧客を個別訪問しては、保険料などを徴収していた。それゆえ、契約者が一〇〇人にもなると、保険料の徴収だけで手一杯で、新規契約の獲得どころではなくなっていた。

そこで、ある天才が思いついたのが、いままでいう「ハンター・ファーマー・モデル」だ。ハンターとは新規顧客を獲得する人、ファーマーとはその顧客を育てる人。つまり、保険の販売と保険料の徴収というふたつの役割を分離して、売るのが専門の生産者《プロデューサー》を、経験の少ない（だから人件費も安い）回収者《コレクター》がバックアップするかたちにしたというわけだ。後者が既存顧客をケアし、毎週の保険料を徴収する。このアイデアは大成功を収め、保険業界を一夜にして様変わりさせた。同じ考え方は他の業界にも広まり、ここへきて初めて、営業は集金業務から解放された「純粋な」役割を得たのだった。

ふたつ目の大躍進

プロデューサーとコレクターという考え方が、いつ導入されたのか正確にはわからないが、ふたつ目の大躍進がいつだったかは、はっきりしている。それは一九二五年七月、E・K・ストロングが *The Psychology of Selling*（営業の心理学）を刊行したときだ。

この優れた著作は、「営業にはテクニックがある」ということを世に知らしめた。たとえば、フィーチャー&ベネフィット（特徴と効果）、オブジェクションハンドリング（反論への対応）、クロージング（契約手続きの完了）、そしてこれがたぶん最も重要なのだが、オープンクエスチョンとクローズドクエスチョン（自由回答式質問と選択式質問）。この著作のおかげで、誰でももっと効果的な販売方法を学べることが示され、営業研修という新しい産業が生まれた。

いま見ると、ストロングが書いた内容は、その多くが単純で強引に感じられる。それでも彼（そして彼の後継者たち）は、営業という仕事を完璧なまでに変革した。ストロングのいちばんの功績は、営業は天賦の才ではないと説いたことだ。営業のスキルは一から学習できる――一九二五年当時、それはじつに進歩的な考え方だった。これによって、営業という活動はより一般に開かれたものとなり、当時のレポートなどを見ても、販売効果が飛躍的に高まった。

三つ目の大躍進

そして一九七〇年代に、三つ目の大躍進が起きた。小さな商談と大きくて複雑な商談では、成功するテクニックやスキルが違うという考え方に、研究者たちが関心をいだくようになったのだ。私は幸運にも、この革命的な発見で、重要な位置を占めることができた。

当時、私は、二三カ国、一万人の販売員を調べるという大規模な研究プロジェクトを指揮し、三万五〇〇〇件以上のセールスを実地調査した。複雑な商談の成否を分ける要因が何かを分析するためだ。この一二年に及ぶプロジェクトをもとに、『大型商談を成約に導く「SPIN《スピン》」営業術』（海と月社）をはじめとする書籍も刊行した。いまでいう「コンサルティング営業」の始まりだ。複雑な商品・サービスをいかに売るかという高度なモデルが示され、それまでのふたつの大躍進と同様、営業の生産性が大幅にアップしたという点で、これもやはり大きな躍進だった。

これ以後も、営業テクニックは小さな改善を数多くくり返してきた。だが、大躍進と呼べるほどの抜本的改革はなかった。たしかに、販売の自動化、販売プロセスの明確化、カスタマー・リレーションシップ・マネジメント（CRM）の確立などはあった。テクノロジーの果たす役割が大きくなり、インターネットのおかげで販売活動も変容した。しかし、いずれも小幅な変化であり、生産性の伸びにはクエスチョンマークがつく。それまでとはまったく違う効果的な販売法という意味で、本当の大躍進といえるものはなかったというのが、私の見解だ。

購買革命

ところが、興味深いことに、販売の「反対側」では大きな躍進があった。購買に革命が起きたのだ。一九八〇年代には行き詰まりが見えた購買部門だが（当時は人事部のメガネにかなわない人に、生きる道はなかった）、そこから巻き返して、戦略的な意義をそなえるようになった。サプライヤーセグメンテーション戦略や、高度なサプライチェーン管理モデルなど、力強く新しい購買手法が登場し、販売にも抜本的な変化が求められるようになったのである。

この購買の変化に、販売・営業がどう反応するか、私は楽しみにしてきた。営業の次なる大躍進があるとすれば、それは購買の革命を受けてのことになるはずだ。しかし、これといった変化はまだ起こっていない。まるで、起こるはずの地震が起こるのを待っているかのようだ。いつか必ず来るのはわかっているが、それがいつかはわからない――。

四つ目の大躍進？

では、本書のテーマである「チャレンジャー・セールス」はどうなのか？　これが私たちの待ち望んでいた大躍進なのか？　判断するのはまだ早計だ。きちんと答えるには一定の時間が要る。ただ、私の見るところ、本書の内容にはゲームのルールを一変させる可能性がある。

まず、一般常識に反している（ゲームのルールを変えるとはそういうことだ）。もちろん、それだけでは十分ではない。常識破りのイカれたアイデアだってたくさんあるのだから。本書がそれらと違うのは、過去の大躍進と同じように、その中身を理解した営業リーダーが、「たしかに常識には反するけど、筋は通っている。もっと早く知っておくべきだった」と口にするところにある。この本をお読みになったあなたも、「これはいままでにない考え方だが、たしかに成果を出す」という結論を導かざるをえないだろう。

ここで多弁を弄《ろう》して興をそぐのはやめておく。あとは読者であるあなた自身で判断していただきたい。だが、著者たちの調査が営業の世界では何十年かぶりの大きな前進であり、「営業の大躍進」というめったにない栄誉に浴する可能性がある、と私が思う理由は記しておきたい。

理由① 調査が優れている

この調査は、なかなかしっかりしている。いや、けっして軽い気持ちで言っているのではない。営業の調査というやつには、方法論的な穴、ジャンボジェットも通れるくらいの大きな穴のあるものが少なくない。いまの時代は、ありとあらゆるコンサルタントや著者が、己の主張の有効性は「調査で証明された」と言い立てる。だが、調査をすれば確実に信頼を得られた昔とは違い、いまは調査をすると確実に信頼を失うようになっている。調査といっても名ばかりだということを、顧客がちゃんと疑ってかかるからだ。「私たちの調査によれば、当社の研修プログラム導入後、売上は二倍以上になりました」、「私どもの『七つの購買スタイル』モデルをご利用いただいたところ、顧客満足度が七二％アップしました」……。このような主張は、本物の調査の信頼性を損なう、証明不可能な言い分だ。

本書の著者が属するコーポレート・エグゼクティブ・ボード社（ＣＥＢ）が、販売効果に関する驚くべき調査をしたらしいと私が耳にしたのは、オーストラリアで開かれたあるカンファレンスでのことだった。かねてから、ＣＥＢとその実績ある確かな方法論は評価していた。だが正直に言うと、いい加減な調査でさんざん痛い目に遭っていた私は、「また失望させられるんだろうな」と思っていた。その後、バージニア州のオフィスに戻ってから、調査を担当したチームを招き、一日かけてその方法論をいっしょに精査したときも、まだ彼らの調査の欠点を指摘してやるつもりだった。とくに気がかりだったのは、次のふたつだ。

①販売員を五つに分類しているのはなぜか？

調査によると、販売員は次の五つのタイプに分類できるという。

●ハードワーカー（勤勉タイプ）
●チャレンジャー（論客タイプ）
●リレーションシップ・ビルダー（関係構築タイプ）
●ローンウルフ（一匹狼タイプ）
●リアクティブ・プロブレムソルバー（受動的な問題解決タイプ）

だが私は、本当にそう単純に分けられるものなのか、恣意的なのではないかと疑った。だから、この五つに分ける根拠を尋ねた。なぜ七つではないのか？　あるいは一〇でないのか？　すると彼らは、これは自分たちの都合のいいようにこしらえた分類ではなく、大規模で高度な統計分析から導かれたものであると答えてくれた。また、彼らは多くの研究者とは違って、これら五つは固定的な性格タイプではなく、あくまでも行動クラスター（結果としての行動をグループ化したもの）だと理解していた。第一のテストは合格だった。

②ハイパフォーマーとローパフォーマーだけを比較していないか？
販売効果に関する調査は、ハイパフォーマーとローパフォーマーを比較するケースがほとんどだ。私自身、最初のころは同じことをしていた。だが、人は敗者についてはじつに正確に分析す

る一方、スターのスターたる所以《ゆえん》はなかなか説明できない。私も結局、パフォーマンスが劣る人については理解が深まったものの、それだけだった。意味のある調査をするためには、トップパフォーマーを平均的（中心的）なパフォーマーと比べなければならない。CEBがまさにそのやり方をしていたのは救いだった。

理由② サンプル数が十分である

営業関係の調査でありがちなのは、対象が三、四社だけで、被験者が五〇人とか八〇人しかいないケースだ。もっと規模の大きな調査は実施するのが難しく、費用も相当かかる。私の場合は一〇〇〇以上のサンプルを使ったが、それはなにも大規模調査がしたかったからではなく、現実世界のノイズの多いデータを考えた場合、統計的に有意な知見を得ようとしたらそうするほかなかったからだ。

本書の前提となる調査は、最初のサンプルが七〇〇で、その後六〇〇〇にまで増加したという。申し分ない数字だ。しかも、調査に参加した企業は九〇社。これだけのサンプルがあれば、一般化を阻害する要因をほとんど排除できる。つまり、この調査結果は特定の企業、特定の産業に関するものではなく、営業という仕事全般に当てはまる。これはとても重要なことだ。

理由③ 思惑どおりの結果ではなかった

見込みどおりの結論を得る調査や研究なんて信用できない。研究者だって人の子だから、偏見や先入観をいろいろ持っている。望む結果があれば、ついそれに沿った発見をしてしまうだろう。ところが本書の調査担当者たちは、予想とほぼ正反対の結果が出て驚いたらしい。それを聞いて私はほっとした。まことに健全だ。意義のある調査とは、たいていそういうものである。

ここで、五つのタイプをもう一度見てみよう。

- ハードワーカー（勤勉タイプ）
- チャレンジャー（論客タイプ）
- リレーションシップ・ビルダー（関係構築タイプ）
- ローンウルフ（一匹狼タイプ）
- リアクティブ・プロブレムソルバー（受動的な問題解決タイプ）

もし、このうちひとつだけを選んで営業チームをつくれと言われたら、営業担当幹部のほとんどは、「リレーションシップ・ビルダー」（関係構築タイプ）を選ぶだろう。調査班もそう予想していたという。だがふたを開けてみると、リレーションシップ・ビルダーは花形スターになりそうになかった。トップの座を獲得したのは、むしろ扱いにくく、顧客にも上司にも言いたいことを言う「チャレンジャー」（論客タイプ）だった。しかも、本書を読めばおわかりのように、「チャレンジャー」の勝利は圧倒的で、その傾向は、複雑な営業で顕著だった。

リレーションシップ営業の低迷

さて、常識に反するこの発見をどう説明すればよいだろう？　本書の著者、マシュー・ディクソンとブレント・アダムソンは、説得力のある主張を展開している。が、私もひとことだけ付け加えさせてほしい。長いあいだ、営業とはすなわち関係づくりであり、複雑な商談の成功を支えるのは、ひとえに関係性であると言われてきた。ところがこの一〇年、そうしたリレーションシップ営業はかつてほど効果をあげていないように見える。私自身、顧客が販売員に何を期待しているかを調べたことがあるのだが、回答者一一〇〇人のうち「関係構築」に言及した人は、意外にも少数だった。「関係を築けば売上はついてくる」という古いアドバイスは、もう通用しそうにない。

関係づくりなど取るに足らない、と言いたいのではない。関係構築と購買決定のつながりが薄くなった——というのが本当のところなのだ。昨今の顧客は、よくこんなことを言う。「この営業担当者とはとてもいい関係にあるけど、ライバル企業の提供する価値のほうが高いから、買うのはあちらからでしょうね」

思うに、顧客との関係は、営業がうまくいく原因ではなく、結果なのではないか。それはいわば、販売員が顧客価値をつくり出すことで手にするご褒美だ。顧客の発想を変え、新しいアイデアを生む手助けをすれば（「チャレンジャー」がやっているのはまさにそれ）、関係構築の権利が得られるというわけだ。

「チャレンジャー」をめざして

本書の肝は、顧客への影響力、ひいては販売実績において、「チャレンジャー」の卓越性が実証されているところにある。これには多くの人が驚いている。同じように感じる読者もおられるにちがいない。「チャレンジャー」という考え方を明確にしたのは本書が初めてだ。とはいえ、その裏づけとなる事実は、以前からあちこちで目にすることができた。

顧客アンケートをとるたびにわかるのは、顧客に考えさせ、新しい発想を持ち込み、創造的・革新的な方法で顧客の事業をサポートするようなセールスパーソンが評価される、ということだ。近年は、より深い専門性が求められている。自分たちが知らないことを教えてほしい、と顧客は考えている。顧客が知らないことを教える――それは「チャレンジャー」が武器とするコアスキルだ。同時に、これからのスキル、未来のスキルでもあるから、本書のメッセージを無視するには覚悟が必要だろう。

私はずっと、セールスイノベーションの世界に携わってきた。だから、この重要な調査結果が発表されても、すぐに革命が起きるとは思わない。変化には時間もかかれば、痛みもともなう。ただ、これだけは確かだ。今後、ここに述べられている新しい発見に着目し、それを首尾よく実行する企業がいくつか出てくるだろう。そして、そうした企業は自社の営業組織に「チャレンジャー」を加えることで、多大な利益をあげ、競争上の大きな強みを握るだろう。

CEBの調査が示すように、いまは製品イノベーションだけで企業の成功を支えられる時代ではない。何を売るか以上に、どうやって売るかが重要になった。有能な営業組織は、優秀な製品の数々よりも、持続性の高い競争優位をもたらすのである。

本書を読めば、あなたもきっと、「勝利する営業」の青写真が明確になる。私からのアドバイスは、「読み、考え、実行せよ」。あなたも、あなたの会社も、そうしてよかったと思うはずだ。

チャレンジャー・セールス・モデル●目次

序文——ニール・ラッカム 003

はじめに 驚くべき発見 019

第1章 ソリューション営業の進化 023
プロダクト営業からソリューション営業への歩み／ソリューションがもたらす負担
拡大する人材のギャップ／これからの新しい方向性

第2章 チャレンジャー① ハイパフォーマンスを生む新モデル 034
答えを探して調査に乗り出す／発見① 販売員には五つのタイプがある
発見② 勝者と敗者がはっきりしている
発見③ 「チャレンジャー」は不況に強いだけでなく、ソリューション営業も得意である

第3章 チャレンジャー② 新モデルを移植する 054
「チャレンジャー・セールス・モデル」は効果があるのか?
本書の以降の構成について

第4章 差別化のための「指導」① なぜインサイトが必要なのか？ 073
問題は「何を」売るかではなく、「いかに」売るかだ／インサイトの威力
「商談直結型の指導」をせよ

第5章 差別化のための「指導」② インサイト主導の会話の進め方 102
「六つのステップ」でゴールをめざせ／自分の営業スタイルをふり返る
「商談直結型の指導」を導くメッセージのつくり方
「インサイト生成マシン」を構築する
成功事例①――予定外のことを計画する力／成功事例②――「利益クリニック」
✷コラム――語り口は「大胆」に 124

第6章 共感を得るための「適応」 151
意思決定者の本音／「幅広い支持」を得るためのカギ
営業の「新しい力関係」／メッセージを適応させる方法／ばらつきをなくす
成功事例――「役割に応じたメッセージ」戦略／「適応」の着実な実践法とは？

第7章 営業プロセスの「支配」 174
「支配」をめぐる三つの誤解／販売員に「支配力」をつけさせる

成功事例――交渉管理ロードマップ／注意すべき点／すべてを動員する

第8章 営業マネジャーと「チャレンジャー・セールス・モデル」 202
一流の営業マネジャーの条件／コーチング――「既知」を伝授するということ
イノベーション――「未知」を開拓するということ

第9章 先例に学ぶ 240
営業リーダーに贈る教訓／マーケティングリーダーに贈る教訓
経営幹部に贈る教訓

おわりに 営業を超えたチャレンジ 263
社内顧客もインサイトを必要としている／「御用聞き」をやめよう
事業部門の言葉で話そう／戦略会議に呼ばれてこそ／変革は続く

付録A 「チャレンジャー」コーチングガイド（抜粋） 276
付録B 営業スタイル自己診断 280
付録C 「チャレンジャー」採用ガイド――面接で何を訊くか 283

はじめに
驚くべき発見

忘れもしない二〇〇九年の初めごろ、世界的に景気が底割れするなか、全世界のB2Bセールスのリーダーは、とてつもなく大きな問題、そしてきわめて不可解な謎に直面した。

顧客は一夜にして消え去り、取引は止まった。信用は収縮し、現金もない。ビジネス界の人間には厳しい時代だったが、営業リーダーにとっては厳しいなんてものではなく、まさしく悪夢の時代だった。考えてもみてほしい。毎朝目を覚まして部隊を招集し、勝ち目のない戦場へ送り出さなければならないのだ。何も見つけようがないところから、商売の種を見つけてこなければならないのだ。

たしかに、営業はいつだって善戦してきた。たびたび強い抵抗に遭いながらも成約を勝ち取ってきた。だが今回ばかりは違った。買いしぶる相手（神経質な相手でもなんでもいい）に売るのと、どこにもいない相手に売るのとでは、話がまったく違う。二〇〇九年の初めは、まさにそういう状況にあった。

ところが、そこへ謎が浮上する。何十年ぶりかの厳しい営業環境と言われながらも、よくよく目を凝らすと、ちゃんと売っている優秀な販売員がいたのである。いや、ちゃんとどころか、ずいぶん売っていた。ほかの販売員がほんの小さな契約もまとめられず苦労しているのに、この御仁たちは、景気のよいときでも凡人には手が届かない、夢のような商談を成立させていた。運がよかったのだろうか？ 持って生まれた才能だろうか？ そして、これが何よりも大切なのだが、彼らの魔法の本質をつかまえ、瓶に詰め、いろいろな人に配ることはできないものだろうか？多くの企業にとって、この危機を乗り切れるかどうかは、その答えにかかっていた。

CEBが、販売員の生産性に関する調査をスタートさせたのは、そんなおりである。結果的に、これは何十年かぶりの重要な調査になった。われわれはクライアント企業（世界最大級の有名企業の営業責任者）の依頼を受けて、この特別な販売員たちはいったい何が違うのかを突き止めることにした。そして、何十社もの企業の何千人もの販売員を対象に、ほぼ四年にわたってその問題を調べた結果、三つの大きな発見をするにいたった。それは、営業のあり方を根本的に問い直し、世界中のB2B営業担当幹部に考え方の変更を迫る発見だった。

第一の発見は、考えてもいなかったものだ。世の中のB2B営業担当者のほぼ誰もが、五つのタイプのいずれかに当てはまることがわかったのだ。顧客とのやりとりで示されるスキルや行動に応じて、販売員のタイプははっきり五つに分けられる。あなた自身や同僚がどのタイプに当てはまるかを見てみるのも一興だろう。この五つは驚くほど実践的で、営業のテクニックをわかりやすく分類してくれる。

とはいえ、常識をくつがえすのは、じつは第二の発見である。五つのタイプの実際の営業成績を調べると、勝者と敗者が明白だった。あるタイプは他の四つよりも飛び抜けて成績がよく、あるタイプは飛び抜けて成績が悪かった。この結果にはいささか困った。営業リーダーにそれを見せたところ、みんなが同じことを口にしたからだ。これはおかしい。本当はいちばんの敗者が勝者になるはずだ、と。この発見ひとつで、厳しい経済情勢のなかで生き残るのに必要な販売員像に関する営業リーダーたちの考え方は、粉々に打ち砕かれてしまったのだ。

そして第三の発見。これは、この調査の核になる、たぶん三つのなかで最も刺激が強いものだった。われわれは四年前から、不況時でも営業を成功させるコツは何かを探りはじめたのだが、データはどれもこれも、それよりはるかに重要な事実を指し示していた。すなわち、五つのうち最も営業成績がよいタイプは、不況だから強いのではなく、好不況にかかわらず強い。複雑な経済を理解しているからではなく、複雑な営業を理解しているから、好業績をあげられる——。

言い換えれば、不況時でも成績がよいのはなぜかという謎を解明したとき、誰もが予想しなかった、もっと大きなストーリーが出現したのだ。不景気を乗り切るのに貢献する優秀な販売員は、きょうこの日にかぎらず、あすもあさってても英雄である。どんな経済環境のなかにあっても、売上を高め、顧客価値を提供できる。われわれが最終的に見つけたのは、不況時うんぬんどころではない、すばらしい営業の真髄だった。

われわれは、この優れた営業成績を残すセールスパーソンを「チャレンジャー」と名づけた。以下は、そのチャレンジャーの物語である。

第1章 ソリューション営業の進化

二〇〇九年の初めごろ、CEBは、当時の営業リーダーたちにとって差し迫った疑問に答えようと考えた。数十年ぶりの不況でも販売成果を出すには、どうすればよいのか？

営業リーダーの心のなかには当然、早くなんとかしなければという焦り、いや恐れがあった。と同時に、まったく解せないという気持ちも去来していた。B2B営業がほぼストップしたなかで、一握りの販売員だけがまるで好況時のような業績をあげていたからだ。いったい何が違うのか？　モノがちっとも売れない時代に、どうして彼らだけ営業成績がよいのか？

この問題を究明するうちに、われわれは驚くべき事実を発見した。これら優秀な販売員は、不景気な時代に成功する能力があったというよりも、複雑な営業モデル（販売員にも顧客にも、まったく違う思考や行動が求められるモデル）を、首尾よく実践する能力があった。このモデルは、

「ソリューション営業」または「ソリューションアプローチ」と呼ばれ、過去一〇〜二〇年の営業・マーケティング戦略の主流を占めていた。

しかし、われわれの調査で明らかになった物語は、ソリューション営業に関するさらに重要な事実を教えてくれた。ソリューション営業が飛躍的に進化し、もっと大きくて複雑、高価かつ破壊的《ディスラプティブ》な「ソリューション」を売りはじめたのにともない、買い手のB2B顧客は、これまでになく慎重で手ごわくなっていた。購買のあり方は大きく変化し、その結果、伝統ある営業テクニックも、もはや昔のようには効果を発揮しなくなっていたのだ。いまや平均的な販売員は、ごく単純な案件でないかぎり、悪戦苦闘する。顧客需要の変化や購買行動の進化に適応しようとして、たくさんの案件を中途半端に投げ出したままになる。

こうした観点からいえば、われわれがこの調査を始めるきっかけになった「景気の悪さ」は、結果的に「煙幕」のようなものだった。たしかに景気停滞は、平均的な販売員と花形販売員の業績格差を広げたが、それが格差の原因だったわけではない。本書で述べる物語は、景気とはまったく関係がない。ここで語られるのは、経済状況に関係なく、つねに営業を成功させるために必要なスキルである。

プロダクト営業からソリューション営業への歩み

そのスキルの重要性を理解するため、まずは営業モデルそのものの進化について見ておこう。

ソリューション営業にもいろいろあるが、一般には、「個々の製品の売上」重視（たいていは価格や数量をベースにする）から「製品・サービスの包括的なコンサルティング販売」重視への移行と表現される。その成功のカギは、幅広い顧客ニーズを満たし、ライバルが簡単にまねできないユニークなバンドル製品（各種製品を束ねたセット製品）をつくることだ。きわめて優れたソリューションは、たんに独自性があるだけでなく、いつまでも独自性を保つ。それまでにない方法で、あるいはライバルより効率的に、顧客の課題に対応できる。

ソリューション営業を重視する大きな動機は、個々の製品・サービスの差別化がだんだん難しくなる（＝コモディティ化）という圧力にある。これは極力回避したい。ひとまとまりの有力なサービスラインナップがあれば、競争相手がまねるのは難しい。それに、ソリューション営業のほうが、従来のプロダクト営業より高価格を維持しやすい。

当然ながら、B2B営業のあらゆる領域で、このアプローチは人気が高まった。じつは最近、ソリューション営業の人気のほどを知るため、われわれはある調査を実施した。伝統的なプロダクト営業から、完全にカスタマイズ（個別対応）されたソリューション営業まで、いくつかの段階を示し、営業リーダーに自社の主な営業戦略がどれに当たるかを選んでもらったのだ。すると、回答者のじつに四分の三が、顧客にはソリューションを提供したいと表明した。基本的にほぼすべての産業で、広い意味のソリューション営業が、営業戦略の主流になっていたのである。

図 1.1 プロダクト営業からソリューション営業への移行

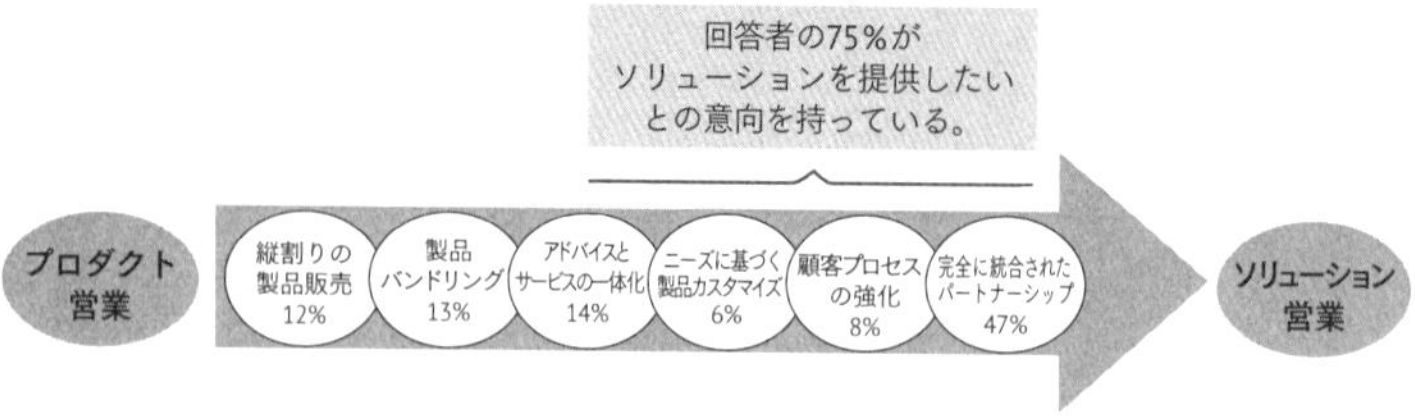

関係性	売り手が注文に応じる	売り手が信頼できる助言者と見なされる
営業スキル	製品ポートフォリオの十分な知識	経営陣による顧客との関与
顧客の期待	安価で質の高い製品・サービス	顧客の事業に関する戦略的知見の提供

出典：CEB、CEBセールス・リーダーシップ・カウンシル（SLC）（2011年）

この、ソリューション営業への移行が持つ意義に、ケチをつけるつもりはない（とくに、容赦ないコモディティ化の圧力を回避するには有効な手段である）。だがそれでも、この戦略にはたくさんの厄介な課題がついてまわる。なかでも大きなふたつの課題は、ソリューションモデルが時間とともに進化せざるをえなくなったいきさつと理由を語ってくれる。ひとつ目は、ソリューションが顧客に課す負担。ふたつ目は、ソリューションが販売員に課す負担だ。

ソリューションがもたらす負担

ソリューション営業へシフトすると、顧客は文字どおり、あなたが問題を「解決」してくれることを期待する。彼らはもう、信頼できる製品が提供されるだけでは物足らなくなる。これはなかなかの難題だ。期待に十分応えるためには、顧客が抱える問題や課題を、本人と同じくらい理解しなければならない。それ以外にも、課題に対するよりよい対応策を新たに示し、競合他社ではなく、あなたの会社のリソースを使ったほうがよい理由を説明し、成功したかどうかを測定する正しい指標を設定しなければならない。また、これらすべてをやりきるには、顧客にいくつもの質問をする必要に迫られる。その結果どうなるか？　販売員は、顧客が抱えるいくつもの課題を理解しようとするあまり、「一晩中、何をしておられるのですか？」といった質問に、多くの時間をかけることになるのだ。

いや、そうやって「発見」すること自体はいい。問題は、売り手と顧客のあいだで延々とピンポンを続けるはめになりがちなことだ。顧客が自分のニーズを説明し、販売員が自分の理解を要約し、顧客がその理解が正しいかどうかを確認し、販売員が提案をし、顧客がこれをチェックして修正する……という具合に。

この複雑でやたら長引くプロセスでは、顧客の多大なる関与が必要になり、時間とタイミングというふたつの負担が顧客にかかってしまう。それだけではない。幅広い関係者のコミットメント、電話会議、プレゼンテーション……、顧客はこれだけのことをしてもまだ、価値が得られたわけではないのだ。何かを得る代償に厄介事をがまんしようというのだから、いやはや、これは一種の信仰である。

こうして、われわれの言う「ソリューション疲れ」を引き起こした顧客は、やがて、こと複雑な取引に関しては対応を変えるようになった。その特徴は次の四つだ。

コンセンサスに基づく意思決定をする

第一に、取引を成立させるためのコンセンサスの必要性が高まった。複雑なソリューションを買っても、その効果は不透明だ。だから、たとえ十分な決定権を持つ経営幹部でも、他の面々の賛同を得ずに大きな買い物をしようとは思わない。われわれの調査によれば、経営幹部が購入を決めるさいに何よりも重視するのは、チームメンバーからの幅広い賛同だという（この件については追って詳しく検討する）。

当然、そうしたコンセンサスの必要性は、販売効率にきわめて大きな影響を及ぼす。いまや販売員は、必要な関係者をすべて探し出し、それぞれにセールスしなければならない。それだけではない。交渉すべき関係者が増えれば、そのうちの誰かがノーという危険性も高まる。

リスクを回避する

第二に、取引が複雑で大規模になるにつれ、ほとんどの顧客が、本当に投資に見合ったリターンが得られるのかどうかを、前にも増して気にするようになった。その結果、「ソリューション」そのもののリスクが高まったのだから、もっとそのリスクを分かち合ってほしい」という要求が強まっている。もはや、顧客が即時納品やオンデマンド生産を要求するのは、珍しくもなんともない。ソリューションが成功したかどうかを判断するための彼らの指標は、ここへきてさらに変化している。

今日の複雑なソリューションの世界では、売り手の成功を測る基準は、売り手の製品ではなく、買い手の業績である場合が多い。となると、ソリューションビジネスの拡大をめざす売り手は、リスクを直視し、リスク込みの提供価値を示さなければならない。「ソリューション」が前もって約束された価値をいずれ提供してくれる、などと額面どおりに受け取らない顧客は日に日に増えている。

カスタマイゼーションを求める

第二に、取引の複雑さが増すと、顧客も自分のニーズをもっときちんと満たしてほしいと、取引条件の修正を求めるようになる。売り手はコストの観点からカスタマイゼーション（個別対応）を考えるが、顧客はこれをソリューション営業の約束の一環と考える。「私の問題を『解決』するのなら、これくらいしてくれて当然でしょう。どうして、それがもっと高くつくのですか？できないのなら、それは『ソリューション』ではないですよね」。こうしたロジックに反論するのは難しい。誰もがカスタマイゼーションを望むが、それに金を出そうという人はいないのだ。

第三者コンサルティングを雇う

第四に、この数年、「購買決定から最大の価値を引き出す」ために、顧客がコンサルタントを雇うケースがやけに増えている。この慣行は、米国の団体医療保険など一部の分野では根づいていたが、二〇〇九年後半には全世界に広がった。理由は、大多数の企業がコスト削減を望んだからであり、最近クビになった「業界専門家」がどうしても職を探したかったからでもある。

こうして新しく生まれたコンサルタントは、主に経費削減を看板にサービスを提供した。その場合、「購買決定から最大の価値を引き出す」というのは、価格に関して売り手に可能なかぎりのいちゃもんをつけることにほかならなかった。たとえば、過去の取引を徹底的に調べて、再交渉すべき理由を突きつけたりした。

さらに、時間がたつにつれて、もっと大きなコンサルタント組織も購買に深くかかわるようになった。彼らの場合、「購買決定から最大の価値を引き出す」とは、顧客がソリューションの複雑さをうまく「操縦」できるよう手伝うこととほぼ同義だった。実際、複雑化する顧客の問題に対する幅広いソリューションを売ろうとするなか、問題があまりに複雑なので、顧客が自分で操縦（ましてや評価など）できないということはよく起こる。だから助けは必要なのだが、顧客はその助けを売り手に求めるのではなく、「中立な」第三者の専門家に求めたがる。

こうして現代の売り手は、「価値」の分け前にあずかろうと介入する第三者に向き合うケースが増えている。彼らコンサルタントが誰のために働いているかを考えれば、その分け前の出所が顧客の側ではなく売り手の側なのは容易に察しがつく。だから、営業してもそうそう儲からない。

顧客の購買行動のこれら四つのトレンドは、世界中の営業組織、とりわけそこで働く販売員に厳しい現実をもたらした。景気はよくなったのに、営業は少しもラクにならない。売り手がソリューションを支配し、買い手が対抗策を打つ——それが「営業の力関係」だ。顧客はつねに、問題の複雑さと、ソリューション営業によって負わされたリスクの両方を減らしたいと考えている。

拡大する人材のギャップ

最近、われわれが取引型営業（通常のプロダクト営業）とソリューション営業の結果を比べてみたところ、ちょっとした問題ではすまない、驚くべき事実が明らかになった。

取引型営業の場合、平均的な販売員と花形パフォーマーの成績差は五九％だった。花形パフォーマーのほうが一・五倍ほど多く売るわけだ。ところが、ソリューション営業を導入している企業では、花形パフォーマーが平均的パフォーマーより二〇〇％近くも成績がよかったのだ。四倍近い差である。別の言い方をすれば、営業が複雑になると、ハイパフォーマーと平均的パフォーマーの差が劇的に拡大するということだ。

ここから三つの結論が導き出せる。第一に、ソリューション営業をする会社の社長は、花形パフォーマーを強く抱きしめてやらなければならない。彼らのおかげで勝利できるのだから。ある

図1.2 取引型営業（左）とソリューション営業（右）の
平均的パフォーマーおよびハイパフォーマー

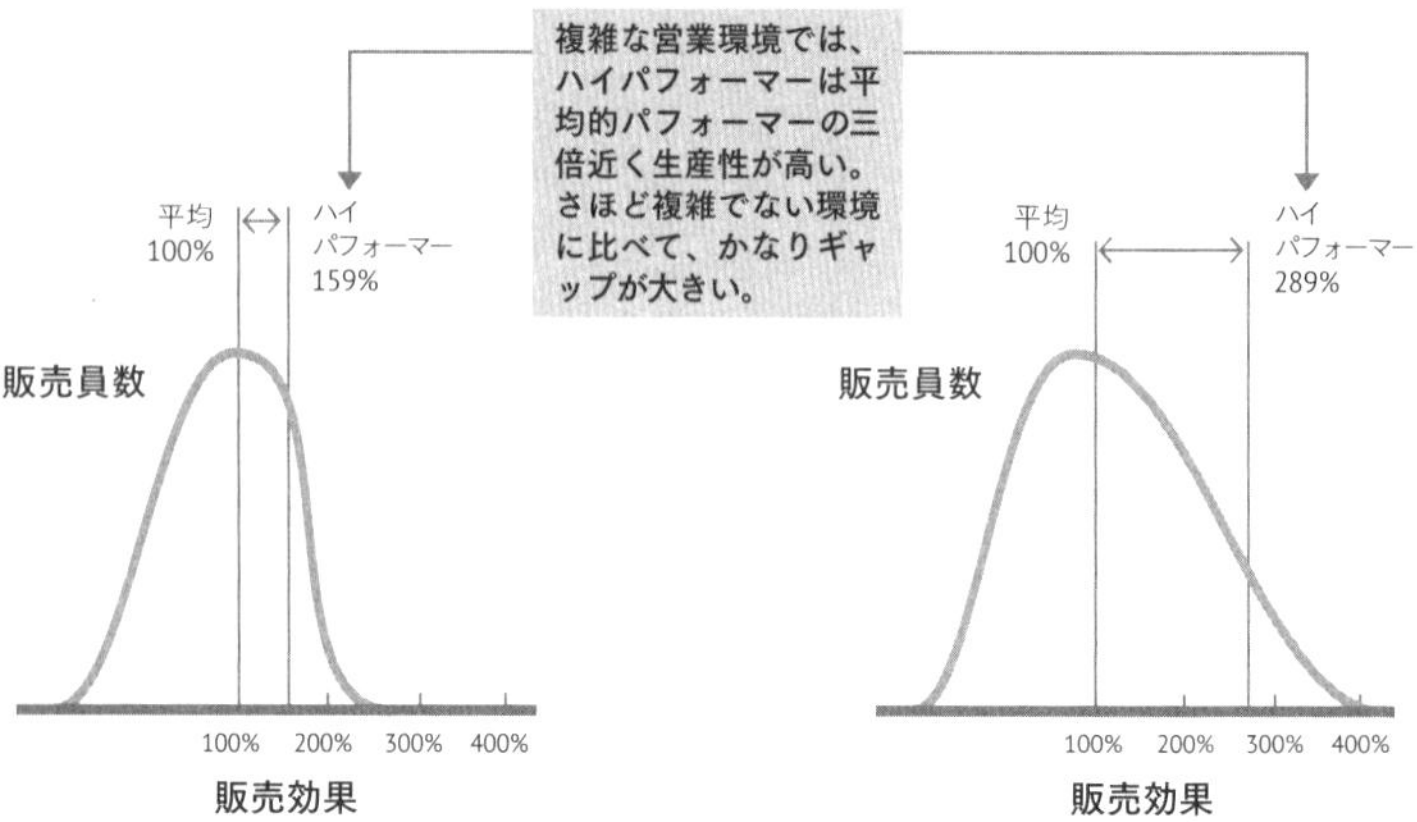

出典：CEB、SLC（2011年）

B2B営業責任者に聞いたのだが、その会社では、一〇〇人いる販売員のうち、二人が売上の八割を稼いでいるらしい。これは極端だとしても、ソリューション営業への移行にともなって、多くの企業でキーパーソンへの依存度が飛躍的に高まっているのはまちがいない。彼らは勝利への貢献者どころか、会社全体の救済者である。

第二に、営業モデルが複雑化するにつれて、平均的パフォーマーと花形パフォーマーの差を縮めることが絶大な価値を持つようになる。取引型営業の世界では、パフォーマンスを平均〜花形の中間地点まで持っていけば、三〇％の改善である。悪くない。だが、ソリューション営業の世界で同じ地点まで行けば、一〇〇％近い改善になる。平均と花形のギャップを縮める価値は、以前よりはるかに大きいのだ。

第三に、ギャップを縮めなかったときのペナルティはすさまじい。モデルが進化するなかで何の策も講じなければ、平均的販売員はどんどん後れをとるようになり、ついには新しいモデルをまったく実行できなくなる。

これからの新しい方向性

顧客の購買行動が大きく変化し、販売員の能力が急速に分化するこの時代、営業アプローチをそれに合わせて進化させないと取り残されてしまう。

では、どうすればよいのか？　これからの時代に勝ち残るには、リスクを回避して買いしぶる顧客――あなたが複雑なソリューションを売るのに苦労しているのと同じだけ、それを買うのに苦労している顧客に、新たな需要を引き起こす力を身につけなければならない。だが、それにはきわめて特別な営業の専門性が求められる。われわれの調査によれば、優れた販売員は、この一〇～二〇年の営業の大きな進化に後れをとらないよう、独自の強力なスキルを進化させていた。

次は、その点に話を進めよう。

第2章

チャレンジャー①

ハイパフォーマンスを生む新モデル

成績のよい花形販売員は、平均的な販売員とどこが違うのか？　その理解がいまほど急がれる時代はない。営業の世界は変化している。景気後退後の世の中では、以前のやり方は通用しない。とはいえ、景気そのものはこの物語の背景にすぎない。本当の意味で中心になるのは、第1章で見た、この五年間の顧客購買行動の劇的な変化である。それはすべて、売り手がもっと大きくて複雑、高価かつ破壊的《ディスラプティブ》なソリューションを売ろうとするのを受けて生じた変化である。

ただし、グローバル経済の崩壊によって、平均的パフォーマーとハイパフォーマーの差がそれまでより顕著になったのは確かだ。ほとんどの販売員がノルマにまったく届かない深刻な不況のさなかにあっても、どういうわけか、一部の販売員は目標を達成するどころか、ゆうゆう上回っていた。いったい何が違うのだろう？　営業の世界では、それは持って生まれた才能であり、スターは生まれつき才能に恵まれていると考えがちである。彼らのスキルの本質を理解し、瓶に詰め、平均的パフォーマーに振りかけてギャップを縮める――そんなことはできっこないと言われてきた。

でも、もしそれができるとしたら？　花形パフォーマーのとっておきのスキルの再現可能な部分を突き止め、その魔法を解き明かし、ほかの販売員にも移植できたら？　すべての販売員とは言わないまでも、大部分がスター並みの業績をあげるところを想像してみてほしい。その価値は計り知れないはずだ。

答えを探して調査に乗り出す

その答えを探るため、われわれは、全世界九〇社の現場にいる営業マネジャー数百人に、部下のうち三人（平均的パフォーマー二人と花形パフォーマー一人）の四四の属性について評価してもらった。そして、データが得られた最初の七〇〇人の販売員（主な産業、地域、市場アプローチモデルをすべて網羅）の分析をもとに、初期モデルを構築する一方、この診断調査を継続し、サンプル数を六〇〇〇人超まで増やしていった。

調査を継続したおかげで、データの背後に浮かび上がるストーリーが、時間によって変わったのかどうかを知ることができた。これは何よりも重要だった。とりわけ、ここ最近のゆっくりだ

質問項目の例			
態度	スキル／行動様式	活動	知識
問題解決への熱心さ 批判を恐れない度量 親しみやすさ 目標達成への意欲 結果重視の度合い 会社への愛着 好奇心 自発的努力	ビジネスの洞察力 顧客ニーズの評価 コミュニケーション 社内資源の活用 交渉術 関係管理 ソリューション営業 チームワーク	販売プロセスへのこだわり 機会評価 準備 リードジェネレーション（見込み客獲得） 管理能力	業界知識 製品知識

が着実な景気回復に照らしてどうなのか？　すぐあとに述べる理由により、われわれの発見は、景気のよしあしに左右されないことがはっきりした。

上の表は調査項目の一部を示したものだ。たとえば販売員の態度については、「顧客の問題解決にどれくらい熱心か」「批判されてもめげないか」などの質問をした。スキルや行動様式については、「ビジネスの洞察力」や「ニーズの診断能力」を尋ねた。また活動面では、「販売プロセスへのこだわり」や「機会評価の徹底度」を訊き、さらに「顧客の業界に関する知識」「自社の製品に関する知識」についても尋ねた。

対象者は「ハンター」から「ファーマー」まで、現場の販売員から内勤販売員まで、顧客マネジャーから幅広い顧客担当者まで、直販業者から間接販売業者までとじつに幅広い。しかも、販売員の在職期間、担当地域、担当顧客数を注意深く調整し、結果がサンプル全体に広く当てはまり、かつ、幅広い企業にも当てはまるようにした。

われわれの調査は販売員が相手なので、実際のパフォーマンスを測定するには、各販売員の目標に対する実績を知ればよかった。以上のような調査を実施すれば、販売員のパフォーマンスをデータに基づいてしっかり把握できる。「販売員にできることがいろいろあるとして、そのなかで営業成績に最も関係する重要なものは何か?」という問いにも答えられる。販売員の素晴らしいスキルや行動とはどのようなものかも、手にとるようにわかるのだ。

われわれが調べなかったことについても、指摘しておくべきだろう。この調査は、販売員の性格や人間としての強みを調べるものではない。その手のことは測定しにくいし、知ったところでどうしようもない。営業を成功させるには「カリスマ性」こそが重要だ、と言われれば、誰も反対しないかもしれない。だが、おそらくあなたが知りたいのは、「その情報をもとに何をすべきか」だろう。もちろん、カリスマ性のない販売員の代わりに、もっと外交的な人間を雇うこともできるが、それはあすのパフォーマンスの助けにはなっても、きょうのパフォーマンスを改善する助けにはなりにくい。われわれは何よりも、すでにいる販売員に、いますぐ何ができるかをアドバイスしたかった(この調査結果から、採用の話は当然出てくるのではあるが)。

これを受けて、さきの質問項目の例を見ると、われわれが調べた属性がどれも「実際の行動」に焦点を当てていることがわかるはずだ。販売員が「X」を実行する可能性がどの程度高いか?どれくらい効果的に「Y」を実行できるか?　行動に焦点を当てたのは、(性格や個性とは違って）スキルや行動はいますぐにも変えられるからだ。たとえば、その人にカリスマ性があろうがなかろうが、優れたコーチングを通じて、販売プロセスをきちんと踏むように指導することはできる。あるいは優れた研修やツールを通じて、製品知識や業界知識を改善することもできる。

これは、ものごとを変えるための調査である。花形販売員の成績がよい理由ではなく、平均的販売員の成績をよくする方法を知るための調査である。真ん中の六〇％ほどの販売員一人ひとりの営業成績を少しずつ上げるだけで、どれだけの価値があるか考えてみてほしい。われわれの調査があくまで重視したのは、すでにいる平均的パフォーマーを花形パフォーマーに近づけるために、いますぐ何ができるかだった。

その結果、どんなことがわかったか？　質問項目で挙げた数多くの属性のうち、最も重要なのはどれか？　大まかには三つの重要な発見があり、そのどれもが、営業担当幹部のこれまでの常識から逸脱していた。ひとつずつ見ていこう。

発見① 販売員には五つのタイプがある

われわれはまず、データの因子分析を行なった。因子分析とは簡単にいえば、たくさんの変数をもっと少ないカテゴリーに分類することである。それぞれのカテゴリーのなかでは、変数が共存し、同じような動きを見せる。たとえば、生態系について調べているとしよう。すべての潜在

図 2.1 販売員の五つのタイプ

ハードワーカー
（「勤勉」タイプ。サンプルの21%）

- つねにもうひとがんばりする
- 簡単にあきらめない
- 自発的
- フィードバックと能力開発に関心が高い

チャレンジャー
（「論客」タイプ。サンプルの27%）

- つねに違った見方をする
- 顧客のビジネスを理解している
- 議論好き
- 顧客に強引に働きかける

リレーションシップ・ビルダー
（「関係構築」タイプ。サンプルの21%）

- 顧客の組織に強力な賛同者をつくる
- 他人を助けるのをいとわない
- 誰とでもうまくやれる

ローンウルフ
（「一匹狼」タイプ。サンプルの18%）

- 自身の直感に従う
- 自信家
- 管理しにくい

リアクティブ・プロブレムソルバー
（「受動的な問題解決」タイプ。サンプルの14%）

- 内外のステークホルダーへの対応が信頼できる
- すべての問題を解決する
- 細部に気を配る

出典：CEB、SLC（2011年）

的な生態系変数を因子分析すると、猛烈な暑さ、砂、乾燥状態、サソリ、サボテンが、自然のなかで共存する傾向にあるとわかった。これらはいっしょに目撃されやすいので、このカテゴリーに名前（「砂漠」）をつけることができる。

販売員調査のデータを因子分析したところ、きわめて興味深いことがわかった。調査した四四の属性は、五つのグループに分けることができたのだ。あるグループのある属性に秀でている販売員は、そのグループのほかの属性にも秀でていることになる。

五つのタイプと、それぞれのタイプに含まれる特性は上図のとおりだ。これらのグループに重複がまったくないわけではない。さきほどの生態系の例でいえば、砂漠はすべて猛烈に暑くて砂があるけれども、猛烈な暑さや砂は砂漠だけのものではない。他の生態系にもそれはあり、程度が違うというだけだ。

われわれの調査では、どの販売員も属性の如何にかかわらず最低レベルの成績は収めている。たとえば、どの販売員も多かれ少なかれ正式な販売プロセスに従っている。どの販売員も最低限の製品知識や業界知識を持っている。だが、これらの属性をいくつかの集合にまとめると、販売員の顧客への接し方を占うことができた。

大学の学位にたとえるとよいかもしれない。卒業するには、科学、語学、歴史、数学など、さまざまな必修科目をとらなければならない。だが同時に、その人ならではの「専攻科目」もある。五つのタイプはまさにその、営業という分野の「専攻科目」にほかならない。

これら五つのグループは、われわれの解釈や世界観に基づくものではない。純然たる分析の結果だ。また、統計的に導き出されたにもかかわらず、実世界でよく観察される五種類の販売員像を正確かつ完全に記述していた。さらに興味深いことに、この五つはサンプル集団に比較的まんべんなく見られた。

では、五つのタイプを順に見ていこう。あなたには、次のように自問しながら読み進めてほしい。自分や自分の会社の販売員は、どれにいちばん近いか？　会社としてねらいをつけるなら、どのタイプか？（もっと現実的にいえば、いますぐ雇うとしたらどのタイプか？）　自社の販売員をどのタイプに近づけるべきか？

ハードワーカー（勤勉タイプ）

読んで字のごとし。このタイプの販売員は朝早く出勤し、夜遅くまで居残り、つねにもうひとがんばりを惜しまない。「身を粉にして働く」とは、まさに彼らのことだ。自発性に富み、簡単にはあきらめない。同じチームのどの販売員よりも多くの電話をかけ、多くの訪問をこなす。熱心かつ頻繁にフィードバックを求め、絶えず腕前を磨こうとする。

あるグローバル物流企業のCSO（最高営業責任者）は次のように話している。「この手の営業マンは、正しいことを正しい方法でやれば結果がついてくると信じています。十分と思えるだけの訪問を行ない、Eメールを送り、提案依頼（RFP）に応えれば、四半期末にはおのずと結果が出る、と。私たちが販売プロセスの重要性をたたき込んでいるときも、彼らはしっかり耳を傾けていました」

リレーションシップ・ビルダー（関係構築タイプ）

その名が示すとおり、このタイプの販売員は顧客の組織と強力な関係を築き、顧客の組織のあちこちに賛同者を確保する。時間を惜しまず働き、顧客のニーズに応えようとする。親しみやすさとサービス精神がウリである。「どんなご要望にもお応えします。なんなりとおっしゃってください」

最近インタビューした、ある営業担当バイスプレジデントが次のように言うのもうなずける。

「うちのお客様は関係構築タイプの販売員にぞっこんです。ときには何年もかけて、自分たちとの関係づくりに一生懸命努力してくれたわけですから。わが社のビジネスにも大きな効果があったと思います」

ローンウルフ（一匹狼タイプ）

営業の世界にはけっこういそうなタイプ。自信家なので、ルールよりも自身の直感に従う。彼らは多くの点で「気難し屋」、思いどおりに行動できないくらいなら何もしない。販売プロセスは守らないわ、出張報告はしないわ、顧客管理システムに入力しないわと、営業リーダーをいらいらさせることも少なくない。

ある営業責任者はこう言った。「できればクビにしたいところですが、数字をクリアするものだからできません」。ほとんどの企業が似たような状態だ。「一匹狼」は概して、ルールやシステムを小馬鹿にするくせに営業成績はよい。成績が悪ければ、とっくにクビになっているはずだ。

リアクティブ・プロブレムソルバー（受動的な問題解決タイプ）

細部に目を配る、信頼できる販売員。どんな販売員も顧客の問題解決に寄与しようとするが、このタイプは、営業活動の過程でした約束は、たとえやむなくした約束であってもすべて守るのが当然だと考える。販売後のフォローアップを重要視し、サービスの実行にともなう問題には迅速かつ徹底的に対応するのがモットーだ。

あるクライアント企業では、「問題解決」タイプを「営業担当者の衣をまとった顧客サービス担当者」と表現している。いわく、「彼らは朝、新規顧客獲得の壮大な計画を胸に出社しますが、問題を抱えた既存客が電話してくると、すぐさまそれに飛びついてしまいます。そうした問題を解決するのが専門の人間にまかせればよいものを……。彼らはその顧客を満足させる方法は見つけますが、その一方で、新しい顧客の獲得機会を犠牲にしているのです」

チャレンジャー（論客タイプ）

このタイプはチーム内の論客だ。顧客のビジネスを深く理解しており、その理解をもとに顧客の考え方に強く働きかけ、顧客企業の競争力アップについて指導する。人とは違う、論議を呼びそうな見解であっても臆することなく披露する。自分の考えを強く押し出し、価格設定のようなことについても自己主張する（顧客に少し無理強いする傾向がある）。また、多くの営業リーダーの話からわかるように、「チャレンジャー」としてのメンタリティを発揮するのは、顧客に対してだけではない。自社の上司や幹部に対しても押し出しが強い。ただし好戦的なわけでも、しつこいわけでもない（もしそうなら、たんに「大馬鹿」タイプと呼べばすむ）。彼らの手にかかると、周りの人は複雑な問題について、別の角度から検討せざるをえなくなるのだ。

あるクライアント企業は、次のように述べている。「当社にも少数のチャレンジャーがいますが、CSOは彼らのほとんどと定期的に時間をとって、マーケットの状況を尋ねています。彼らが持ってくる新しい知見をもとに、現実に照らした戦略チェックを常時行なっているんです」

発見② 勝者と敗者がはっきりしている

一歩引いて五つのタイプを俯瞰《ふかん》し、自分のチームにほしいのはどのタイプかを考えてみよう。どれもそれなりによく見えるのではないか。

販売員が五つのタイプに分けられるのは興味深い。だが、本当にびっくりさせられたのは、ふたつ目の発見だ。五つのタイプの営業成績を比べたところ、あるタイプがほかの四つより飛び抜けてよく、あるタイプが飛び抜けて悪かったのだ。しかも、それは一般常識に反する結果だった。実際、各タイプの成績を予想した営業リーダーたちの票は、最も成績が悪いタイプに多く集まっていた。

圧倒的勝者は「チャレンジャー」だった。図2・2をご覧いただきたい。

五つのタイプの営業成績を比べるさい、われわれはまず、平均的パフォーマーと花形パフォーマーを分け、それぞれを別々に分析した。花形パフォーマーの定義は「目標に対する実績が上位二〇%に入る販売員」とした。次いで、五つのタイプのそれぞれで、平均的パフォーマーと花形パフォーマーがどう分布するかを調べた。

図2.2 タイプごとの平均的パフォーマーとハイパフォーマー

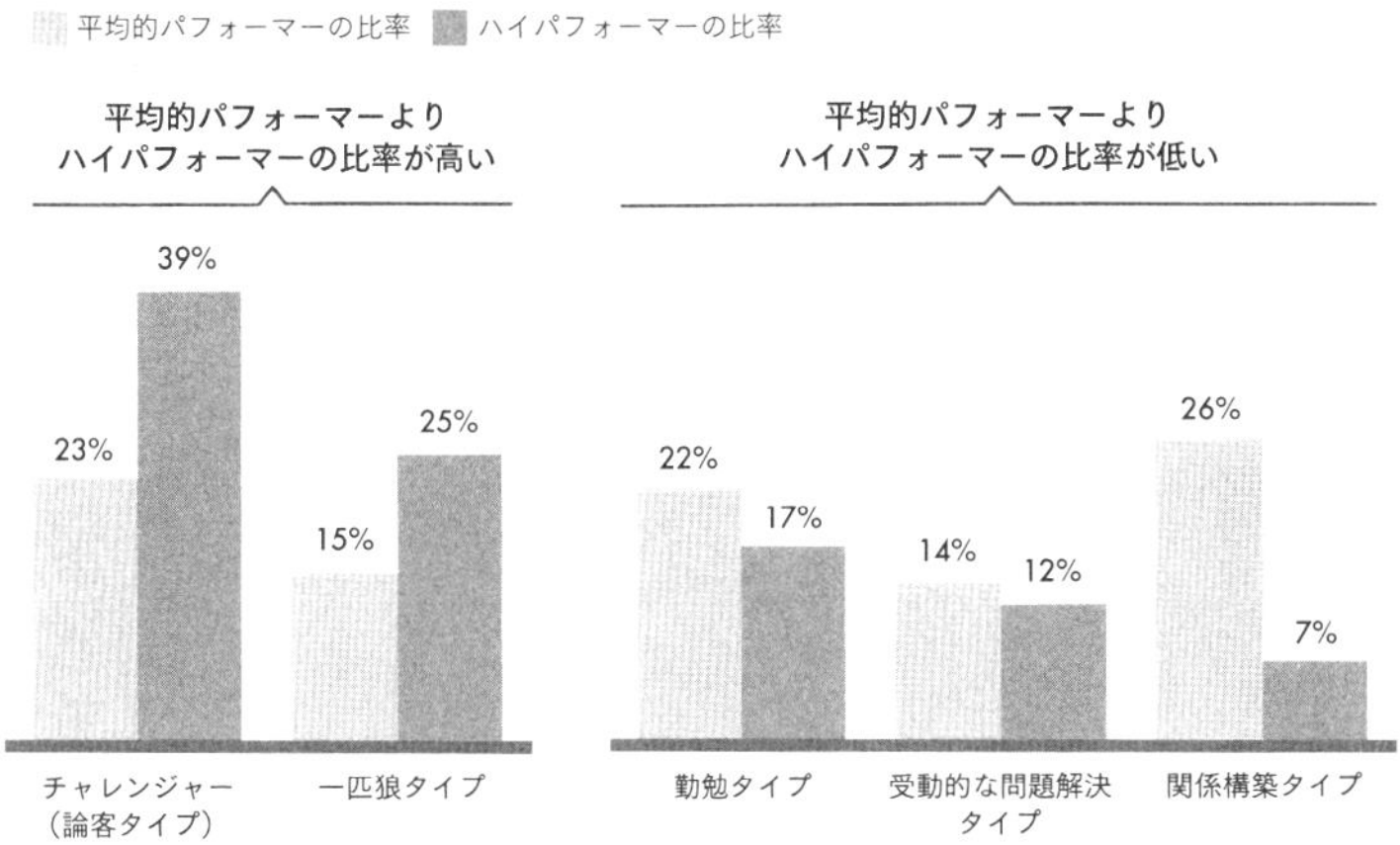

出典：CEB、SLC（2011年）

すると、おもしろい結果が出た。第一に、平均的パフォーマーの比率はどのタイプでもだいたい似ていた。つまり、特定のタイプに偏っているから平均的なのではなかったのだ。彼らは五つのどのタイプにも登場し、どのタイプでも平均的な成績をあげていた。換言すれば、平均的になる方法は、ひとつではなく五つある。

だが、花形パフォーマーの比率を見ると、五つのタイプでまったく違うことがわかる。平均的パフォーマーはまんべんなく分布しているが、花形パフォーマーには突出したタイプがある。それが「チャレンジャー」であり、すべてのハイパフォーマーの四〇%近くを占めていた。

先述のように、「チャレンジャー」は論客だ。顧客のビジネスに対する深い理解をもとに、顧客を教え導くタイプである（顧客に尽くすわけではない）。つまり、顧客の考え方に強く働きかけ、競争力アップの新しいヒントを提供する。

もう少し詳しく見てみよう。われわれの分析では、調査した四四の属性のうち六つが、販売員を「チャレンジャー」と判断するうえで統計的に有意だった。

- 顧客に独自の視点を提供する。
- 双方向コミュニケーションのスキルに優れている。
- 顧客のバリュードライバー（価値向上要因）を心得ている。
- 顧客のビジネスの経済ドライバー（業績促進要因）を特定できる。
- お金の話をいとわない。
- 顧客にプレッシャーをかけることができる。

一見、互いに無関係な資質が並んでいて不思議に思えるかもしれない。実際、調査する属性の一覧を最初に見て、花形パフォーマーの主な特徴としてこの六つを選ぶ人はまずいない。にもかかわらず、分析結果はこうなった。これらの資質で、「チャレンジャー」は平均的な成績の同僚を上回っていたわけだ。

さらに、この六つの属性を三つのカテゴリーに分類すると、「チャレンジャー」の本当の姿が明らかになる。このタイプの販売員の特徴は、「指導する」能力、「適応する」能力、そして「支配する」能力にある。

●顧客のビジネスについて独自の視点を持ち、双方向の対話能力に長けている「チャレンジャー」は、営業上のやりとりのなかで差別化ポイントを指導する（教え導く）ことができる。
●顧客のバリュードライバーや経済ドライバーを把握している「チャレンジャー」は、顧客組織のなかの正しい人に正しいメッセージを伝え、共感を得られるよう適応することができる。
●「チャレンジャー」はお金の話もいとわず、必要とあらば顧客に多少の無理強いができる。したがって、営業プロセスを支配する（主導権を握る）ことができる。

指導、適応、支配。この三つの能力が、「チャレンジャー」の特徴であり、われわれが「チャレンジャー・セールス・モデル」と呼ぶアプローチの柱である。本書では以降、あなたやあなたの会社の販売員に、この能力をもたらす方法を紹介する。

だがその前に、調査結果の全容をもう少しだけふり返っておこう。「チャレンジャー」の営業成績が断然よいという結果は、全世界の営業リーダーを驚かせたが、もうひとつ、「関係構築」タイプの成績が断然悪いというのも、営業リーダーには驚きだった。正直に言えば、不都合でもあった。われわれの調査では、「関係構築」タイプに分類された花形パフォーマーはわずか七％で、他と比べて圧倒的に少なかったが、この発見は、「お客様との関係を深めてこい」と言って販売員を送り出してきた営業リーダーにとっては、相当都合が悪かった（不況のさなかには「お客様をハグしてこい」と命じる会社もあったほどだ）。

とはいえ、ここから、顧客との関係など営業にとって重要ではないという単純な結論を出したいわけではない。顧客との関係はもちろん重要である。とりわけ、販売員が数多くのステークホルダーと関係を持たなければならない複雑な営業の場合は――。あなたがどんな人かを顧客が知らなければ、あるいはあなたが顧客に毛嫌いされていたら、まずはそれを直さなければならない。だが同時に、顧客の要望にことごとく応えることだけを戦略としているなら、それは災いを招きかねない。

第1章で述べたように、いまの顧客はとことん買いしぶっている。そうした状況では、顔なじみになるだけで契約を成立させることはできない（顧客との強い絆は不可欠だとしても）。四半期ごとに小まめにご機嫌うかがいをすれば、取引のきっかけにはなるかもしれない。が、取引成立には至らない。商売の種が簡単には見つからなくなった時代に、「関係構築」タイプは失敗する運命にある。

では、「チャレンジャー」の特性と「関係構築」タイプの特性はまったく違うのだろうか？　答えは「イエス」だ。図2・3に示したそれぞれの属性を見れば、理由はわかるだろう。

さきに述べたように、「チャレンジャー」が成功するのは、指導、適応、支配の能力に長けているからだ。彼らは顧客を安全地帯から引っ張り出す。一方、「関係構築」タイプはむしろそこ

図 2.3「チャレンジャー」と「関係構築」タイプの比較

「チャレンジャー」は、顧客とのやりとりのなかで建設的な緊張関係を築き、顧客を安全地帯から押し出す	「関係構築」タイプは、顧客とのやりとりのなかで緊張感を和らげ、友好的・肯定的な雰囲気をつくり、協力を促す

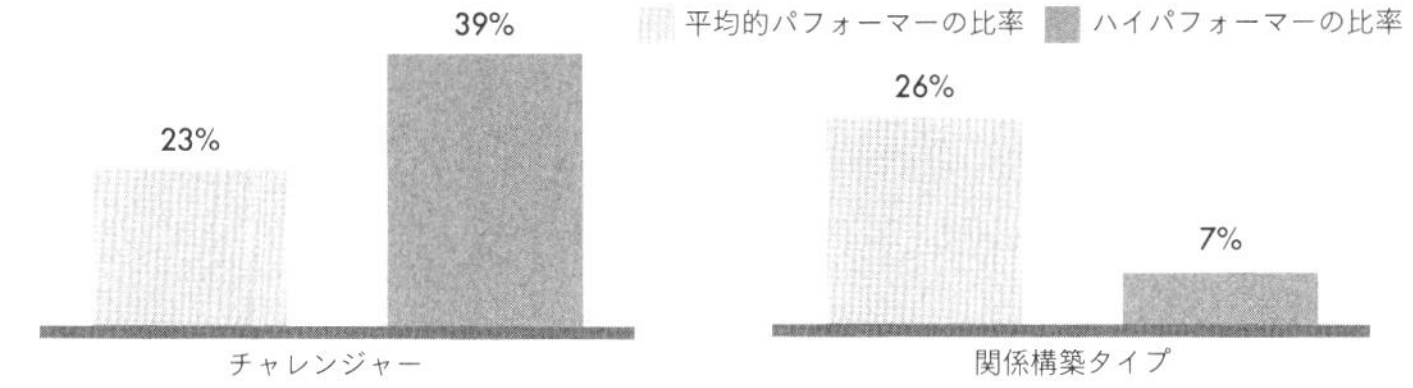

チャレンジャー		関係構築タイプ	
● 独自の視点を提供する ● 双方向コミュニケーションのスキルがある	教え導く	● 良好な関係を築く ● 顧客の賛同を得る ● 部門横断的な関係を築く	仲よくなる
● 顧客のバリュードライバーを心得ている ● 顧客のビジネスの経済ドライバーを特定できる	適応する	● 誰とでもうまくやれる ● 誠実である	好かれる
● お金の話をいとわない ● 顧客にプレッシャーをかけることができる	支配する	● 親しみやすい ● 時間をとって他人を助ける ● 顧客の時間を大切にする	時間を惜しまない

出典：CEB、SLC（2011年）

に入り込もうとする。顧客組織のあらゆる人と強い関係を築き、人に好かれ、時間を惜しまない。「関係構築」タイプはサービス精神旺盛だ。「チャレンジャー」は顧客の価値を重んじるが、「関係構築」タイプは顧客の利便性を重視する。「チャレンジャー」は、建設的な緊張関係をある程度保つことで勝利を得る。他方、「関係構築」タイプは、緊張関係はできるだけなくそうとする。正反対のアプローチである。たしかに、「関係構築」タイプの話術はプロフェッショナルだ。だがそれは、顧客が目標以上の成果をあげる助けにはならない。彼らは人に好かれるが、営業効果はそれほどでもない。

かたや「チャレンジャー」は、緊張関係を維持すれば、自分にも相手にも価値がもたらされることを知っている。顧客は次第に自社のビジネスについて、そしてあなたから得られる（費用削減や利益増のための）サポートについて、ひいてはあなたが提供する価値について、いままでとは違う考え方をするようになる。

接客業に従事する、あるグローバル企業の営業責任者は、これらの結果を見て次のように言った。「いやはや。この一〇年間、私たちは有能な関係構築タイプを戦略的に採ってきました。接客業ですしね。どうりで、しばらくはうまくいったんですが、景気が悪くなってからはさっぱりです。ちっとも売れない。これを見て理由がわかりましたよ」

発見③「チャレンジャー」は不況に強いだけでなく、ソリューション営業も得意である

以上のように、「チャレンジャー」とそれ以外のタイプの販売員には大きな違いがあるとわかったが、さらに三つ目の発見があった。これこそ最も驚くべき発見かもしれない。

話がこの段階までくると、当然のように「チャレンジャー」の「持久力」が気になってくる。調査結果が初めて出たのは、それまでにないほど景気が悪い時期だった。「チャレンジャー」の好業績はたんに一時的な現象なのか？　もしも、大不況とそれが生み出した劣悪な販売環境の落とし子にすぎないのだとしたら、二、三年後にはまた別のタイプが——いまはまだ正体不明のなんらかのタイプが、好業績をあげるのだろうか？

図2.4 複雑な販売環境とそうでない販売環境でのハイパフォーマーの構成比

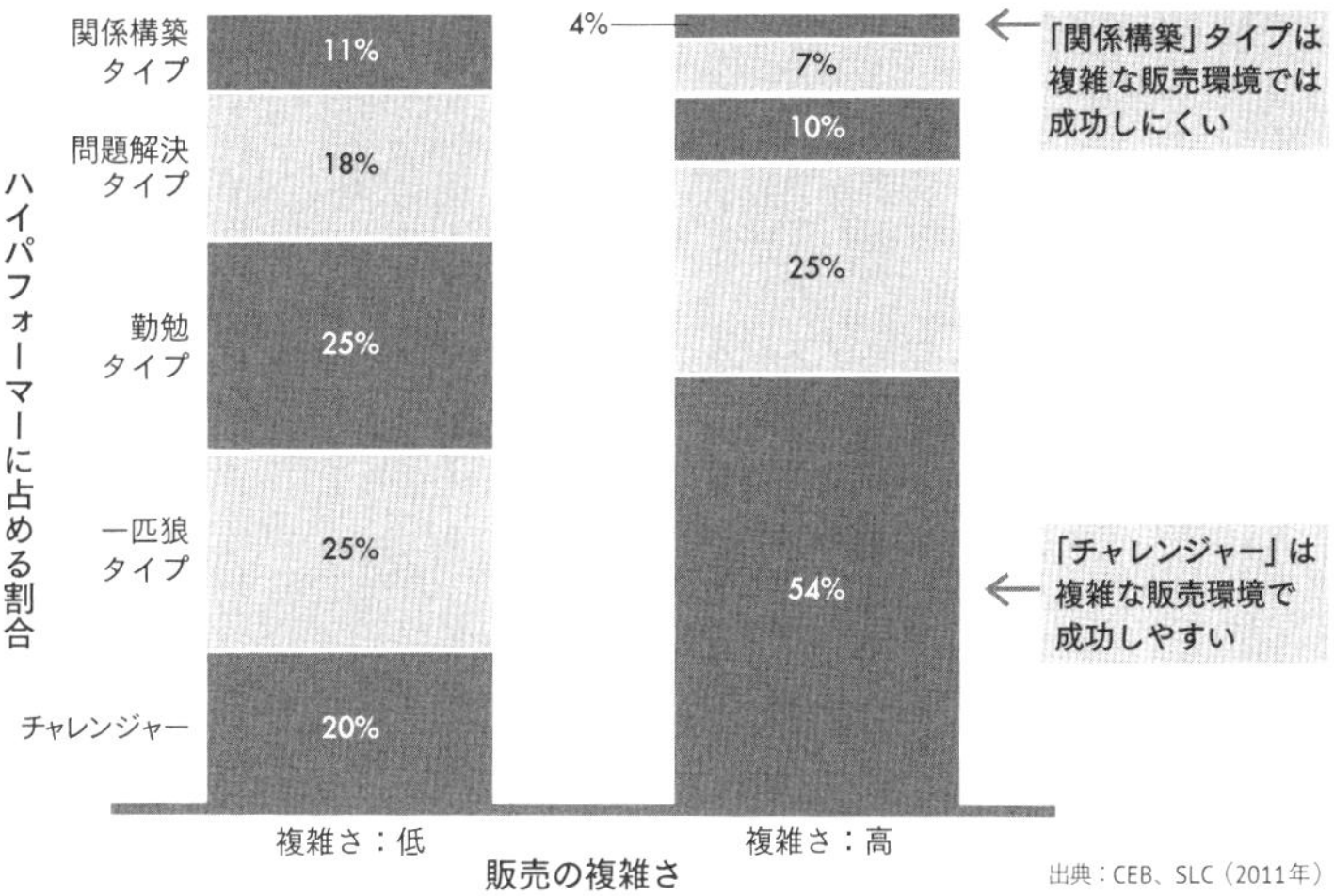

だが、調査データの分析に基づくと、そうは思えなかった。その理由を説明するために、しばし長期的な視点に立ち、ソリューション営業の大きな流れのなかで「チャレンジャー」を見てみよう。

販売の複雑さという別のレンズを通してデータを見ると、もっと驚くべき事実がわかる。最初の分析のあと、われわれは販売条件の複雑さによってハイパフォーマーをふたつに分け（上図を参照）、比較的シンプルな単独製品を短いサイクルで売るハイパフォーマーと、もっと複雑なバンドル製品やソリューションを、比較的長いサイクルで売るハイパフォーマーとを比較した。

すると、複雑な販売では「チャレンジャー」が圧倒的多数で、花形パフォーマーの五〇％以上を占めていた。これに近いといえるのは「一匹狼」くらいである（だが、たいていの営業リーダーがうなずくように、「一匹狼」はなかなかいないし、いても管理しにくい）。一方、「関係構築」タイプの構成比は微々たるものだった。複雑なソリューションを売る場合、彼らがハイパフォーマンスを達成する可能性はゼロに近かったのだ。

多くの組織がソリューション営業への移行に苦労している理由は、ここにあった。ソリューション営業とはすなわち、それまでのやり方が通用しない破壊的《ディスラプティブ》な営業である。わが社の製品を買ってください、そしていままでに買ったほかの製品といっしょに棚に並べてください、とお願いするのとはわけが違う。むしろ、顧客に行動を変えてもらわなければならない。いままでのやり方をやめて、別の方法で動いてほしいとお願いするようなものだ。そうしてもらうためには、ビジネスの新しい見方を顧客に提示し、自分たちのビジネスについて違う発想をしてもらわなければならない。その点からいえば、複雑さを増すこの世界で、あるタイプだけが断トツの営業成績を収めるのは当たり前なのかもしれない。

「チャレンジャー」を採用も育成もしていない企業は、今後ますます取引が複雑化するにつれて、満足な成果を出せなくなるだろう。「チャレンジャー」は、目の前の不景気に強いだけでなく、これからのソリューション営業ができる。ソリューションを通じて成長しようと考えるなら、それは「チャレンジャー」に担わせるしかない。

最も複雑な顧客から最大の成果をあげる——そんなきわめて優秀な販売員は、きっと「チャレンジャー」のなかにいる。

もちろん、この発見には、あまり複雑でない取引型営業についての教訓も含まれている。この分野（電話セールスなど）では、「チャレンジャー」の育成に多大な投資をしても意味がない。データ上でいちばん成績がよいのは「勤勉」タイプだ。営業トークの質よりも頻度のほうが重要なら、「勤勉」タイプに勝ち目がある。「チャレンジャー」は、ソリューション営業という複雑な領域にこそ欠かせないが、単純な営業に必須のタイプではない。

われわれの調査から導かれる結論はこうだ。価値重視またはソリューション志向の営業アプローチをめざそうとするなら、顧客に対して論客としてふるまえる「チャレンジャー」販売員が絶対必要になる。したがって、そのための条件を理解しておかなければならない。「チャレンジャーになれ！」と命令したところでどうにもならない。販売員に何をしてほしいのかを正確に伝えることが不可欠なのだ。

第3章

チャレンジャー②

新モデルを移植する

「チャレンジャー」の特徴は、指導、適応、支配の能力にある。彼らは建設的な緊張関係を通じて、この三つを実行する。これらは、われわれが「チャレンジャー・セールス・モデル」と名づけた営業アプローチの柱でもある。

これまでわれわれは、幅広い企業の営業組織にこのモデルを適用し、試行を重ねてきた。タレクリス・バイオセラピューティクス（製薬）、フィリップ モリス インターナショナル（煙草）、ブリンクス（警備輸送）、トムソン・ロイター（情報サービス）などのソリューション部門ほか、対象企業は多岐にわたる。その前提になるのは、「適切なトレーニングやコーチング、販売ツールがあれば、ほとんどの販売員は、（熱烈な「関係構築」タイプであっても）『チャレンジャー』のように顧客との会話を支配できるようになる」という考え方だ。

「チャレンジャー・セールス・モデル」は、理論的にはシンプルだが、実践するとなると複雑である。このことは、いち早くこれを導入した組織が証言者になってくれる。本書ではこのあと、企業や営業リーダー、マネジャー、販売員が、同モデルを実行するのに役立つ成功事例やツール、教訓を伝授する。

その前にまず、同モデルの根底にあり、本書を通してのテーマともなる基本原則を確認しておこう。

原則①「チャレンジャー」は育成できる

よく訊かれる質問のひとつに、「チャレンジャー」は先天的なのか後天的なのかというものがある。言い換えれば、生まれつきなのか、育成できるのか？　これにはいくつかの答え方がある。

われわれの調査からわかったことのひとつは、どの販売員にも「チャレンジャー遺伝子」の痕跡があり、それは必ずしも「専攻」しなくてもよいということだ。スキル、態度、活動、知識に焦点を当てたこの調査では、正しいツール、トレーニング、コーチング、報酬・評価システムがあれば、「チャレンジ」を「副専攻」している販売員（その単位を少々とっただけの販売員も含めて）でも、「チャレンジャー」らしい行動をとらせることができるとわかった。なかには変身できない者もいたが、必要な時間と労力を割けば、変身できる販売員のほうが格段に多かった。

「チャレンジャー」は先天的であるという考え方は、たぶん見当違いだ。たしかにＤＮＡを書き換えることはできないが、顧客と対峙したときの販売員の行動を一時的にでも変えられたら、それは意味のある時間になるはずだ。つまるところ、ほんの一握りの販売員以外はみんなクビにして新しく雇い直そう、という営業リーダーなど、まずいないのだから。

われわれはクライアント企業に対して、いまいる販売員をいますぐパワーアップさせるツールや訓練を提供しようとの方針で臨んできた。これは、優れた組織がめざして大成功を収めてきた方針でもある。「チャレンジャー」が育成できるという裏づけは、豊富にある。われわれはそれをこの目で見てきたし、実際にクライアント企業が「チャレンジャー」を育て上げるためのサポートを、いくつも成功させてきた。

あなたがもし販売員なら、生まれつきの「チャレンジャー」かどうかにかかわらず、「チャレンジャー・セールス・モデル」から、日々のパフォーマンスを高める知恵を引き出すことができる。あなたの現在のやり方が「チャレンジャーモデル」と違っていたとしても、その違いが永遠不変ないし克服不能とは思わないでほしい。そのようなギャップの存在を理解すること、そしてギャップは埋められると知ることが、何よりも重要だ。

原則② 重要なのはスキルがそろっていること

調査から得られた重要な学びのひとつは、「チャレンジャー」を「チャレンジャー」たらしめているのは、そのスキルがそろっていること、すなわち建設的な緊張関係を活かしながら指導、

図3.1「チャレンジャー・セールス・モデル」でカギとなるスキル

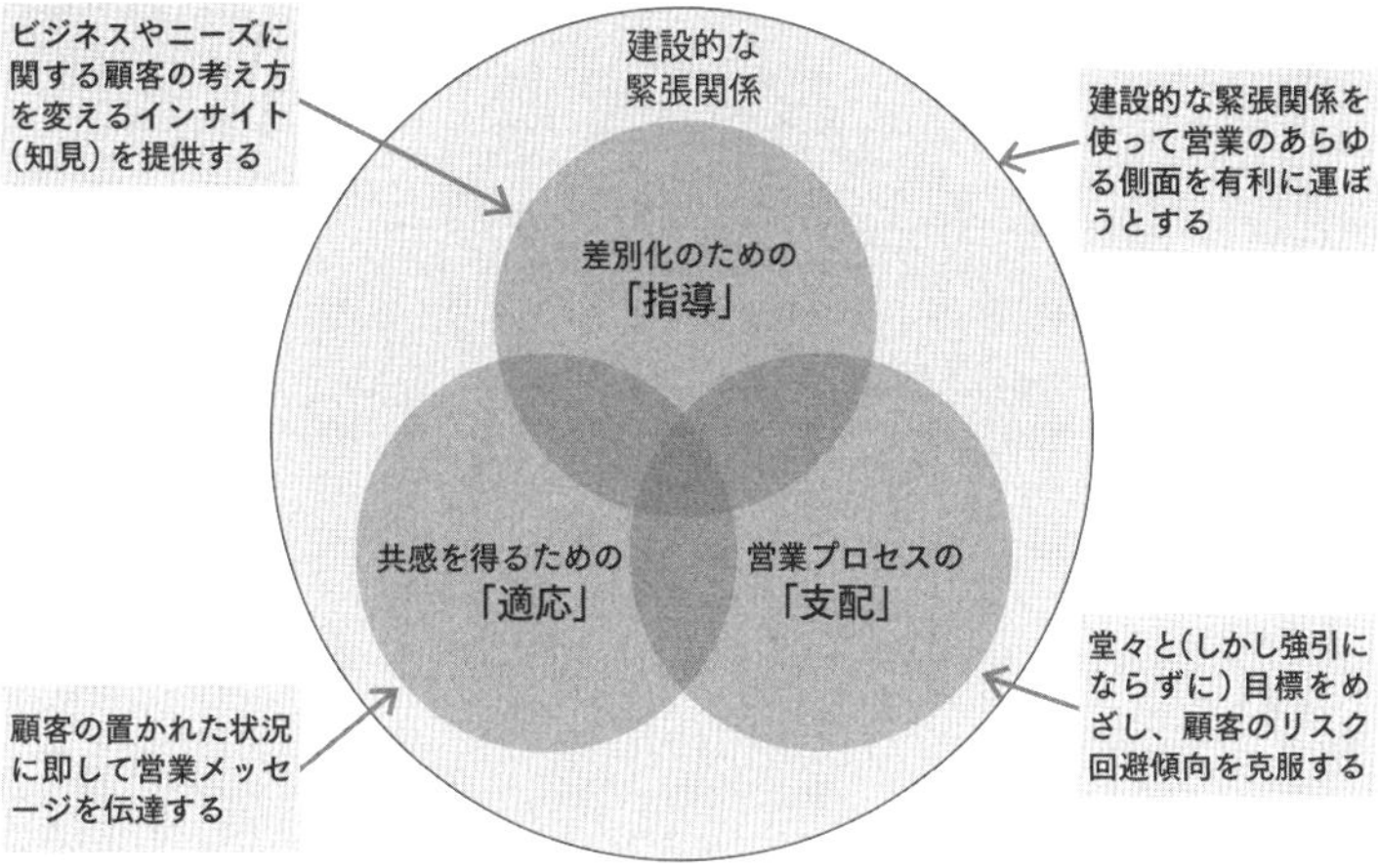
ビジネスやニーズに関する顧客の考え方を変えるインサイト（知見）を提供する
建設的な緊張関係
建設的な緊張関係を使って営業のあらゆる側面を有利に運ぼうとする
差別化のための「指導」
共感を得るための「適応」
営業プロセスの「支配」
堂々と（しかし強引にならずに）目標をめざし、顧客のリスク回避傾向を克服する
顧客の置かれた状況に即して営業メッセージを伝達する

出典：CEB、SLC（2011年）

適応、支配のすべてを行なえるということだ。

適応せずに指導したら、場違いに思われる。適応しても指導しなければ、他の売り手と同じに見られかねない。支配しても価値を提供しなければ、たんに迷惑がられるおそれがある。上図をご覧いただきたい。これは、販売員のパフォーマンスの「よさ」を表している。いわば「新しいハイパフォーマー」のイメージ図だ。これらのスキルは、すべてをいっしょに使ったときに最も効果を発揮する。だから、このモデルを本格的に実践するときは「選り好み」を避けることが肝心だ。

とはいえ、企業は重複投資を嫌うものだ。そのため営業リーダーはしばしば、「チャレンジャー・セールス・モデル」の要素をいくつか省きたいと口にする。たとえば、新しい販促資料の作成に金をつぎ込んだばかりだから、適応と支配だけに集中したい、というように。ああしろこうしろとすべてを指示するつもりはないが、モデルの部分的な実践については率直に言っておきたい。たしかに、個々の要素に投資するだけでも、現状より改善されるだろう。だが、このモデルが本当に機能するためには、すべての要素に投資し、すべての能力を開発しなければならない。「チャレンジャー・セールス・モデル」によるパフォーマンス向上を一〇〇%実現するのに、近道はないのだ。

原則③「チャレンジャー」は販売員だけにとどまらない

多くの組織は、「チャレンジャー・セールス・モデル」へ移行するには個々の販売員のスキルを向上させればよい、と考える。だが、それはまったくの誤りだ。このモデルを本当に機能させようとするなら、個々人のスキルを磨くのと同様、組織の能力も開発しなければならない。

たとえば、「指導」する（教え導く）力。詳しくは以降の章で検討するが、これは販売員個人が自力でものにすればよいというものではない。あなたの組織の「チャレンジャー」には、これが得意な者もいるだろう。だが、指導の中身を個々の販売員にまかせていたら、彼らがさまざまな問題の解決を顧客に約束してしまい、組織の方向性はばらばらになってしまう。その約束には、会社が解決できないことも含まれている可能性が高い。

教え導く営業トークは、まちがいなくひとつのスキルだが、そのトークの中身（顧客に教えるべきポイント、顧客の考え方を変えるうえで中心となるアイデアなど）には、拡張性と再現性がなければならない。となると、組織の関与が欠かせない（たいていの組織では、これはマーケティング部門の仕事である）。

「適応」能力についても、たいがい同じことがいえる。個々の販売員は、「指導メッセージ」を顧客組織の各人に合わせてどう修正するかを理解しなければならないが、組織も重要な責任を負っている。まず、情報力や研究資産を駆使して、発展途上の「チャレンジャー」が、顧客の産業や現状に応じてメッセージを修正する手助けをしなければならない。どの指導メッセージがどのステークホルダーに共感されるかを明らかにする責任もある。すべてに当てはまる万能タイプのメッセージは、事業部門がひとつだけで、客層も似たような相手ばかりという会社を除いて、なかなか支持されない。また、顧客サイドのステークホルダーをどう分類するかも、個人のスキルであると同時に、組織の能力にかかっている。

そういう意味では、「チャレンジャーモデル」の構成要素のうち、ほとんど個人のスキルだといえるのは、「支配」の能力だけである。この能力は、販売員がスキルアップすることで大きなリターンを生む。これを現場に徹底させる方法については、第7章で解説しよう。ただし、これにも組織が果たすべき役割はある。組織が考え出した強力な指導メッセージを発信できる「チャレンジャー」のほうが、顧客との会話で主導権を握りやすいからだ。最近のわれわれの調査でも、販売員が顧客サイドの正しいステークホルダーを見きわめ、彼らと適切なかかわりを持つうえで、組織が重要な役割を担うことがわかっている。

原則④「チャレンジャー」部隊は一夜にしてならず

「チャレンジャー」を育てようとする組織が犯しやすい大きな誤りは、効果がたちどころに表れると考えることである。経験者に言わせれば、「チャレンジャーモデル」へのしかるべき移行には時間がかかる。組織的な能力の変化と、個々の販売員の行動やスキルの変化。この両立が前提となる「チャレンジャーモデル」への挑戦は、一大事業なのだ。

「チャレンジャー」養成研修を進めるにあたっては、彼らが発信する強力な指導メッセージを周到に準備し、現場の営業マネジャーの指導力を高めなければならない。それをしなくても販売員の生産性は多少上がるだろうが、次のふたつの結果が生じるのはまちがいない。第一に、営業成績は向上しても、それは本来可能な水準にはとうてい及ばない。第二に、販売員は「今月の重点研修」くらいの意識しか持たず、研修内容をすぐに忘れ去ってしまう。

経験者によれば、「チャレンジャー・セールス・モデル」への移行は「長い旅」である。完全な移行には、「週」や「月」ではなく「年」の単位がかかるという。それに、経営陣をこの新しいモデルに参画させる必要もある。言い換えれば、「チャレンジャーモデル」の導入とは、ソフトウェアの追加更新ではなく、組織全体のオペレーティングシステム（OS）を新しくするようなものだ。もっと手早く成果を出したい人は、どこかほかを当たったほうが賢明だろう。

しかし、この長旅につきあう心づもりがあるなら、ぜひ、さらに読み進めてほしい。先発者の利益は途方もなく大きくなるはずだ。「チャレンジャーモデル」は、全世界・全業界の販売組織が長年抜け出せなかったソリューション営業の泥沼から抜け出すための、強力な武器である。

「チャレンジャー・セールス・モデル」は効果があるのか？

われわれが調査で発見した事実を公表して以降、クライアント企業から、「うちの販売員は、チャレンジャー・セールス・モデルの各原則を、このように応用している」という話を聞くようになった。めざましい効果をあげることもよくあるらしい。ここではまず、同モデルの三つの柱を順に見ていこう。それぞれの柱がうまく機能したらどうなるかを知ってほしい。

差別化のための「指導」

「チャレンジャー」がほかの販売員と何よりも違うのは、市場での戦い方についての新しくて有益な教えを、顧客に授けられるところである。顧客ロイヤルティに関するわれわれの調査（詳しくは次章で紹介）によれば、顧客を長きにわたって引きつけるのは、まさにこの行為だ。

指導とはすなわち、顧客のビジネスに関する独自の視点を提供し、その視点を熱意をこめて的確に伝えることで、顧客を会話に引き込むことにほかならない。この場合の新しい視点は、あなたの製品やソリューションのためのものではない。あくまで、顧客の市場競争力アップのためのものだ。その知見《インサイト》を用いることで、顧客は営業経費を捻出したり、新たな市場に進出したり、リスクを軽減したりできる。

以下、「指導」アプローチの効果を示す事例を、いくつか紹介しよう。

某オフィス用家具メーカーの営業幹部によると、ある販売員が見込み客の関心を引くのに苦労していた。その客は本社を新しく建てたばかりだったが、家具の納入業者には別のライバル企業が選ばれていて、契約を獲得できる可能性は低かったのだ。それでも、その販売員（新しく入ったばかりの女性）はあきらめなかった。家具が実際に納入される前なら、足がかりを得るチャンスはまだあるはずだ。彼女はなんとか粘って、その会社の不動産・ファシリティ部門責任者とミーティングをするところまでこぎ着けた。

話を聞いてみると、この見込み客は、社員どうしがもっと効果的に交流できる協働スペースの確保を重視していることがわかった。建築図面を見た販売員は、すかさずこう言った。「私どもの確かなデータによれば、八人のグループで協働は困難です。協働しやすいのは二人や三人で、七人になると生産性が落ちます。会議室のサイズをおまちがえかもしれません」

「なるほど」と相手は言った。「でも会議室はもうできてしまったから、どうにもならないよ」。すると彼女は、製品知識を活かして、会議室の真ん中に可動式の間仕切りを設置すれば、三、四人用の部屋をふたつつくることができると説明した。次いで、協働を促す自社製品について話をした。つまり彼女は、まずインサイトを提供し、顧客が気づいていない問題について教え、関心を引きつけ、顧客の方針を転換させたのである。

もうひとつは、グローバルな製薬会社のケースだ。この業界は、大手企業どうしが何年にもわたって激しい競争をくり広げ、医師との面会を勝ち取るために大勢の営業担当者がしのぎを削っている。そんな厳しい環境にあって、この製薬会社は、医師が時間を割いても会いたいと思うような会社になることをめざしていた。しかし顧客調査データによれば、医師の目にはどの会社も区別がついていなかった。

そこで同社は、販売員に新たなインサイトを身につけさせ、それを医師に教えられるようにした。そのインサイトは自社製品にかぎらず、医師としての能力をいかに高められるかというヒント全般が含まれていた。マーケティングチームは、疾病管理に関する自社の豊富な知識を頼りに、販売員が医師と共有できる「患者のたどる道《ペイシェントジャーニー》」をつくり上げた。これによって、発症時から治療、そして経過観察までの疾病サイクル全体を、視野に入れることができるようになった。

疾病サイクル全体に目を向けた医師は、多くのことに気づく。たとえば、この会社が持つ情報によれば、ある病気にかかった患者は、年に平均二・五回は症状を悪化させる。緊急治療室に搬送された人も多かった。だが、かかりつけの医者の多くは、それを知らないまま、実際よりも軽い病状のつもりで患者を診ていた。もしも、この新しい情報を知れば、病状の悪化を予防・改善する方向で治療ができ、患者ケアの質は大きく向上するはずだ。結局、医師が必要とするこうしたインサイトを提供したおかげで、この会社は医師とのパイプを太くすることができた。

最後の事例は、福利厚生管理サービスを提供する会社のものだ。同社はあるとき、長年つきあいのある顧客企業から、経費節減のため、入札で契約先を決めることにしたと告げられた。これに対して、価格戦争に巻き込まれるのを嫌ったその会社は、価格に基づく関係には関心がないと回答し、入札を丁重に辞退した。だが同時に、ちょっとユニークな申し出をした。入札には参加しないけれども、せっかくの長いつきあいを大事にしたいので、次の取引先に対して適切な依頼ができるよう、提案依頼書の作成を手伝いますよ、と言ったのだ。

顧客は、この無料コンサルティングの申し出に感謝した。そして、その会社の担当者を招くと、数時間かけて、入札に盛り込むべき内容を話し合った。このとき担当者は、たとえば次のような方向でアドバイスをした。「もし、以下の三つを言われても、それは誤りです。なぜなら……」。「この四つが必要だと言われても、実際には必要ありません。なぜなら……」。「次のふたつは必ず入札に盛り込んでください。なぜなら……」。「このふたつは必要ないと言われたら、それは誤りです。なぜなら……。彼らは売りたいものを買わせようとしているだけです。でも、このふたつに関しては譲らないでください」

自分たちだけでは考えつかなかったであろうポイントをいくつも指摘された顧客は、このアドバイスを大いに評価し、受け入れた。そして、提案依頼書ができあがると、その担当者に見せた。すると、担当者はこう言った。「このような内容の入札なら、ぜひ参加させてください。私たちは、まさにここにあるようなパートナーシップを御社と結びたいので」

この事例はとくに、「指導」アプローチがなぜそれほど効果的なのかをよく物語っている。営業の世界では最近、「どうすれば提案依頼に先回りできるか」という議論が盛んだが、教え導く力を使えば、提案依頼に先回りするどころか、売り手に都合のいいように提案依頼をつくり変えることもできるのだ。この販売員の教えた内容は、自社ならではの能力と絶妙にリンクしていた。

こうした独自のインサイトを提供できる力こそが、「チャレンジャー」の最大の武器であるのはまちがいない。それはまた、B2B顧客のロイヤルティを高める最大要因でもある。指導能力の開発については、第4章と第5章でさらに詳しく紹介しよう。

共感を得るための「適応」

教え導く力は「チャレンジャー」に何よりも欠かせない要素だ。だがさらに、その指導メッセージをさまざまな種類の顧客、ならびに顧客組織内のさまざまな個人に適応させることができれば、メッセージはいっそう共感を呼び、顧客の印象に強く残る。

適応がうまくいくかどうかは、営業担当者が相手の優先事項をどれだけ知っているかで決まる。その人が最も望む結果、その人が会社のために出さなければならない成果、そうした成果に最も影響を与えそうな各種の経済ドライバー（業績促進要因）……。

テーブルをはさんでマーケティング責任者と向かい合った「チャレンジャー」販売員は、目の前のその責任者の優先事項に合わせて、メッセージをどうアレンジすればよいかを理解している。

実務担当者と会うときも、メッセージをどう修正すればよいかを心得ている。これは、たんなる商才というよりも「機敏さ」の表れだ。各ステークホルダーの事業環境にストーリーを適合させる能力、といってもいい。彼ら「チャレンジャー」の目のつけどころはどこにあるのか？　そのパフォーマンスはどのように測定されるのか？　彼らはいかにして、顧客組織に入り込むのか？

CEBのクライアントである、某ビジネスサービス企業の事例を見てみよう。その会社のふたりの販売員は、およそ半年間、ある顧客企業とつきあうなかで、社内のリーダーたちと信頼関係を築きつつ、経営陣に対する重要なプレゼンテーションを準備した。そして、何度もミーティングやプレゼンテーションを重ねた結果、顧客がいちばん必要とするはずの施策——アウトソーシングによるコスト削減に照準を合わせた。

ところが、経営陣へのプレゼンテーションの一週間前、ふたりは重大なミスに気がついた。その日、彼らは自社の年次営業会議に出席した。同社ではすでに、営業組織全体に「チャレンジャー」スキルを導入していたのだが、その会議の「適応」に関するセッションのとき、「CEO自身の目標や動機をまだ十分に調べていない」と気づいたのだ。

そこで、彼らはすぐに顧客企業の主な関係者と緊急ミーティングを開き、CEOの目標や目的を確認した。すべてはCEO本人にアピールできるインサイトがないかを探るためだ。おかげで、貴重な情報を得られた。このCEOは、最近の調査で自社の顧客満足度が低かったことを問題視していた。また、彼が技術オタクであることもわかった。

それらをふまえ、ふたりはコスト削減中心の営業トークを見直し、次のようなシナリオで臨むことにした――私たちの提案は、コストを削減するだけではありません。当社が開発したばかりの新しいテクノロジーを利用して顧客満足を高め、問題解決までの時間を短縮します。さらに、CEOから現場のマネジャーまで、あらゆる人が、顧客サービスの諸案件や問題解決までの時間を、リアルタイムで把握できるようになります。

CEOはすぐに居住まいを正し、彼らの営業トークに聞き入った。売り手の提案をごくふつうに確認するはずだった場が、CEOの重大な関心事について話し合う場となったのだ。プレゼンテーションが終わったとき、そのCEOは、長らくの懸案事項に光を当ててくれたこと、まさかの技術力を実証してくれたことに関して、ふたりに礼を述べたという。競合各社が一般的な提案にこだわるなか、この会社はCEOの最大の関心事にメッセージを適応させることで、契約を勝ち取ったのだ。

取引成立に果たすコンセンサスの役割が、かつてないほど重要ないま、そのコンセンサスを築くために、幅広い顧客関係者に合わせてメッセージを調整できる販売員でなければ、契約を勝ち取ることは難しい。この点は第6章で詳述しよう。

営業プロセスの「支配」

「チャレンジャー」に特有の最後の特徴は、営業を支配し、主導権を握る能力である。まず断っておくと、主導権を握るというのは攻撃的になることではない。ましてや迷惑をかけたり悪態をついたりすることでもない。支配とは、顧客の抵抗に遭っても一歩も引かないでいられることを意味する。

「チャレンジャー」のこの特徴は、ふたつのかたちで表れる。第一に、彼らは価格設定を含めたお金の話全般について、主導権を握ることができる。一〇%の割引を要求されてもびくともせず、話の内容をソリューションに戻し、価格ではなく価値をめぐる合意を求める。第二に、顧客の考え方に異を唱え、顧客の意思決定サイクルに圧力をかけることができる。この圧力は、もっと早く結論を得るためであり、いつまでも決められない「優柔不断状態」を克服するためである。

考えてみればわかるが、「チャレンジャー」の成功のカギが「指導」、つまりその顧客の世界に対する見方を変えることだとすれば、販売員は精神を少々すり減らすくらいのことはがまんしなければならない。ときには生徒に妥協せぬ態度を示さないと本物の先生になれないように、ときには顧客に妥協せぬ態度を示さないと、本物の「チャレンジャー」にはなれないのだ。

とくに、顧客のリスク回避傾向がかつてないほど高まっている現在、この姿勢はきわめて重要である。「平均的な販売員は、売るだんになると安全地帯に逃げ込んでしまう」と嘆く営業リーダーがよくいるが、たぶんそれ以上に問題なのは、顧客が買うだんになると安全地帯へ逃げ込んでしまうことだ。そんなとき「チャレンジャー」は、いままでとは違う世界の見方を示し、顧客を安全地帯の外へと連れ出す。もちろん、相手への共感を前提にして、秩序と配慮をもって当たることも重要だ。

この点について、われわれの長年のクライアントで、世界最大級の化学メーカーのCSOは、次のように説明する。「実際問題、主導権の握り方にはいろいろなかたちがありますが、つきつめればそれは、営業のプロが、具体的な目的をイメージしながら、顧客との議論をリードするということでしょう」。主導権を握るための条件をすべてそろえようとすれば、複雑で大がかりなものになるが、シンプルながら効果の大きいやり方も数多くある。

「値上げや値下げの要求といった価格をめぐる議論こそ、営業のプロが主導権を握るべき重要な分野です」と、このCSOは言う。「価格の話が出たときに、話題を価格から価値へといかにシフトするかが、腕の見せどころです。現在の製品・サービスの価値を、対話のスタート地点にするのがよいでしょう。その議論のなかで、製品・サービスの各要素を重要な順にランクづけしてもらうと、違った角度からの視点が得られることもあります。新しい発見は、価値について考える販売員と顧客の双方に、とても有益です」

彼は、ある部下の話もしてくれた。その部下は、長年つきあいのある顧客に、値上げの通知をしなければならない状況に立たされていた。それは大幅な値上げで、景気はむしろ悪いさなかだった。おまけに、その顧客の取引先でほかに値上げをしているところはなかったという。だが、彼の会社の製品は、原材料高騰のあおりで価格を上げざるをえなかった。じつは同社では、この顧客からの要望で、何年も前から標準タイプとは違う、高級なパッケージを納入しており、そのコストも売り手の利益を目減りさせていた。

ところが、値上げの話をするなかで、販売員が当該製品のさまざまな特徴を顧客にランクづけしてもらったところ、特注の高級パッケージは、トップ3にも入っていなかった。結局、両者は値上げの幅を抑える代わりに、パッケージを標準タイプにすることで合意した。そのパッケージの変更は、値上げ以上の利益を同社にもたらしたのだった。

「じつにみごとでした」とCSOは言う。「ごく簡単な工夫で、価格に関する話し合いの主導権を握り、ウィンウィンの成果につなげたのですから」

本書の以降の構成について

さて、この章の締めくくりとして、次章以降、どのようにして「チャレンジャー」養成への近道を探っていくかを示しておこう。

●第4章と第5章では「指導」について考える。なぜ指導が有効なのか、そもそも何を指導すべきなのか、「指導トーク」の中身はどうあるべきなのか……。その中心となるのは、売り手のアピールポイントにつながる「顧客にとって価値あるインサイト」を見出すうえで、組織（主にマーケティング部門）がいかに重要な役割を果たすかである。

●第6章では「適応」について考える。なぜ、いま適応が効果的なのか、ここを掘り下げる。営業アプローチや営業メッセージを顧客組織の特定人物に適応させる方法を、どうやって販売員にマスターさせるかも紹介する。適応について考えるうえでは、第1章で述べたように、顧客の意思決定に組織内のコンセンサスが必要になってきた、というトレンドが重要になる。この点も詳しく分析する。

●第7章では「支配」について考察し、販売員が攻撃的にならずに自己主張できる方法を探る。すでに述べたように、「チャレンジャー・セールス・モデル」の各要素のなかでも、「支配」は誤解を受けやすく、使い方をまちがえれば害悪のほうが多い。だが、正しく使えば意思決定に大きな影響を及ぼせる。顧客の現状維持があなたの最大の敵となる世界、顧客がリスクをますます回避する世界では、支配の能力こそが、販売環境をがらりと変える大きなパワーを持つ。

●第8章では、「チャレンジャー」の養成にあたって、現場の営業マネジャーが担う重要な役割に言及する。具体的には、多くの営業組織がいまなお軽視する「コーチング」の問題を扱う。これは、われわれが深い専門知識を持ち、意外なデータや選りすぐりの成功事例を読者にお伝えできる分野である。しかし、話はコーチングだけでは終わらない。われわれの最近の調査によると、パフォーマンスの高い営業マネジャーは、部下の販売員とともに取引にイノベーションを起こすことができる。営業の成功を導くスキルを伝授するのがコーチングだとすれば、セールスイノベーションは、個々の商談を意図を持って前進させることにほかならない。それぞれ異なるスキルであるが、「チャレンジャーモデル」への移行をめざす組織では、どちらも重要性が高い。

●第9章では、「チャレンジャー」組織への変身をめざすリーダーに、補足的なアドバイスを提供する。たんなる「今月のスキルアップ研修」ではなく、本物の変革を長期的に根づかせるためには、変革の取り組みをどのように設計すればよいのか？

●最後に、営業分野にとどまらない「チャレンジ」にもふれる。「チャレンジャーモデル」はたんなる営業コンセプトではなく、ビジネス全般に応用できるコンセプトであり、ＩＴから人事、財務、法務、経営戦略まで、さまざまな部門で効果的に導入されている。本書の最後に、この点を詳しく確認する。

第4章
差別化のための「指導」①
なぜインサイトが必要なのか？

この一五年間、営業研修の大半は、次のような原則を中心に実施されてきた――営業を成功させる近道は、顧客ニーズを深く理解することである。その伝でいえば、「ソリューション」を売る場合は、まず顧客の差し迫った問題を「発見」し、次にその、彼らが夜も眠れないほど悩んでいる問題を、自社の製品やサービスと結びつける必要がある。

だから当然、営業リーダーは莫大なお金と時間を使って、販売員の質問能力を向上させる教育研修に力を入れてきた。探りを入れる質問、財務的な質問、仮定の質問、自由回答形式の質問、フォローアップの質問……。いずれも、顧客の「来年の戦略目標トップ3」や「本四半期の重点目標ふたつ」、すなわち「喫緊の課題」をできるだけ深く理解するのがねらいである。

要するに、「裏話」を引き出せるくらい掘り下げて訊けば、顧客が真のニーズを率直に語ってくれ、それに応える完璧な「ソリューション」もその場ですぐ見つけ出せる、という考え方だ。ニーズを完璧に満たすソリューションだから、いくらかかっても顧客はそれを買うしかないというわけだ。

だが、このやり方には大きな問題がひとつある。ひとことで言えば、昔のようにはうまくいかないのだ。販売員の「発見スキル」向上のための多大な教育投資も、もはやその正当性があやぶまれる。それは、販売員（とくに平均的な販売員）の質問力を高めるのが相当難しいせいもあるが、何よりも、このやり方が誤った仮説に基づいているからだ。「顧客は己のニーズを知っている。われわれが訊く力を磨きさえすれば、おのずと明らかになる」という仮説は正しくない。

もしも、顧客がじつは自分のニーズを知らなかったら？　彼らの最大のニーズが（皮肉なことに）自分のニーズを知ることであったら？

もしそうなら、顧客のニーズを尋ねるよりも、顧客のニーズを教えるほうが営業テクニックとしては有効だ。「チャレンジャー」はまさにこれを実行している。結局のところ「チャレンジャー」は、一流の質問者というよりも一流の教師である。彼らは、顧客の世界を本人と同じくらい理解しているから頼られるのではない。顧客の世界を本人以上に理解し、その内容を本人に教えるから頼られるのだ。

本章と次章では、「チャレンジャー」の「指導」能力について見ていく。おそらく三つの主なコンピテンシー（「指導」「適応」「支配」）のなかでも中心になるものだろう。指導とはどのようなものなのか？　どう機能するのか？　正しい指導をしてお金をもらうにはどうすればよいか？

このあたりを具体的に詳しく検討し、その過程で、次のような難しい問いかけにも答えていく（意外な答えが導かれるはずだ）。

- 「教え導く」会話は、従来の営業の会話とどこがどう違うのか？
- 効果的に指導するには、どんな販促ツールが必要か？
- これは個人のスキルの問題なのか、それとも組織の能力の問題なのか？
- マーケティング部門はどんな役割を担うのか？

なかでも、最も重要と思われる問いはこれだ。

- 顧客は、そもそも教え導かれたいと思っているのか？

では、最後の問いから始めよう。どんな営業アプローチでも、顧客がどう感じるかが肝心要だ。「チャレンジャー」アプローチの場合でも、この質問をいちばんよく耳にする。要するに、顧客の前に現れて、「さあ、教えにまいりました！」と言い放つのは傲慢ではないのか、と。

だが、われわれは言い放ってかまわないと考える。言い方はもちろん変えるにしても、四年間の幅広い顧客調査から断言できるのは、顧客が売り手に望んでいるのは、まさにそうした「教え」だということである。

問題は「何を」売るかではなく、「いかに」売るかだ

二〇〇八年に景気が世界的に落ち込むずっと前から、その後の景気停滞期全般を通じて、CEBはクライアント企業の顧客関係者五〇〇〇人以上に調査を実施した。対象は、オーナーや経営幹部、エンドユーザー、購買責任者、調達担当者、はては外部コンサルタントにまで及んだ。B2B取引の売り手(サプライヤー)に何を望むかを調べるのがねらいだった。

具体的には、およそ五〇の質問項目で、現在のサプライヤー(つまり、われわれのクライアント)と同業他社を、製品、ブランド、サービス、コストパフォーマンス(価格・価値比)といったさまざまな側面についてランクづけしてもらった。また、サプライヤー選定の決め手になるもの(製品の性能・特徴、ブランド認知、サービス対応時間など)について尋ねたほか、同じ人たちに、営業体験そのもの(現在のサプライヤーは同業他社と比べてどうか)についてもいくつか質問をした。そして最後に、現在のサプライヤーへのロイヤルティを測る三つの質問をした(七段階で評価)。

●このサプライヤーから購入しつづけたいか。
●このサプライヤーからの購入を増やしたいか。
●全社にこのサプライヤーを推薦したいか。

顧客の幸福度や満足度、購入可能性については尋ねなかった。CEBのかつての調査によれば、これらはB2B顧客のロイヤルティにほとんど影響を及ぼさないからだ。われわれが訊いたのは、顧客がその売り手といっしょに「ソリューションの旅」をしてくれるかどうかである。ロイヤルティに関する調査を何年も続けてわかったのは、これら三つの質問を組み合わせれば、他のどんなロイヤルティ指標よりも、顧客との関係の深化、ひいては業績の伸びを予測しやすいということだった。

何万というデータ項目に相当するそれらの情報をすべて集約し、幅広く分析すると、顧客ロイヤルティを現実に高めている重要な要因が見えてくる。

こうして出てきた答えは、営業やマーケティングのリーダーにとって興味深い、しかも予想外の内容だった。そのため、この調査は、われわれがこれまでに実施したどんな調査よりも経営幹部の話題にのぼることになった（次ページの図4・1を参照）。

分析結果から判明したのは、ブランド、製品、サービスが、ロイヤルティに一定の影響を及ぼすということである。これらを合わせると、顧客ロイヤルティの三八％が、この分野でライバル

図 4.1 顧客ロイヤルティの主な促進要因

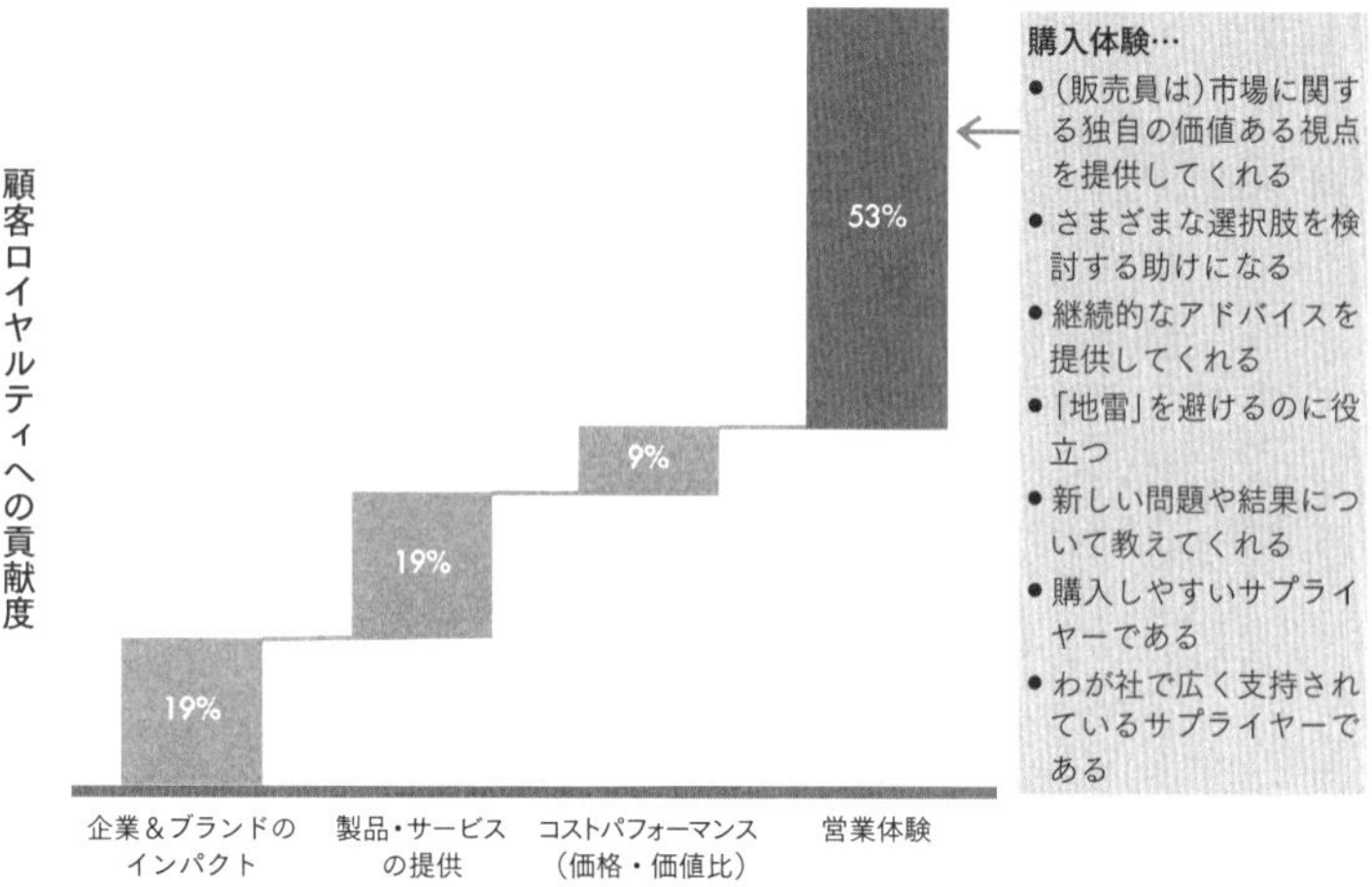
顧客ロイヤルティへの貢献度
19%
19%
9%
53%
企業&ブランドのインパクト
製品・サービスの提供
コストパフォーマンス（価格・価値比）
営業体験
購入体験…
• (販売員は)市場に関する独自の価値ある視点を提供してくれる
• さまざまな選択肢を検討する助けになる
• 継続的なアドバイスを提供してくれる
• 「地雷」を避けるのに役立つ
• 新しい問題や結果について教えてくれる
• 購入しやすいサプライヤーである
• わが社で広く支持されているサプライヤーである

出典：CEB、SLC（2011年）

をしのげるか否かにかかっていることがわかる。ブランド認知が高く、他社と差別化された製品を、業界平均以上のサービスでサポートすれば、まちがいなくロイヤルティが高まる。これら三つのいずれかで後れをとっていたら、まずはそこを改善することだ。

とはいえ、この結果に目を丸くしている経営幹部がじつはたくさんいる。三八%どころか八〇%とか九〇%を占めるものと思っていたからだ。優れたブランド、製品、サービスをもとにロイヤルティを獲得できないとすれば、ほかに何があるというのか？

これは全世界共通の傾向である。世界を代表する金融サービス企業のマーケティング責任者からも、似たような話を聞いた。このデータを見た彼女はこう言った。「四年前、当社の顧客満足度は六五%しかありませんでした。業界全体で長いあいだ、顧客サービスがお粗末だったせいです。でも、これを逆にチャンスととらえた私たちは、そこから三年間、顧客との主な接点ごとにサービスを分析し、多大な費用と時間をかけて、これを改善しました。その結果、顧客満足度は六五%からなんと九五%にアップしたのです」。一見朗報である。

だが彼女は、「ただし」と続けた。「ひとつだけ問題がありました。その三年間に、最大のライバル二社も同じような投資をして、同じような成果を出していたのです。四年たったいま、業界全体の顧客満足度は九六%に達しています。いえ、それ自体はすばらしいことなのですが、結果的に、あれだけお金をかけたのに、業績面のメリットが何ひとつありません。満足したはずの顧客が、毎日のように私たちのもとを離れていきます。よそでも同じような処遇を受けられるとわかっているからでしょう」

いわば試合に出つづけるためだけに、それだけの費用と時間をかけたようなものだ。はたしてその必要はあったのか？　もちろん必要はあった。そうしていなければ、いまごろ倒産の憂き目を見て、試合にさえ出られなかったかもしれない。だがそれでも、話としては毎度おなじみのパターンである。成長をめざしてブランドや製品、サービスにたっぷりお金をつぎ込んでも、せいぜい現状維持止まり。顧客の満足度は上がっているのに、ロイヤルティは必ずしも上がらない。

いったいどうなっているのだろう？　それを知るため、われわれは調査の対象となった顧客の一部と、これらの結果について話し合い、予想外の発言を耳にした。われわれは、ブランド、製品、サービスがロイヤルティに与える影響が比較的小さい、という結果をふまえて、現在のサプライヤーに対する不満を表明する顧客が少しはいるはずだと考えた。だが、そんな声はいっさい聞かれなかった。いや、むしろ正反対だった。製品は好評だし、ブランドは世界一流だし、サービスも秀逸だ――。ではなぜ、これらの要素は顧客ロイヤルティにさほど影響しないのだろう?

答えは、多くの顧客がそのあとに口にしたせりふにある。「ええ、とてもいい製品です。性能にうそはありません。でも、いい製品は他社にもありますよ」。「ブランドは世界一流です。知らない人はいません。でも、世界一流のブランドはよそにもありますから」。「みごとなサービスです。他社に引けをとりませんね」。身に覚えはないだろうか?

顧客は概して、競合他社との違いを感じていない。各サプライヤーのブランド、製品、サービスがひどいというのではなく、たんにどこも大差ないと考えているのである。われわれがわずかな違いを強調するために時間をかけるのに対して、顧客はまず類似性に目がいくらしい。

だからといって、ブランドや製品、サービスへの投資をやめるべきではない。どれもたいへん重要だ。ただ、少なくともB2Bの世界では、ブランド構築、製品開発、顧客サービス向上への投資は、顧客ロイヤルティ獲得への最終ステップではなく、最初のステップだと認識すべきである。それは、顧客ロイヤルティの獲得競争に参加するための「入場料」みたいなものだ。

実際、この点についてしばらく考えをめぐらせる機会を持つと、営業やマーケティングのリーダーは、なるほどと賛同してくれる。日々、自社のビジネスで実感しているからだ。しかし、彼らは少なくともこの数年間、ブランド、製品、サービスによるロイヤルティへの影響が小さいのは、顧客がコスト削減を重視したせいだと言い逃れする傾向があった。顧客のロイヤルティは健在だが、いまはそれが最安値の業者に向いているだけだ、と。

これは事実ではない。顧客ロイヤルティのうち、ライバルよりもコストパフォーマンスがよいことで得られるのは、わずか九%。そう、あなたはライバルより安いかもしれないが、提供する価値も少ない可能性がある。だから、低価格ゆえに買ってもらえたとしても、たぶん高いロイヤルティにはつながらない。

是が非でも最安値のものを買おうとする客は、きょうもあすも、つねに最安値のものを買おうとする。それがあなたの製品である保証はない。こうして結局、安売り合戦はえんえんと続く。その顧客が求めるのは、パートナーではなく、たんなる格安品だ。基本的にロイヤルティの出番はない。つまり、ここでしようとする話とは縁がない。ここでの問題は、「この取引先から買いつづけたい」「この取引先からの購入を増やしたい」「この取引先を推薦したい」と思ってもらうにはどうするかである。それが目標だとすれば、価格で勝負するのはいただけない。ライバルより低価格だが価値はずっと高い、という条件をクリアしないかぎり、値下げしたところでビジネスの成功はおぼつかないだろう。

さて、顧客ロイヤルティの三八%がブランド、製品、サービスに起因し、九%がコストパフォーマンスに起因するとしたら、残る五三%は何なのか。ほかに何があるのだろう?

その答えを知るため、少し前にふれた顧客との会話に話を戻そう。彼らの多くはブランド、製品、サービスという点で、業者の区別がつかないと述べたが、そのあとで、「営業体験」そのものには大きな差があると口にした。営業体験とは、顧客が売り手の業者と継続的に交わす実際の会話を指す。

この点について顧客は容赦なかった。いわく、時間の無駄としか思えない販売員がいて、ひとつおりの会話が終わると人生の大事な時間を奪われたような気持ちになる——。率直にいうと、プレゼンテーションスキルのよしあしは関係ない。「新しい改良モデルXPJ178はスピードが三秒速くなりましたが、使用エネルギーとメンテナンスの必要は少なくてすみます！」などとまくしたてられても、聞く気にならない。「時間とお金が節約できますよ」だって？　それがどうした⁉　時間とお金を節約したいのは当たり前だ。でも、三秒速ければ値段が五％高くてもかまわないというのか？

一方、そうでない販売員もいた。時間を割いて興味深い貴重な情報を提供してくれるので、ニール・ラッカムの言葉を借りれば、顧客は「会話そのものにお金を払ってもよい」と考えるほどだという。言い換えれば、顧客にとって最悪の営業体験をもたらす売り手もいるが、かけがえのない営業体験をもたらす売り手もいる。他のあらゆる面で似たり寄ったりの業者でも、こと営業体験となるとまったく違う。そして、その差こそが顧客ロイヤルティに大きな影響を及ぼしているのである。

これは驚くべき発見だ。ロイヤルティを高めるのは製品開発センターでも、広告でも、無料ヘルプデスクでもない。ロイヤルティは訪問営業の現場で獲得される。それは、販売員が顧客と毎日のように交わす会話の成果である。つまり、顧客ロイヤルティの残る五三％は、営業体験そのものでライバルをしのぐことで得られる。ロイヤルティのじつに半分以上が、何を売るかではなく、いかに売るかの結果なのだ。優れた製品、ブランド、サービスも大事だが、現場の販売員が何もできなければ、すべてが無駄になる。

とはいえ、顧客ロイヤルティにとって営業体験がいかに重要かを、本当に理解するのは簡単ではない。さきほど述べたように、顧客の声は非常にはっきりしていた。販売員とのやりとりのなかには、苦痛に等しいものもあれば、信じられないほど役立つものもある、と。だが、顧客ロイヤルティにそれほどの影響を及ぼすためには、いったい営業体験において何が必要なのか？

ここへきて話はがぜんおもしろくなる。営業体験にまつわるデータを読み解くと、またしても「チャレンジャー」の物語に行き当たるからだ。ただし今回は、顧客の視点から見たそれである。

インサイトの威力

ロイヤルティ調査で調べた五〇ほどの項目には、「営業体験」のカテゴリーに入るものが一七あり、それぞれが顧客ロイヤルティになにがしかプラスの影響を与えていた。たとえば、「高い専門性を発揮する」、「ニーズや仕様に適応する」、「独自のコストを現実的にイメージする」、「相手の好みにコミュニケーションスタイルを合わせる」などだ。しかし、影響力の大きさによって順位をつけると、重要性という点で抜きん出たものは次の七つだった。

- （販売員は）市場に関する独自の価値ある視点を提供してくれる。
- さまざまな選択肢を検討する助けになる。
- 継続的なアドバイスを提供してくれる。
- 「地雷」を避けるのに役立つ。
- 新しい問題や結果について教えてくれる。
- 購入しやすいサプライヤーである。
- わが社で広く支持されているサプライヤーである。

最後のふたつは、当たり前のことが統計的に裏づけられたのがわかる（これについては第6章で詳述）。先述したとおり、契約をまとめるためには、顧客組織の各関係者のコンセンサスを得る必要が高まっている。幹部クラスの意思決定者はもはや、チーム全体の支持が得られないかぎり、あえて危ない橋を渡ろうとはしない。現状よりもっと大規模で高価かつ破壊的《ディスラプティブ》なソリューションを売ろうとするのだから、もどかしいとはいえ、ある種当然の成り行きである。リスクが高い取引の場合は、経営幹部の了解をどうにかとりつけるだけでは事足りない。組織内各所の賛同を獲得していかなければ、話がまったくまとまらないおそれがある。

同様に、顧客は単純でわかりやすい取引を重要視する。必要以上に話をややこしくする売り手とは、つきあいたがらない。ソリューションを購入するさいはなおさらだ。「上司に確認します」「法務部にチェックさせます」「財務部の見解を確認します」と言わせてはならない。お金を使ってもらうのに、そこまで面倒をかけてどうするのか！

では次に、最初の五項目をもう一度見てほしい。ここには、営業体験の決め手となる特徴が挙げられている。

- 市場に関する独自の価値ある視点を提供してくれる。
- さまざまな選択肢を検討する助けになる。
- 継続的なアドバイスを提供してくれる。
- 「地雷」を避けるのに役立つ。
- 新しい問題や結果について教えてくれる。

この一つひとつが、顧客は何かを買いたいのではなく、何かを知りたいのだと示している。彼らは、どうすればコストを削減し、売上を増やし、新しい市場に進出し、リスクを軽減することができるか、そのヒントを売り手から授けてもらいたいと望んでいる。これは事実上、顧客（世界中の少なくとも五〇〇〇人の顧客）が、次のように言っているのに等しい。「時間を無駄にするのはやめてほしい。私が知らない新しい情報を教えてほしい」

B2B営業の世界で長年語られてきたこととは正反対の、注目すべき結論である。もちろん、優れた製品、ブランド、サービスはなくてはならない。だが顧客の立場からいえば、それらはどの売り手もたいてい持っている。でなければ、そもそもその業者と話をしたりしないだろう。最終的に顧客に選ばれるポイント、それは品質ではなく「知見《インサイト》の価値」、すなわち、顧客が気づかなかった利益アップないしコスト削減の方法を伝授する、まったく新しい情報やアイデアだ。

顧客ロイヤルティを決めるのは、「何を売るか」ではなく「いかに売るか」だと言ったのは、そういう意味である。成功する企業の勝因は、彼らが売る製品のクオリティではなく、彼らが営業活動の一環として提供するインサイトの質にある。つまり、顧客ロイヤルティ獲得をめぐる戦いは、モノが売れるとっくの前に勝負がついているのだ。優れた販売員は、顧客がすでに気づいているニーズを「発見」するのではなく、まったく新しい考え方を彼らに「教える」ことで、その戦いに勝利する。

言い換えれば、顧客が重視するのは販売員の発見能力よりも指導能力である。彼らはこの点、非常にはっきりしている。たとえば、さきの調査データをふり返ると、営業体験のリストの下位のほうに、「具体的なニーズを突き止めるのがうまい」がある。これがあまり評価されないのは、正直、顧客にとってさほど価値がないからだ。たしかに、顧客本人と同じくらいそのニーズを理解し、巧みな質問でこれをすばやく暴き出す販売員は頼もしい。だが、顧客が本当に必要としているのは、本人以上にそのニーズを知っている販売員だ。顧客のビジネスについてまったく違う発想法をつきつける、そんな販売員である。そうあるためには、巧みな質問だけでは十分でない。必要なのは、並々ならぬ「インサイト」なのだ。

じつはこれは、いわゆる日用品を売る場合になおいっそう当てはまる。製品、ブランド、価格での差別化ができないとき、顧客ロイヤルティの獲得が難しいのはまちがいない。だが裏を返せば、それ以外の面で差別化すればよいということになる。

あるグローバルな化学企業の営業責任者は、それを次のように表現した。「私もライバルも、ノーブランドの五ガロン入り車軸グリースを同価格で売っています。でも、もし私のほうがライバルより上手にノーブランドの五ガロン入り車軸グリースを売ることができたら、私の勝ちです。そのために、顧客がビジネスについて別の考え方をできるよう手助けしています」

彼は正しい。もし正しくなければ、差別化の根拠として値段（値下げ）しかなくなってしまう。そしてその場合は、販売部隊などお呼びでない。当のノーブランド車軸グリースをネット通販すればすむ話である。そのほうがよっぽど安くつく。

言うまでもないが、上質のインサイトが他の何物にも勝る世界では、当然「チャレンジャー」が勝利を収める。インサイトとは、顧客に新しい考え方を教え、現在の視点やアプローチを見直させることにほかならない。そしてそれこそ「チャレンジャー」がしていることだ。彼らは、顧客の差し迫ったニーズに応じた新たな視点を提示し、その魅力と押し出しで、メッセージに共感させるばかりか、実際に行動を起こさせる。

つまるところ、顧客の考え方、ひいては行動を変えることができなければ、そもそも何かを教えたことにはならない。少なくとも、何か意味のあることを教えたとはいえない。ならば、そこに価値を見出すのは難しい。

「商談直結型の指導」をせよ

指導、すなわち顧客を教え導くことが大事だとしても、「チャレンジャー」販売員のチームをつくり、「よし、教えてこい！」と号令を飛ばすだけでは意味がない。顧客にとってはそれでもよいかもしれないが、ビジネスにとっては不十分である。ある企業向けソフトウェア大手のグローバル営業責任者は、次のように言う。「うちの販売員が顧客と会い、彼らの事業に関する斬新で説得力あるアイデアを教え、喜ばせたとします。でも、顧客がさっそくそのインサイトを入札にかけ、うちのライバル企業がそれを落札してしまったら、勝った気になどなれません」

彼の言うとおりである。それでは販売員が無料でコンサルティングをしてやったも同然だ。たしかに顧客が求めるものは提供したが、その過程で、ライバルが求めるものも提供してしまっている。こんな状況は避けなければならない。

顧客に新しいアイデアを投げかけることと、その対価を支払ってもらえるようにすることは、まったく別である。世界最高峰の「チャレンジャー」であっても、自社が優位とはいえない能力を背景に指導に臨んだのでは勝ち目がない。ライバルではなく、自社のビジネスに直結する指導をするためには、いくつかの具体的な基準を満たす必要がある。

われわれはこのアプローチを、「商談直結型の指導」と呼ぶ。おもしろみも何もない表現だが、それでもこの呼び名を気に入っているのは、「チャレンジャー」が最終的にやらなければならないことを、端的に言い表しているからだ。つまり、顧客のビジネスに関する新しい貴重な知見を提供し（これは顧客の望みである）、確実に商談を勝ち取る（これはもちろんわれわれの望みである）。いささか「柔術」っぽいが、じつはとても単純だ。とはいえ、必ずしも容易ではない。「商談直結型の指導」には、次の四つのルールがある。

①自社ならではの強みにつながること。
②顧客の仮説を覆すこと。
③行動を促すこと。
④他の顧客への拡張性があること。

以下をお読みになればわかるだろうが、これらのルールは、個人のスキル向上のみならず、組織の能力開発にも関係してくる。前章でもふれた「チャレンジャー・セールス・モデル」のポイントのひとつであり、実現のためには、「チャレンジャー」の養成にとどまらず、もっと大がかりで長期的な変容が求められる。だが、この点を論じる前に、まずは「商談直結型の指導」の四つのルールを詳しく見ていこう。

ルール① 自社ならではの強みにつながること

「商談直結型の指導」は、まず何よりも、ライバルがあなたには歯が立たない、そんな能力に結びついていなければならない。あなたの教える内容が、あなたが他の誰よりも優れている能力に由来するものであれば、取引の成立はかなり有利となる。

われわれはよくこういう言い方をする――顧客ロイヤルティの勘どころは、顧客に「大事ですよ」と教えたポイントでライバルを上回ることだ。利益増やコスト削減のチャンスについて顧客に考えさせ、行動を起こさせるのは必要不可欠であるが、本当に成功するのは、顧客が「えっ？それはいったいどうやればいいの？」と尋ね、あなたが「ほかでもないこの私におまかせください。よそではうまくサポートできないでしょう」と答えられるときに限られる。そこが「スイートスポット」だ。顧客が望む新しいインサイトを伝授すると同時に、そのインサイトを自分ならではのソリューションと結びつける。顧客に対して、たんに助けを求めるのではなく、私に助けを求めるよう教え込むのである。

ただし、これをうまくやるには、重要な注意点がふたつある。第一に、この方法を機能させるには、実際に顧客をしっかり手助けできなければならない。顧客がいちばんいらだつのは、利益アップやコスト削減の新しい方法を教えておきながら、そのじつ自分では何もできないサプライヤーだ。われわれが知るある営業リーダーは、この状態を「砂漠へ導いてほったらかし」と表現する。顧客は自分でも気づかなかった新しい問題を知らされるが、その現実的な対処法を与えられぬまま途方に暮れることになる。彼らはたしかに生産性向上のヒントをほしがってはいる。だが、それを知ったところで何もできなければ、事態はむしろ悪くなる。すると夜も眠れなくなってしまうのだ！

第二に（これがとくに大きな注意点である）、あなたの指導があなた独自の強みへとつながっていくためには、その独自の強みが何なのかを、しっかり把握しておかなければならない。そんなの当たり前だと言われそうだが、この点でことのほか苦労しているエグゼクティブを、われわれは何人も見てきた。ある有名メーカーのマーケティング責任者は、次のように言う。「わが社の中核となる提供価値について一〇〇人の販売員に聞き取り調査をしたら、一〇〇通りの違う答えが返ってくるでしょう」。頭をゆっくりと振り、悲しげなため息をつきながら、同じように述べるリーダーはじつに多い。これは、営業とマーケティングの昔からの真理のひとつだ。

だが、こうした嘆きの声は、問題のごく一部を表すものでしかない。自社が何を得意にするかという大きな命題について、販売員の意見を一致させるのはたしかに難しいが、その同じ販売員たちに「自社が競合他社より得意にするものは何か？」と問えば、一〇〇通りの答えどころか、まったく答えが返ってこないのではないか。せいぜい次のような反応があるくらいだろう。「ライバルも同じようなことができないではありませんが、うちのほうが上です」。「他社にもできるかもしれませんが、いいですか、うちは誰よりも長くこの事業にかかわっているんです。品質への深いコミットメントと、ぶれることがない顧客重視をベースに、半世紀以上、革新的なソリューションを有力企業に届けてきました」……。まるで最大のライバル企業まで「ぶれている」かのようだが、もちろん彼らはぶれていない！

ふたつの業者の区別がつかないとき、顧客はどうやってその片方を選ぶのだろう？　しごく簡単だ。安いほうを選ぶのだ。誰だってそうするだろう。いまの時代、猫も杓子も「革新的」で「ソリューション志向」で「顧客中心」——それに当然「環境にやさしい」。そこへ高いお金を払うといわれはない。

ＣＥＢがさきごろ行なったＢ２Ｂ顧客に対する調査では、競合他社よりも優位な地位を築けている企業は、三五％にすぎない。しかも、その優位な企業のなかでも、彼らが考える「自社独自のベネフィット（効能や利点）」の効果を調べたところ、顧客が本当にありがたいと感じているものは半分程度しかなかった。さらに、そのありがたいベネフィットも、企業選択に影響を及ぼすほど安定的に提供されるものはほとんどない、というのが顧客の見立てだった。要するに「独自のベネフィット」のうち、本当の意味でそう見なされているのはたったの一四%ということだ。ご想像のとおり、そのなかに「革新的」「顧客中心」「環境にやさしい」は含まれない。差別化という点で、顧客の要求水準はもっと高いのである。

そうであれば、販売員がついつい価格の話をしたがるのも無理はない。彼らはたんに自分たちのソリューションの価値を説明するのに苦労しているのではなく、自分たちのソリューションならではの価値を説明するのに苦労している。これこそが「商談直結型の指導」の最も難しい部分なのだ。それはつまり、あなたの会社が他のどんな会社よりも優れている点はどこかを、理解・共有することである。そのためには、自社がいったい何者なのかという、深い理解が必要になる。この数年間、CEBの取り組みの多くは、これを解明するツールの提供をめざしてきた。セルフトレーニングから、リーダーシップワークショップ、サーベイビルダー(顧客調査作成システム)、顧客診断まで、じつにたくさんの方法がある。

だがいずれにせよ、最終的に行き着くのは、たったひとつの質問に答えられるかどうかである。われわれはその質問を、W・W・グレインジャーのバイスプレジデントで、「グレインジャー」ブランドのマネジメントを担当するデブラ・オラーにちなんで、「デブラ・オラー・クエスチョン」と呼ぶ。デブラいわく、「顧客はなぜ、他社ではなくわが社から買うべきなのか?」。それだけだ。拍子抜けするほどシンプルである。

ところが、このたったひとつの質問に答えるのが思ったより難しいから、みんな困ってしまう。

いや、たいていの企業は答えることができない。少なくとも顧客を納得させるかたちでは（「革新的」「顧客中心」「ソリューション志向」はここでも意味がない）。この問いに答えられる少数の企業のなかでも、営業担当者全員がその答えに賛同しているケースは、もっと少ないはずだ。

となると、顧客に新しい考え方を指南する「チャレンジャー」を育てるためには、何をおいてもまず、自社の足元を固めなければならない。くり返すが、顧客に教えるインサイトを、自社にしかない能力と結びつけないかぎり、それは「商談直結型の指導」ではなく、たんなる無料コンサルティングだ。あなたがその市場でたまたま最安値であればまだしも、基本的にそれはありえない。最安値の業者は、顧客に教えるという余分なコストを負担する余裕がないからだ。

ルール② 顧客の仮説を覆すこと

ルール①がインサイトと売り手企業に関係しているとすれば、ルール②はインサイトと顧客に関係してくる。

当然のことをあえて言うが、顧客への指導という以上、文字どおり何かを教えなければならない。顧客の仮説を疑い、彼らが知らない新しい世界観を示さなければならない。「再構成」という言葉がふさわしいかもしれない。あなたは、顧客がみずからのビジネスに対する考え方を再構成するような、データや情報を提示できるだろうか？　顧客が本当に望んでいるのは、まさにそうしたインサイトである。

もちろん、顧客がすでに知っていることを確認・検証してあげれば感謝される。そこにも価値がなくはない。だが、顧客が知っていることを、彼らだけではできないやり方で修正・補足するほうが、よほど価値は高い。

そのようなインサイトは、簡単に思いつけるものではない。顧客のビジネスについて、あなたは顧客以上によく知っていなければならない。少なくとも、あなた独自の能力にかかわる部分に関しては。こう言うと、どうしようもなく高いハードルに思えるかもしれないが、じつはほとんどのサプライヤーは、その得意とする能力とのかかわりで見ると、顧客以上に顧客のビジネスを知っている。たとえば病院にプリンターを売る会社は、医療についてては病院経営者ほど詳しくないかもしれないが、病院という場における情報管理については、一家言持っている。消費財を売る会社は、消費者がなぜ、どのようにして、食料雑貨を買うのかについて、商売相手の小売店よりもおそらく詳しい。

インサイトの出所がどこであれ、顧客の考え方を再構成できたかどうかは、相手の反応を見ればわかる。ただし、じつはこの反応こそ、販売員がわなにはまりやすいポイントでもある。どういうことか？　皮肉なことに、あなたの営業トークに対して、「まったくそのとおり！　そのせいで夜も眠れなかったのです」という反応が返ってきたら、それは失敗だ。意外かもしれないが真実である。この場合、たしかに「共感」は誘ったかもしれないが、「再構成」とは違う。あなたは何も教えていない。

「関係構築」タイプは、まさにこの点でつねに苦労する。彼らは顧客とのつながりを築いたことに興奮して、訪問営業から帰ってくる。「まるで向こうの心が読めるようでした。私の指摘する内容が、ことごとく当たるんですから！」。だが、二週間たってもその顧客から連絡はなく、首をひねることになる。顧客のニーズをみごと言い当てたのだから、契約がとれるはず――そう思うのは大まちがいだ。「親密な関係」イコール「再構成」ではない。顧客のビジネスを理解しただけで、自動的に取引が成立するとはかぎらないのだ。

一方、「チャレンジャー」販売員はまったく違う反応を引き出している。顧客からは「そう、おっしゃるとおり！」ではなく、「えっ？　そんなふうに考えたことはありませんでした」と言われたほうがよい。言い換えれば、再構成がうまくいったかどうかの最良の目安は、「手放しの同意」ではなく、「思慮深い内省」である。顧客のビジネスに関する別の見方を示して、彼らが興味を示してきたらよい兆候といえる。別の見方とは、たとえばいままで気づかなかった「地雷」であり、過小評価してきたトレンドであり、早々に見切りをつけた選択肢だ。いずれにせよ、顧客は「これが、うちの事業にどういう意味を持つのだろう？」と考えはじめる。あるいは、「ほかにも見逃していることが？」とさえ考えるかもしれない。

これは、「商談直結型の指導」を効果的に進めるさいの重要ポイントである。「えっ？　そんなふうに考えたことはありませんでした」と答える顧客は、明らかに関心をいだいている。少々動揺もあるかもしれない。顧客自身がわれわれに述べたように、これこそ、彼らがそもそもあなたと面会したときに望んでいたことだ。会話そのものにお金を払う価値が生まれるのは、このときだといっていい。

とはいえ、ものごとの別の見方を示しただけでは、別の行動のしかたを教えたことにはならない。ここが、次の重要なポイントである。

ルール③ 行動を促すこと

資源が限られ、多くの優先事項が拮抗する世界では、顧客の考え方を変えるだけではまだ不十分だ。最終的には、彼らに行動を起こさせなければならない。われわれがよく冗談で言うのは、「えっ？　そんなふうに考えたことはありませんでした。……ところで昼食はどうしましょう？」のように反応する顧客のケースだ。映画『カールじいさんの空飛ぶ家』に出てくる犬のダグは、リスを見るたびに気をとられているが、それと同じで、顧客はすぐに集中力を失ってしまう。だから、行動を起こさせたければ、なぜ、そもそも行動・実行が重要なのかという、説得力あるデータを見せなければならない。

これは、数々の先人が通ってきた道である。売り手が「ソリューション」を志向するのは、バンドル製品・サービスに高価格をつけたいがためである。結果として、彼らは自社製品の「ROI（投資に対するリターン）」や「総所有コスト」を計算する各種ツールに、莫大な費用と時間を費やしてきた。たいていはそこに、自社製品の「生涯価値」をめぐる販売員の熱弁も加わる。

「前もってかかる費用はやや高めですが、その後四年間でどれだけコスト削減できるかをご覧ください！　結局は元がとれるのです！」。高いお金を払っても少しずつ価値が得られるのだと、顧客を納得させることができなければ、あなたのソリューション戦略は失敗する運命にある。
「商談直結型の指導」を実践するうえで、それがうまくできると信じている企業と、実際にうまくやる企業のあいだで最も差がつくのは、この部分である。優れた「指導的会話」は、少なくとも最初のうちは、売り手のソリューションとは無関係だ。重要なのは、むしろ顧客のビジネスであり、彼らが見逃していた利益アップの方法やコスト削減の方法を提示することである。そのような会話では、従来のＲＯＩ計算は的外れで役に立たない。

　われわれが知るＲＯＩ計算ツールはほぼどれも、顧客がサプライヤーのソリューションを購入して得られるリターンを計算するためのものである。だが、購入させる前にまず、「あなたが教えたインサイトを実行に移す価値がある理由」を示さなければ話にならない。そのインサイトが一般常識と矛盾する場合は、なおさらである。優れたＲＯＩ計算ツールは、あなたのソリューションとは無関係である。むしろ顧客が負担しているコスト、顧客が見逃しているリターンを計算できるものでなければならない。

　ＲＯＩ計算ツールをつくるなら、あなたの製品を買って得られるリターンではなく、「再構成」をめざすことで得られるリターンを計算できるようにしたい。顧客は何かを購入する前にまず、問題を解決することでどんな見返りがあるのかを理解したいのだから。

ルール④ 他の顧客への拡張性があること

「商談直結型の指導」を首尾よくなし遂げれば、それはたんなる営業テクニックにとどまらない、ビジネス上の強力な戦略となる。「チャレンジャー」販売員が、顧客の置かれた状況に応じた新しいインサイトを提供すれば、それはまちがいなく、個々の取引レベルで効果的である。しかし、このアプローチは各顧客ごとではなく、顧客セグメントごとに実行したほうが、明らかに効果が高い。これには、重要な理由がいくつかある。

戦術的な観点からいえば、組織的なサポートすらないまま、顧客の事業を顧客以上に理解せよと販売員に注文するのは酷であるし、現実的でもない。平均的な販売員をいくら訓練したところで、そう簡単にことは運ばないだろう。多様な顧客層を相手にしているならなおさらだ。

だが、いくつかの正しいインサイトを正しい顧客に届けるための覚えやすい質問を、あらかじめ販売員に授けることができたらどうか？　そうすれば、顧客への指導もずっとラクになるはずだ。現場の販売員は、ニーズ診断の負担から解放され、その負担は組織に委ねられる。そこには奥深いスキルと、それを事前に見きわめるために必要な、幅広いインサイトの両方が用意されている。

このやり方を成功させるために必要なのは、少数の強力なインサイトである。そのインサイトは、さらに少数の独自のソリューションへおのずとつながっていく。そのすべてが、できるだけ幅広い顧客層に当てはまるものでなければならない。言い換えれば、規模の拡張が必要になる。「商談直結型の指導」は、個々の販売員の手に委ねればすむ問題ではない。

また、顧客セグメンテーションについても、考え方を変えなければならない。地域、製品、業種ごとといった従来の分類でも、販売員の配置には十分かもしれないが、このアプローチに長けた企業は、ニーズや行動によって顧客を分類することを学んでいる。ニーズが似通った顧客グループが見つかれば、所在地や扱う製品とは無関係に、その顧客は共通のインサイトに対して同様の反応を示す可能性が高いからだ。

たとえば、自由に使える現金を確保したい、社員の離職率を減らしたい、職場の安全を向上させたいといった共通のニーズがあれば、「商談直結型の指導」はうまくいく。この場合、売り手は顧客の思考を再構成し、行動を起こさないとどれだけの犠牲を払うはめになるかを納得させ、必然的に自社独自のソリューションへとつながる行動指針を示すことで、顧客に新しくて意外な視点をもたらすことができる。しかも、その対象となるのは、従来のセグメンテーションでは共通点など見当たらなかったはずの、非常に幅広い顧客だ。言い換えれば、インサイトの共通項は地域でも規模でも産業でもなく、ニーズなのだ。

われわれはこの三年間、世界有数のB2B企業の成功事例をもとに、クライアントが、ニーズに基づくさまざまなセグメンテーション手法を身につける手助けをしてきた。その過程で、この道をたどってきた企業がことごとく気づいた事実が、ひとつある。それは、「ニーズ分析を個々の販売員に委ねることはできない」ということだ。訪問営業に出かける販売員のいちばんの目標が、顧客のニーズを「発見する」ことであれば、その会社は戦う前から負けている。なぜなら、顧客はそのような会話を望んでいないからだ。

もう一度言おう。「商談直結型の指導」を担う販売員は、顧客の現在の考え方に異議をはさみ、顧客が単独では思いつけない新しい問題解決法を示すことで、彼らが本当に必要とするものを教える。この指導アプローチを機能させるには、自社ならではの強みにつながること、顧客の仮説を覆すこと、行動を促すこと、他のさまざまな顧客へと波及することが求められる。簡単ではないかもしれないが、いざ、これらの条件が満たされたときの効果は桁違いである。なぜか？　すでに見たように、顧客が売り手に何よりも望んでいるのは、自分たちの考え方に疑問を投げかけ、自分たちが知らない何かを教えてくれることだからだ。

とはいえ、いくら効果的な「商談直結型の指導」の地ならしができても、現実問題として販売員は外へ出かけ、顧客と話をしなければならない。顧客に異を唱える（チャレンジする）スキルがなければ、いくら強力なインサイトでも聞き流されてしまうだろう。

では、「指導的会話」とはどのようなものなのか？　ふつうの会話とはまったく違うのか？　もちろんそうだ。「チャレンジャー」が余人に代えがたい理由は、その教え方にある。一流の指導的会話には、従来の営業トークを根本から覆すほどの独自の決めごとがある。次はそれを見ていこう。

第5章

差別化のための「指導」②

インサイト主導の会話の進め方

ライバルとは明らかに違うベネフィットを定め、より効果的な競争のしかたを教える知見《インサイト》を特定したら、今度は、それをどうとりまとめるかが問題となる。じつは、一流の「指導的会話」(「指導的トーク」と言ってもよい)には、六つの連続したステップがある。

だが、その中身を見る前に、優れた指導的トークにはきわめて強い感情的要素がともなうことを注意しておきたい。わかりやすく言えば、それは形式的なプレゼンテーションというよりも、説得力のあるストーリーを語ることに近い。そこには本物のドラマ、ちょっとしたサスペンス、そして意外な展開のひとつやふたつがなければならない。

めざすゴールは、顧客をジェットコースターに乗せ、まずはちょっぴり暗い場所に案内してから、トンネルの向こうの光を見せること。その光とはもちろん、あなたのソリューションである。

「六つのステップ」でゴールをめざせ

購入を尻込みする顧客の考え方、さらには行動のしかたまで変えさせる、それも破壊的《ディスラプティブ》と呼んでいいほど変えさせるためには、「説得力のあるビジネス事例」を、データや図表、グラフ付きで伝えるだけでは不十分である。スプレッドシートだけで何かを売ろうとしても、失敗する。一方、指導的トークをうまく実行すれば、顧客は自分たちが無駄にしているお金、見逃しているチャンス、知らぬ間にさらされているリスクに気が気でなくなる。ただし、理性と感情という脳の両面に同時に働きかけなければ、顧客はすぐ優柔不断に陥ってしまう。

論理だけで現状を打開するのは難しい。破壊的変革とは、理性だけでなく感情にも従うことをいう。

それでは、以上を念頭に、一流の指導的トークの六つのステップを確認しよう。

ステップ① 地ならし

最初の形式的な手続き（導入、時間確認、議題設定など）が終わったら、まず、顧客の主な課題を見きわめ、考え抜かれた「指導的トーク」を始める。「夜も眠れないのはどうしてですか?」と訊くのではなく、同じような企業であなたが見聞きする主な課題を説明すること。他社との比較検討ができるベンチマーキングデータがあれば、それも提供する。少なくとも、顧客にとって最も関心が高そうな課題にまつわる他社のエピソードを紹介し、その顧客の経験を裏づけよう（顧客が緊急性を感じている課題について、「悩んでいるのは、あなただけではありません」と知らせることがどれだけ力になるか）。

そして締めくくりに、彼らの反応を確認する。たとえばこんな感じで。「御社と似た企業とたくさん仕事をしてきましたが、この三つがいつもたいへん厄介な課題として浮上してきます。御社の場合もそうでしょうか。それとも、ほかに何か付け加えることがありますか？」

このステップで肝心なのは、信頼を築くことである。顧客には、次のようなメッセージを送らなければならない。「あなたがおられる世界のことならわかっています。御社のビジネスについて教えてほしいなどと尋ねて、時間を無駄にさせることはしません」

われわれは、このアプローチを「仮説営業」と呼んでいる。顧客のニーズについて質問するのではなく、みずからの経験や調査をもとに、顧客のニーズについて仮説を立てるのである。「ソリューション疲れ」に悩む顧客には大歓迎のはずだ。営業活動全体がスピードアップし、楽になるせいもあるが、それ以上に、何かを与えるのではなく得ている気持ちになるからだ。顧客は、「それくらいわかっていてほしい」という情報を売り手にわざわざ教える必要がなく、むしろ、売り手が持つ独自の情報や視点を手に入れられる。

「商談直結型の指導」を担う営業トークは、ずばり本題に入り、効率を重んじる。顧客の時間を尊重し、あなたが宿題を片づけてきたことを相手にわからせる。換言すれば、「この人は話す価値がある」と顧客に思わせる。簡単には首を縦に振らない顧客でも、あと五分は時間をとってくれるだろう。

では、次にどうするか？　たったいま築いた信用をどう利用するか？　あなたのソリューションを提示する？　「提供価値」を示す？　いや、それはいちばん後回しにだ！　顧客は、次なるステップとしてたぶんそれを予想しているし、平均的な販売員も、次にそうすることはまちがいない。一時間前に同じ顧客と打ち合わせしていた競合他社の販売員も、当然そうしたはずである。だが、考えてほしい。あなたはいま、顧客のビジネスについて語ることで、好印象を植えつけた。なのにいったいなぜ、自分のビジネスについてべらべらしゃべって、その信用を台無しにするのか？　まだ十分に関心を持ってもらったわけではない。むしろ次は、顧客にとっても予想外の場所へ出かける番だ。それが、「再構成」である。

ステップ②　再構成

「再構成」は、「商談直結型の指導」トークの心臓部である。このステップが、会話全体のいわば要となる。ステップ①で顧客が認めた課題をふまえて、それらの課題を、彼らが気づいていない大きな問題、または大きなチャンスに結びつける——そんな新しい視点を提示するのだ。

念のために言うが、ここでは瞬時にインサイトがひらめくことは期待されていない。さきに述べた理由から、この手の自然発生的なひらめきはめったにないばかりでなく、むしろ好ましくない。どちらかといえば、これは十分に準備しておくべき種類のものだ（実際問題、そもそも訪問を認めてもらえたのは、このインサイトを手短かに紹介したせいかもしれない）。

この時点でのゴールは、インサイトを詳しく説明することではない（それはもう少しあとのことだ）。「再構成」とは、インサイトそのものにほかならない。いわば、たんなる見出しである。そして優れた見出しがそうであるように、意外な着眼点で顧客の不意を突く。驚かせ、好奇心をそそり、もっと聞きたいと思わせるのがねらいである。

覚えておられるだろうか。ここで望まれる反応は、けっして「まったくそのとおり！　そのせいで夜も眠れないのです」ではなく、「えっ？　そんなふうに考えたことはありませんでした」だ。あなたのインサイトに対する最初の反応が一〇〇％の同意であれば、あなたは顧客に何も教えていないことになる。それは危険だ。

もちろん、「そのとおり！」と賛同してもらえたら、うれしいにはちがいない。だがそれは、顧客がとっくに考えていた問題を言い当てたにすぎない。もしそうなら、彼らはソリューションについても、とっくに考えている。あなたはせいぜい、「通りいっぺんに教えている」程度である。これは、ふたつの理由でよくない。第一に、独自のインサイトを提供できなければ、独自の価値を提供できない。第二に、顧客がすでにソリューションについて考えはじめていたら、彼らの思考を、あなたのソリューションへと誘導するチャンスがなくなってしまう。具体的に言えば、たとえば提案依頼に先回りできない。顧客のニーズを明確にするのではなく、顧客のニーズにただ反応しているだけだからだ。それはまた、コモディティ化の増大も招く。

再構成しようと思うなら、とことん本気ですることだ。遠慮は無用。すべては顧客を驚かせ、もっと情報を欲しがらせることができるかどうかにかかっている。その結果、あと五分もらえたら、次はどうするか？　顧客のビジネスに関する新しい考え方を示したあなたは、続いて、なぜそれが重要なのかを明らかにしなければならない。

ステップ③ 裏づけ

ここでは、ステップ②の「再構成」がなぜ大切で有効なのかを説明する。

データ、グラフ、図表を使って、その問題の真の（隠されていることも多い）コストや、顧客がまったく見過ごしていたチャンスの大きさを、数値で示そう。なぜ自社ビジネスに関する考え方を変えなければならないのかを、数字に基づいて説くわけだが、それは顧客が少々混乱し、あっぷあっぷするようなやり方で行なわなければならない。マーケターはこれを「FUD要因」と呼んだりする。fear（不安）、uncertainty（不確実）、doubt（不信）の頭文字である。

このステップのプレゼンテーションを成功させれば、顧客は次のような反応を示すはずだ。「えっ、そんな無駄づかいをしていたとは！」。「これがチャンスだなんて、思いもしませんでした。目をつけておかないと、本当に見逃してしまいますね」

ＲＯＩ計算ツールを顧客に見せるとしたら、このときである。ただし、どんなＲＯＩを計算するかは注意すること。一流の指導的トークで計算すべきは、顧客にいま教えたばかりの課題を解決することで得られるリターンであり、あなたのソリューションを買うことで得られるリターンではない。どうしても自分の製品・サービスを前面に出したくなるが、それは禁物だ。「私たちのソリューションを使えば、重要な課題を経済的に解決できます」と証明する前に、そもそもの課題を解決する価値があることを、顧客に納得させなければならない。

ステップ②で新しい視点を示し、ステップ③でそれが重要な理由を示す。これが、優れた指導のあり方だ。しかし、偉大なる指導はさらに別の要素をも必要とする。「心をゆさぶる」のだ。

ステップ④ 心をゆさぶる

このステップの要諦は、あなたが語るストーリーのなかに、顧客を取り込んでしまうことにある。説得力ある主張を展開しても、「おっしゃることはわかります。多くのクライアントがそうなのでしょう。でも、われわれにそれがどう当てはまるのか……。うちはほかと違いますから」と言われてはたまらない。まるで、デート相手に「あなたが悪いんじゃない。私のせいなの」と言われるようなものだ。もちろん本音は、「まったく興味なし」である。

では、「うちは違います」という防御策にどう対抗するか？　平均的な販売員のやることは、想像がつく。図表ひとつで駄目ならふたつで。パワーポイントが駄目ならホワイトペーパーで。

だいたいそんなところだろう。

だが、詳しい事例データをいくら積み上げても、「うちは違いますから」という反応を変えさせることはできない。なぜなら、解決すべき問題をまちがえているからだ。問題は、論理的なプレゼンテーションをできなかったことではなく、心のつながりを築けなかったことにある。顧客は、あなたのストーリーを信じていないのではない。それを自分のストーリーと思えないだけなのだ。だからあなたは、相手に当事者意識を持たせる必要がある。

でもどのように？　要は、個人的に切実な問題と感じさせればいい。まさに、「チャレンジャー」販売員のストーリーテリング能力が試されるときである。「心をゆさぶる」のに数字は関係ない。必要なのは話術である。ほかの会社もほら、あなたの会社と似たような行動をとったせいで、まったく同じような痛い目に遭ってますよ……。

したがって、まず次のように話を切り出すことになる。「御社が少々違うのはわかりますが、他の企業でも同じような事例が何度もありました。ちょっと、ご紹介させていただけますか……」。そして、次に話す内容で、「うちもそうだ」と顧客にすぐ実感させる（顧客の事業を事前によく理解しておかなければならないのは、このためでもある）。彼らが浮かない表情で首を振ったり、苦笑いしたり、じっと遠くを見るような顔をしたりすれば、しめたものだ。そのとき彼らはきっと、先週、会社で起こったばかりの現象を、頭のなかで再生している。

あなたの話を聞いた顧客の理想的な反応とは、次のようなものだ。「うちの社員みたいによくご存じですね。おっしゃるとおり、それは日常茶飯事です。たまったもんじゃありません」「うちは違いますから」という竜《ドラゴン》は、こうして退治しよう。あなたの話に登場する痛みと、顧客が社内で日々感じる痛みとのあいだに、心のつながりを築くのだ。ステップ④を経てもなお、「うちは違う」と言われたら、その顧客がおかしいか、あなたの話がおかしいかのどちらかだ。

一方、もしこのステップを無事乗り切ったなら、「再構成」は成功である。課題であれチャンスであれ、顧客はそれを自身のものとして認識している。いよいよ、ソリューションが求められるときだ。

ステップ⑤ 新しい方法の提示

顧客が自身の抱える問題について納得したいま、次はその解決策について納得させる番だ。利益アップやコスト削減、リスク緩和のチャンスをものにするために必要な具体的能力を、一つひとつ確認していこう。「わが社なら、こんなふうに力になれますよ」と提案したくなるところだが、このステップで前面に出るのはあくまでソリューションであり、売り手ではない。あなたのソリューションを使えば解消される課題については、顧客はもう完全に理解しているのだから、「わが社なら〜」という話をしたくなるのはやまやまだし、たいていの販売員は当然そうすべきだと考えるだろう。だが、ここでしなければならないのは、あなたの製品・サービスを買えばどうビジネスが改善されるか、という話ではなく、行動を変えればどうビジネスが改善されるかという話だ。購入ではなく、行動を変えさせるのだ。

焦ってはならない。顧客はソリューションを買うのであって、まだあなたのソリューションを買うわけではない。ここでは、次のような反応を期待したい。「なるほど、おっしゃるとおり。そうする必要がありますね」。「うちもその会社のようになりたいものです」。そうなったら今度こそ、ステップ⑥へ進む準備が整ったことになる。

ステップ⑥ ソリューションの提案

ステップ⑤で行動を変えることに対する顧客の同意をとりつけたら、いよいよ、そのためにあなたのソリューションがいかに優れているかを証明するときだ。販売員が昔から訓練を受けてきたのはまさしくこの領域だから、ステップ⑥は、六つのなかでいちばん単純明快である。

ステップ⑤で同意を得たソリューションを、あなたが他の誰よりもうまく提供できることを、具体的に説明しよう。あなたならではの能力を明確にするのにかかった苦労が報われるのも、このステップだ。自社ならではのその能力が、このステップでの主役だからだ。はるばるここまで顧客を誘導しておきながら、簡単には勝ち目がない相見積もりを依頼されるようでは話にならない。この時点でまだ、ライバル企業に参入の余地があるとすれば、それはあなたが独自の能力を明確化できなかったか、思ったほど相手を説得できなかったかである。

しかし無事やりきれば、ステップ①〜⑥を通じて、「商談直結型の指導」の両側面である「商

図 5.1「商談直結型の指導」トークの流れ

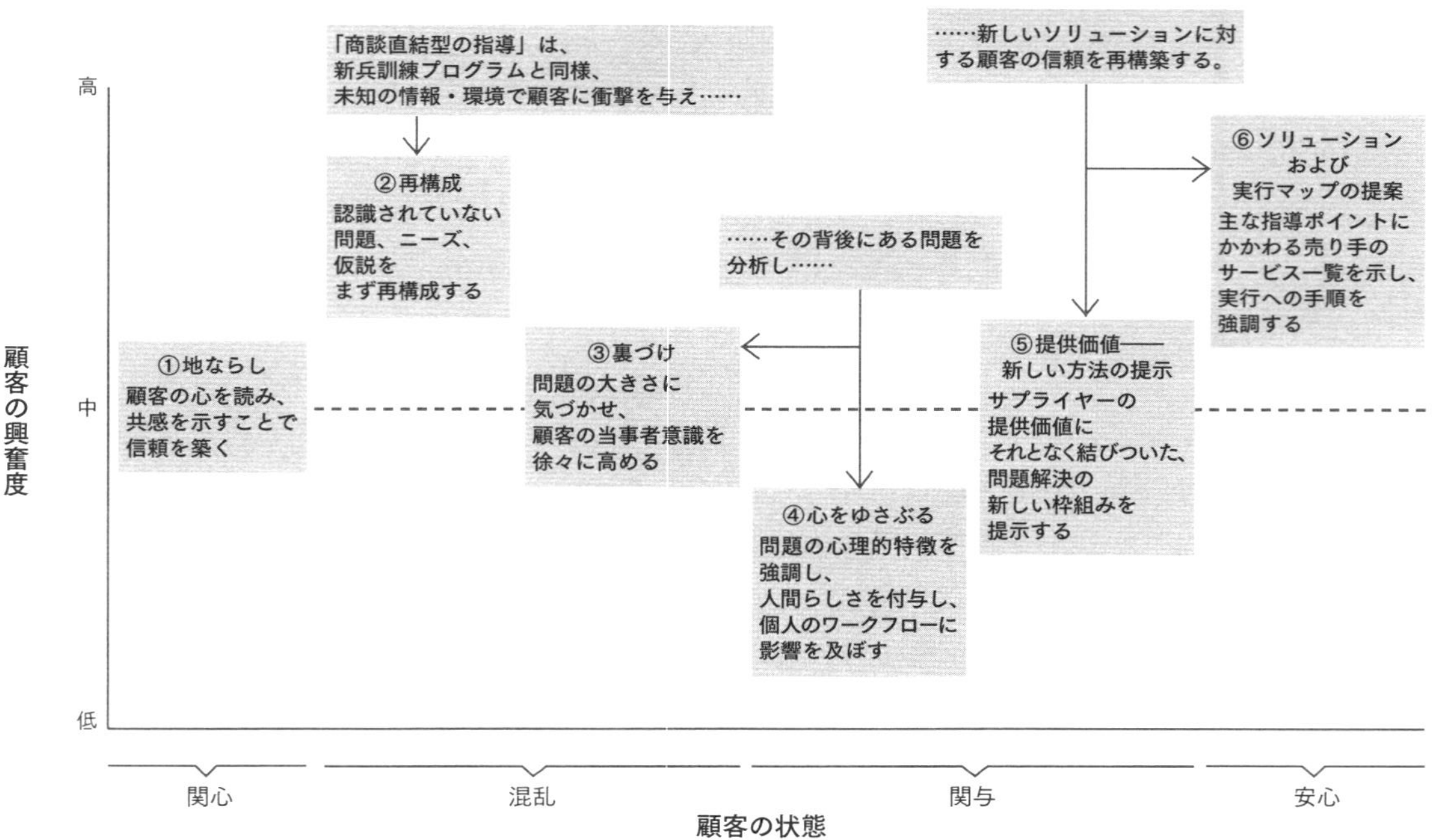
「商談直結型の指導」は、
新兵訓練プログラムと同様、
未知の情報・環境で顧客に衝撃を与え……
……新しいソリューションに対する顧客の信頼を再構築する。
高
中
低
顧客の興奮度
①地ならし
顧客の心を読み、共感を示すことで信頼を築く
②再構成
認識されていない問題、ニーズ、仮説をまず再構成する
……その背後にある問題を分析し……
③裏づけ
問題の大きさに気づかせ、顧客の当事者意識を徐々に高める
④心をゆさぶる
問題の心理的特徴を強調し、人間らしさを付与し、個人のワークフローに影響を及ぼす
⑤提供価値——新しい方法の提示
サプライヤーの提供価値にそれとなく結びついた、問題解決の新しい枠組みを提示する
⑥ソリューションおよび実行マップの提案
主な指導ポイントにかかわる売り手のサービス一覧を示し、実行への手順を強調する
関心
混乱
関与
安心
顧客の状態

出典：CEB、SLC（2011年）

談」と「指導」を、同時に成就させたことになる。あなたは、顧客のビジネスに関する新しい発想法や視点を教え（それは顧客が望んでいたこと）、競合他社よりもあなたのソリューションを選ばせた（それはあなたが望んでいたこと）のである。

さて、六つのステップをふり返り、「自社のソリューションが初めて会話に登場するのはどこか？」と考えてみてほしい。そう、最後の最後、ステップ⑥である。これは、多くの販売員の「常識」に反している。うちのソリューションを売るのだから、まずはうちのソリューションについてしゃべらないと。何ができて、どこが違って、どう役立つのか……。だが、それは誤りだ！自社のアピールは最初ではなく、最後にすること。理由は単純。最初にしゃべっても、見向きもされないからだ。

新製品XZ690のスピードや温度や値段や静かさが、ライバルを一五％上回るからといって、顧客にすれば知ったことではない。もしそれが重要なら、なんでわざわざ訪問営業などするのか？　見積もりを送って、電話で注文を取ればすむことだ。いっそのことネット販売に特化して、訪問販売員などなくしてしまえばいい。

お客様の貴重な時間をもらって直接向き合う以上、販売員は、彼らにとって価値のある話をしなければならない。あなたの会社の新製品が経費や時間の節約になるという話ではなく、顧客のビジネスの生産性アップにつながる話をしなければならない。

思い出してほしい。「商談直結型の指導」では、顧客が求めるサプライヤーの価値は、何かを売る能力ではなく、何かを教える能力だという事実をもとに再構築される。指導的トークの主人公は、サプライヤー（売り手）ではなく、顧客（買い手）である。優秀な販売員は気づいている。製品、サービス、ソリューションなど、いかに優れた差別化要因を強調しても、顧客の関心を引き、ロイヤルティを獲得するのは無理である、と。一流の営業トークは、まず顧客のビジネスに関する興味深いストーリーを示し、新しい視点を教えてから、差別化要因へと移行する。

信頼性の高い指導的会話の最後に、自然な流れのなかで、あなたの会社独自の強みを紹介すれば、顧客の意識は必ず、あなたの製品・サービスに向かう。だが、そこへたどり着くには、順序立てたステップが不可欠だ。指導のなかで自社のソリューションを前面に出すのではなく、指導の自然な帰結として、ソリューションに言及する、そんな流れがなくてはならない。その差はとてつもなく大きい。強引は禁物である。営業上の対話の本当の価値は、あなたが何を売るかにあるのではない。大切なのは、対話そのもののなかであなたが提供するインサイトである。

自分の営業スタイルをふり返る

以上の指導の流れを使えば、いま現在の顧客との会話を具体的にチェックし、改善できる。ためしに、ここで簡単なテストをして、あなたの実情と理想を比べてみよう。顧客とのミーティングによく持っていく販促資料なり、パワーポイントのスライドなりを思い出してほしい。その最初の四～五ページはどうなっているだろう？　たいていは以下のような構成ではないか。

●会社として重んじる信念（よくあるのは、「地球環境の改善」「顧客重視の徹底」「未来へのイノベーション」「一五〇年の実績」「顧客の目標達成を支援する、熟練のプロフェッショナル集団」など）

●自社が誇る能力の数々（要するに、時間とお金をかけてソリューションの提供能力を磨いたのだから、その偉大なるサポートノウハウを顧客にもわかってほしいということ。これだけの支援ができるのに、それを十分理解してくれない顧客は、いまいましいにもほどがある）

●代表的なパートナーや顧客の一覧。できればカラーのロゴ入りで（あなたの会社に信頼を寄せる有名企業の名前をずらっと並べれば、まちがいなく信用が得られるという発想）

●全世界の事業所マップ（グローバル化する顧客にもつねに対応できることを、アピールしたい）

ざっとこんな感じだろうか？　販促資料の最初の四ページに書かれているのがあなたの会社のことか、顧客のことかと問えば、たいがいは前者だろう。相手よりも自分のことばかり強調するのは、販売員だけでなく、彼らが使う営業用ツールも同じである。会社全体にもそれはいえる。

したがって、「チャレンジャー」販売員を育て、顧客への指導をまかせようとするなら、まずは、そのために彼らに配る資料を、徹底的に見直さざるをえない。

「商談直結型の指導」を導くメッセージのつくり方

では、「商談直結型の指導」を導くメッセージは、どうつくりあげればいいだろう？　まず着目すべきは、ステップ⑥の「ソリューション」である。向かう先を知らなければ、魅力的なストーリーをつくることはできない。自分たちにしか提供できない独自のベネフィットを明確化し、それについて全社的な合意をとりつける必要がある。ベネフィットを確定させるさいのポイントは、顧客が現時点であまり評価していないものに焦点を当てることだ。逆ではないのか、とお考えかもしれない。焦点を当てるべきなのは、顧客が重視するベネフィットでは？　それこそマーケティングの基本だろう、と。

そのとおりである。だが、顧客がすでに知っていることを補強するのではなく、顧客に新しい何かを教えようとするなら、指導メッセージの「オチ」には、相手を驚かせる要素も含まれていなければならない。「われわれはこんなふうにも力になれますよ」という、意外な視点が要るのだ。顧客がかねてから、ライバルのベネフィットよりもあなたのベネフィットを高く評価しているのなら、何も教えなくてもいいかもしれない。だが、それでも注意が必要である。あなたのソリューションの「周知の価値」ばかりに光を当てると、顧客の考え方に異論をはさむせっかくのチャンスを逸してしまう。彼らも本当はそれを望んでいるのに……。そうなると、短期的には契約がとれても、長続きしない可能性がある。それを防ぐためにも、顧客が自分の会社について考え方を変える手伝いをし、最終的に、あなたの会社について考え方を変えてもらう必要があるのだ。

ステップ⑥のソリューションが明確になったら、次は、ステップ②「再構成」に目を向けよう。「えっ？ そんなふうに考えたことはありませんでした」と顧客に言わせる（つまり目からうろこの）インサイトを、用意しなければならない。

そのためには、ステップ⑥で明確にした独自のベネフィットを起点に、「お客様がそのベネフィットをとっくの昔に認識していないのはなぜか？」と自問することが求められる。彼らが思ったほどそのベネフィットを認識していないのは、どういう世界観によるものなのか？ あなたはその世界観を変えなければならない。そしてそのためには、別の観点を提示し（「再構成」）、そこをめざせば思ってもみなかった利益増、ないしはコスト削減ができると、顧客を説得しなければならない（ステップ③）。あとは残りのストーリーを肉づけして、ステップ②からステップ⑥までの、論理的かつ魅力的な筋道をつけるだけだ。

行き着く問いはこうなる。「お客様に予想以上のコスト増をもたらしている要因、しかもわが社にしか解決できない要因は何か？」。この問いの答えこそ、「商談直結型の指導」トークの核心をなすものである。

「インサイト生成マシン」を構築する

一歩引いて、われわれの提案の全体像を検討すれば、このアプローチが組織の深いところにまでかかわることがおわかりになるはずだ。そう、「チャレンジャー」販売員が顧客を教え導くための営業トーク（独自のベネフィット、意外なインサイト、指導のステップ）を成立させるには、組織全体からのインプットが必要不可欠になる。

六つのステップは複雑なので、多くの企業は次のように三つに集約している。①まったく新しいインサイトを顧客に提供する、②そのインサイトの効果を明確にし、自分たちの問題としてとらえさせる、③そのインサイトに従って行動する最善の手段として、自社のソリューションを紹介する。内容的にはまったく同じであるが、昔からのくせで気がはやる販売員には、このほうが理解しやすいはずだ。

なかには、そろそろ次のように思いはじめた人もいるかもしれない。「独自のベネフィットを明確にする、顧客をニーズで分類する、魅力的なインサイトを生み出す、教え導く資料をつくる……。販売員の業績アップがねらいの本なのに、販売員個人の話からずいぶん離れてしまったな」。心配はいらない。本書はまちがいなく、個々の販売員がいかに業績を改善できるかがテーマである。

ただし、ここで紹介する諸々のノウハウは、販売員個人の手に委ねるべきではない。これらは組織の能力であり、個人のスキルではない。「チャレンジャー」アプローチを本当の意味で持続可能なものにするためには、組織的な関与が絶対に欠かせない。放っておいてもおのずとそうした指導ができるのは、ごく一握りの優秀な販売員だけだろう。

「商談直結型の指導」を初めて知った営業リーダーは、たいてい次のようなことを言う。「売るだけでもたいへんなのに、今度は教えろだって？　せいぜいがんばりな！」。でも、そんなに悲観しないでいい。少なくとも教え導くという点で、販売員を「チャレンジャー」に近づけるうえで最も重要なのは、販売員自身よりも彼らをサポートする組織である。販売員個人にとっては、じつはいろいろな意味で、「商談直結型の指導」のほうが、いま求められている仕事より簡単なはずだ。

指導を成功させるために必要な仕事は、販売員が顧客と接触するずっと前から始まっている。その理由を理解するには、ほとんどのB2B営業組織がこの五〜一五年間に経験してきた、プロダクト営業からソリューション営業への移行について考えてみるとよい（第1章の図1・1を参照）。この移行によって、求められるスキルは大幅にレベルアップした。プロダクト営業の場合は、主に製品の特徴や利点に頼って販売したが、ソリューション営業の場合は顧客ニーズを瞬時に探り、これに応じたソリューションを提示しなければならない。ソリューション営業とは、純粋な意味では「瞬時のカスタマイゼーション」である。販売員に要求されるレベルは、非常に高い。世界中の営業組織がこの移行に苦労しているのも、無理はない。

だが「商談直結型の指導」の場合、個人のカスタマイゼーション能力はさほど当てにしなくてもいい。顧客が、セールスパーソンとのやりとりで最も重んじると述べたもの、すなわちインサイトの共有に関して、組織が大々的にサポートするからだ。販売員の主な仕事が「ニーズの発見」から「会話の誘導」へと変化すると、組織はその会話の骨組みを前もって用意できる。ある営業責任者の言葉を借りれば、「チョークで線を引いておける」。

それでも、会話が予期せぬ方向へ行ったり、脱線したりする可能性はある。個人のスキルもやはりきわめて重要ではあるが、「商談直結型の指導」は、営業トークが大きくそれないよう「ガードレール」となって、販売員に、以下のような実効的なサポートを提供する。

第一に、組織が顧客ニーズを事前に調査する。販売員が白紙の状態から顧客ごとのニーズを判断しなくとも、セグメンテーションの改善や顧客分析を通じて、大部分は組織がやってくれる。販売員はそのぶん、ニーズ診断のスキルで苦労しなくてすむ。

第二に、会話の台本を事前に作成する。販売員は生身の顧客とやりとりするなかで、質問に答え、思わぬ反論にも対応しなければならないが、最初に口にする仮説はどれも細かく準備され、指導のステップも一つひとつ明確になっている。指導的トークは、同じ論点を何度もくり返すので、販売員は経験を重ねるにつれて上達する。ある意味で、組織のサポートを受けた「商談直結型の指導」は、自由なニーズ分析よりもよほど具体的である。販売員は学習しやすく、マネジャーは助言しやすい。

第三に、顧客に買わせたいソリューションを事前に定義する。会社として自社独自のベネフィットを明確化し、ニーズに基づいて顧客を分類することで、ソリューションはほぼ前もって決められる。おかげで販売員は、顧客にふさわしいソリューションを考える負担が軽減される。われわれのあるクライアント企業は、こうして事前に準備されたソリューションを、マクドナルドの有名なお子様向け「食事ソリューション」の名をとって、「ハッピーセット」と呼んでいる。これはいわば既製のソリューションではあるが、顧客にはカスタマイゼーションのように感じられる。なぜなら、それらの顧客に最もよく見られるニーズに前もって合わせてあるからだ。

もちろん、この場合も単純なプロダクト営業をしのぐスキルが求められる。だが、古典的なソリューション営業ないし「コンサルティング営業」の世界では、販売員が以上のすべてに独力で対処しなければならない。花形パフォーマーならうまくやり通せるかもしれないが、平均的なパフォーマーは苦労が絶えないだろう。その点、指導的な会話のシナリオを組織内で準備しておけば、販売員は顧客の前でしくじらずにすむ。

では、この準備をするのは誰か?「商談直結型の指導」は、個人競技であると同時に団体競技である。個々の販売員に「チャレンジャー」の特性を獲得させるのと同時に、「商談直結型の指導」に求められる次のような能力を、営業およびマーケティング部門に身につけさせなければならない。

①自社独自のベネフィットを明確にする。
②顧客の考え方を覆すインサイトを生み出す。
③顧客を誘導するメッセージのなかにインサイトを組み込む。
④販売員が顧客を挑発できるようにする。

「商談直結型の指導」はまた、B2B営業およびマーケティングにとって最も困難な課題に対応するための、具体的・現実的なロードマップも提供する。その課題とは、「営業部門とマーケティング部門をいかに協力させるか」である。

営業責任者もマーケティング責任者も、機会さえあれば、両部門が歴史的にいかに非協力的だったか、その事例の数々を喜んでしゃべるだろう。たいていの組織では、営業とマーケティングのあいだに、それとない対立感情がある。最悪の場合、それはあからさまな敵意となる。われわれの統計によれば、マーケティング資料の八割は最終的にごみ箱行きとなり、営業部門の時間の三割は、ごみ箱に捨てたその資料の再生に費やされる。

この不協和音の根本原因は、基本的に手つかずのままである。ほとんどの企業は、そもそも営業とマーケティングが何をいっしょにやるべきかについて、合意できていない。両部門の「一体化」がもっと必要だと嘆く多くのエグゼクティブは、反対の視点からこの問題を考えることができていない。すなわち、「何をいっしょにやるべきでないか」という視点である。

「商談直結型の指導」は、本当に重要な限られた活動を統合するための道筋を明らかにする。会社全体に何が求められるか、という枠組みを定め、具体的な役割やタスク、目標、責任をより明確にする。たとえば、くり返し応用がきくかたちで、顧客に異を唱えるのに必要なインサイトを生み出すツール、専門知識、時間は、マーケティング部門にしかない。ある大手通信企業のマーケティング責任者に言わせると、マーケティング部門は「インサイト生成マシン」の役割を果たさなければならない。つまり、顧客を引きつける質の高い指導用資料を、販売員に絶えず供給しつづける役割である。一方、営業部門には、そのインサイトを使って顧客を挑発・説得するための知識、技能、指導力が要求される。両者は、ひとつの重要原則をめぐる共生関係にある。

いずれにせよ、メッセージ・ライブラリーや販促資料、営業トークは、顧客の事業環境や競争環境に応じて、絶えず進化しなければならない。これは何百という製品、何十もの顧客セグメント、数多くのチャネル、そして四半期ごとに変わる顧客環境がかかわる、大がかりな仕事である。「商談直結型の指導」は一度限りのプロセスではない。常時発揮すべき能力だ。企業は、営業部隊の意見や指示に従ってマーケティング担当者の教育研修に投資し、彼らが差別化要因を明確化し、新鮮で説得力ある指導メッセージを供給できるよう、努めなければならない。

語り口は「大胆」に

多くの企業は、指導的トークを考え出すとき、いつの間にか「安全運転」へ逃げ込んでしまう。最初は洞察力に富んだ挑発的な内容だったのに、社内でいろいろ言われるうちに骨抜きにされ、挑発というより提案のレベルに成り下がるのだ。

そうならないようにするための効果的なツールが、ニール・ラッカムと会計事務所のKPMGが開発した「SAFE―BOLD（安全・大胆）フレームワーク」である。これは、指導的トークの強さを評価するテストのようなものだ。ニールとKPMGは、次のように述べる。「成功する指導的トークは、四つの要素をそなえていなければなりません。第一に、『大きい』こと。顧客にとって、優れた指導的アイデアは、ごくふつうのアイデアよりもスケールが大きく感じられるものです。第二に、『革新的』であること。新しい独自のアプローチで、既存の枠組みを押し広げなければなりません。第三に、『リスク』をとること。偉大なアイデアとはすなわち、自分の会社と顧客に大きなリスクをとって、このアイデアを採用してほしいと頼むことにほかなりません。そして最後に、『困難』であること。アイデアそのものが実行しにくくなければなりません。理由は、規模だとか、不確かさだとか、政治力だとか。そ

図 5.2 SAFE-BOLDフレームワーク

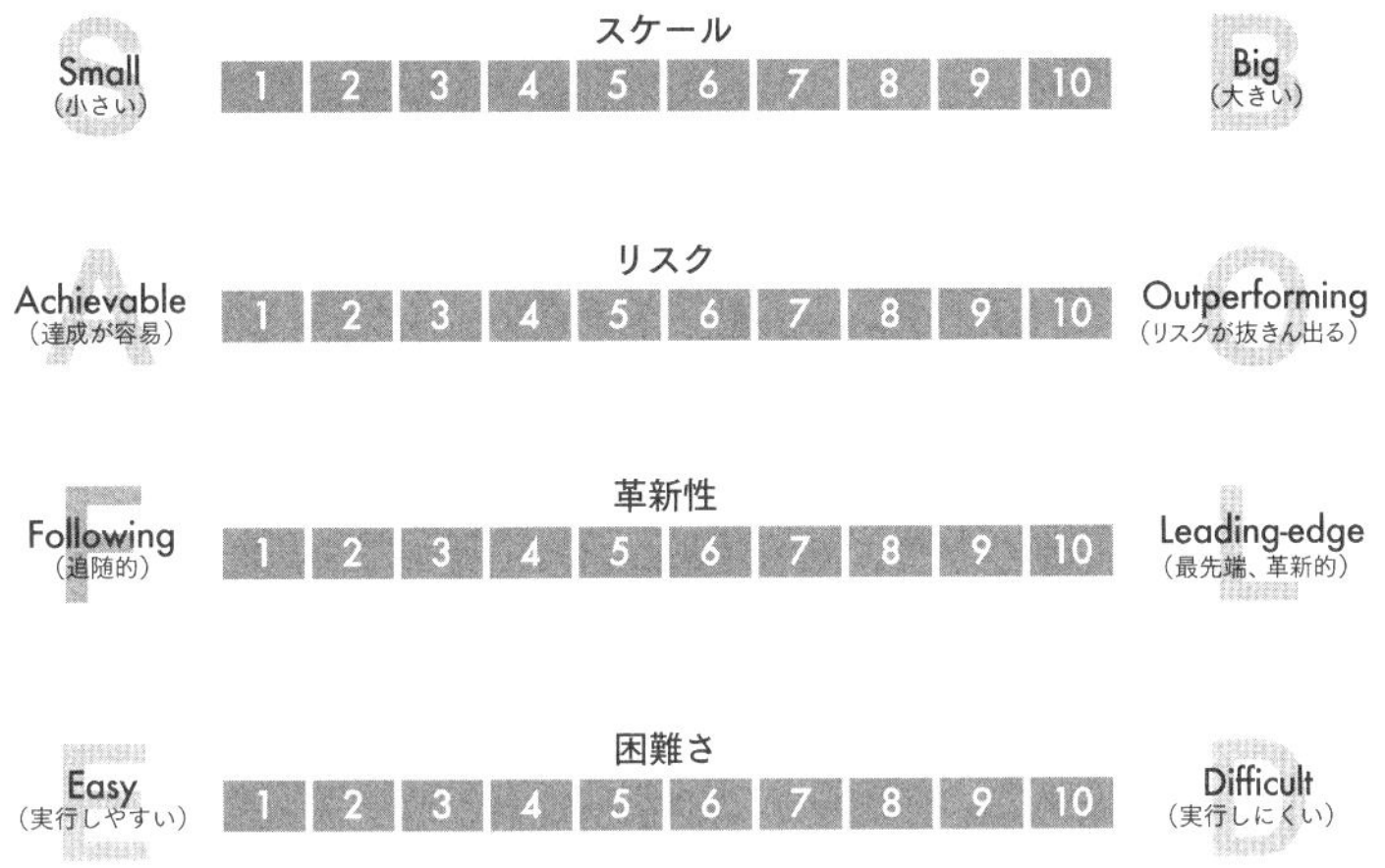

出典：KPMG、ニール・ラッカム

うでなければ、あなたの手を借りなくても、顧客が自分でやればいいのです」

ＳＡＦＥ−ＢＯＬＤフレームワークは、上図のとおり、四つの側面から、指導的トークを評価・採点する。いたってシンプルだ。優れたアイデアほど、右側の「ＢＯＬＤ」に近い位置になる。つまり、Big（大きい）、Outperforming（リスクが抜き ん出る）、Leading-edge（最先端、革新的）、そしてDifficult（実行しにくい）。反対の左側は「ＳＡＦＥ」——Small（小さい）、Achievable（達成が容易）、Following（追随的）、Easy（実行しやすい）だ。

ＫＰＭＧでは、顧客アドバイス担当者に、「チャレンジャー」的な営業トークについての意見をあれこれ出させ、それを他の同僚にプレゼンテーションさせている。そして、SAFE―BOLDフレームワークを使って、そのトークを採点する。この方法はいまやすっかり定着し、営業トークを「安全にしすぎない」ための歯止め役になっているという。

「関係構築」タイプは、営業部門にかぎらず、あらゆる場所にいる。マーケティングなり広報なりに属する幹部クラスの「関係構築」タイプが、顧客の機嫌をそこねることを危惧し、メッセージの中身を骨抜きにする可能性は非常に高い。

このタイプが昔からよくやる変更は、「当社のご紹介」スライドを後ろのほう（本当はそこが正しい位置）から前のほうへ持ってくることである。どうやら、会社の規模や実績をひけらかし、有名な顧客の名前を出すことで、事前に信用を得なければと思うらしい。インサイトをまず示し、そのインサイトをもとに信用を築くやり方はお気に召さないようだ。

彼らは、目を離したすきに、せっかくのトークの「角」を削り取り、切れ味を鈍くしてしまう。最初とは似ても似つかぬ姿にされたシナリオは、たしかにSAFE（安全）ではある。だが、多少は機嫌をそこねるくらいが、「チャレンジャー」アプローチの本懐なのだ。挑発し、異を唱えるからこそ、顧客に「違う」と思ってもらえる。角がとれたら、他社となんら変わらない。あらためて言おう。「関係構築」タイプは緊張を和らげようとするが、「チャレンジャー」はむしろ前向きな緊張感をつくり出し、これを利用するのだ。

では、「商談直結型の指導」とは、現実問題としてどのようなものなのか？　セオリーをひとおり示したところで、実際の企業での適用例を見ていこう。登場するのは、W・W・グレインジャーとADPディーラー・サービスの二社である。

成功事例①——予定外のことを計画する力

イリノイ州レイクフォレストに本社を置くW・W・グレインジャーは、企業向け資材（保守・修理・運用＝MRO）の大手で、売上約七〇億ドル。主に米国とカナダに二〇〇万社近い顧客を抱えている。同社では、工場、施設、オフィスの安全で効率的でスムーズな運営に必要な資材を、じつに幅広く、しかもワンストップで供給する。扱う製品は、工具やポンプ、安全用品から電気機器、清掃用品まで、数十万種類にのぼる。それらを、支店やインターネット、製品カタログなどを通じて販売しているのだ。その多くを担っているのが、内勤と外回りの営業で、彼らは長期の購買契約をめざして顧客に働きかけている。

同社の幅広い品ぞろえは、顧客の多様なニーズに応えるうえでは頼りになる。だが、あまりに広範すぎるという見方もできる。膨大な選択肢があるため、いつの間にか、たんに過去の購買パターンやその場のニーズに基づいて、よく考えもせず買うようになった顧客もいる。MRO費用をトータルでもっと賢く管理できないかと、グレインジャーとともに頭をしぼるようなことはない。多くの企業では、MRO費用の総額が軽く数千万ドルに達しているというのにだ。彼らに言わせれば、しょせんはハンマーや手袋、電球、ポンプ、発電機の話であり、「そんなことに悩んで時間を使うより、ほかにもっと大事なことがある」というわけだ。

その結果どうなったか？　時間がたつにつれて、多くの顧客がグレインジャーのことを戦略的パートナーではなく、たんなる製品サプライヤーと考えるようになった。ハンマーがほしければグレインジャーで。ポンプがほしければグレインジャーで。でも、競争に勝ち抜くためのアドバイスがほしければ、どこか別のところで。優れた製品を優れた価格で供給する――それ以上のことがグレインジャーにできると考える顧客は、ほとんどいなかった。だから契約更新の時期になると、彼らの関心はもっぱら「価格」に向けられた。

もちろん、「優れた製品を優れた価格で供給する会社だと思われて何が悪い？　もっとまずい問題はいろいろある」という見方もあるだろう。だが、あなたの会社の第一目標が、広範で戦略的な「ソリューション」を通じて顧客との関係を深めることだとしたら、その立ち位置にいて成功するのはちょっと厳しい。大して重要でない製品の一サプライヤーにすぎないと顧客に思われたら、事業をもっと成長させ、顧客との関係を深めるのは難しくなる。やがて、施設管理業者や調達業者程度の扱いしか受けられなくなり、長期的な価値創造どころか、目先の価格交渉に追われるはめになる。

つまり、グレインジャーは問題を抱えていた。ブランド担当のバイスプレジデント兼ゼネラルマネジャー、デブラ・オラーが言うように、真のソリューション・プロバイダーと認めてもらうには、顧客のグレインジャーに対する考え方を変えなければならなかった。説得力のあるストーリーも必要だった。「ハンマーをいくらでもご提供できますよ」というのではなく、「コスト削減で利益を改善するお手伝いができますよ」というストーリーだ。

そのためにはまず、もっと大きな課題を解決しなければならなかった。本当に問題なのは、顧客がグレインジャーのことを戦略的に考えないということではなく、顧客自身がMRO費用について戦略的に考えないということだった。事業の些細な部分にしか関係しない会社だと思われたら、大事なパートナーと認識してもらうのは難しい。

そこでグレインジャーは、顧客のグレインジャーに対する考え方を変える前に、まずは顧客自身の自社に対する考え方を変えることにした。毎年MROに使う何百万ドルというお金は、相当額だということ以上に、しかるべく管理すれば多額の節約ができる。そのことを、顧客にわからせることにしたのだ。

実際、彼らの購買習慣を数年間追跡していると、きわめて非効率なMRO出費をしていることがわかった。そのせいで、使わずにすんだお金を何百万ドルも費やしていた。言い換えれば、その顧客に新しい知見を授けるチャンスが、グレインジャーにはあった。MRO費用を見直せば、多額の現金を捻出し、それをハンマーよりもっと重要な支出に振り向けることができる、と。

しかし、「商談直結型の指導」としては、まだ重要なピースが欠けていた。MRO費用の考え方を変えれば何百万ドルものコストを削減できる、と教える前に、顧客がそのインサイトをもとに、他のMROサプライヤーではなく、グレインジャーを必ず選ぶようにしておかなければならない。そしてそのためには、「なぜライバルではなく、わが社から買うべきなのか?」という問いに答える必要があった。

だが、いざとなると、それは思ったほどたやすい問いではなかった。

デブラによると、あるチームメンバーが、膨大な製品ラインナップを差別化要因として宣伝してはどうかと言った。ところが、デブラが「ライバルで幅広い製品ラインナップを持っているところはひとつもないの?」と尋ねると、「いいえ」という返事だった。「何社かは、やはり幅広い品ぞろえがあります。少なくともいくつかのカテゴリーについては」

「じゃあ駄目ね。ほかにはない?」とデブラ。

「うちは全国に店舗があります。どこにいてもグレインジャーの支店が見つかる、というのはどうでしょう?」

「ということは、お客様は他の小売店ではMROニーズを満たせないわけ?」

「いや、店舗を持つ会社はほかにもあります……」

「じゃあこれもアウトね。ほかには?」

グレインジャーならではのセールスポイントを探して、彼らは考えつづけた。正直なところ、思っていたよりずっと難しかった。デブラは言う。「しばらくは光明が見えませんでした。ライバルより勝るのはどこか？　本当にそんなものがあるのか、と」

グレインジャーだけではない。この問いには、たぶんほとんどの企業が簡単には答えられないだろう。「革新的」「顧客中心」「ソリューション志向」「市場リーダー」「優秀な人材」「信頼」「豊富な経験」といった項目をリストから外すと、たいていは光明が見出せなくなる。だが、ここはひとつ気合を入れて、自社にしかない特徴や能力を、なんとか明確にしなければならない。

グレインジャーの場合、それがはっきりしたのは、リーダー主導の顧客インタビュー、市場調査、顧客の支出傾向に関するデータ分析、市場の反応をできるだけ完全に把握するための部門横断的なブレーンストーミングなどを、くり返し行なってからである。

最終的に、グレインジャーはふたつの重要な結論にたどり着いた。

第一に、ほとんどの企業がMRO製品に毎年半端でない金額をつぎ込むのは、一定の購買行動によってかかる多額の費用を認識していないせいである。

第二に、他のサプライヤーも幅広い製品をそろえたり、便利な小売店網を展開したりしているかもしれないが、そのすべてに対応しているのはグレインジャーだけである。しかも、規模の大きさを活かして、グレインジャーとタッグを組んだ顧客は、不要な（または不要になりそうな）MRO購買を回避し、コストを削減できる。何が、どこで、いつ必要になっても、グレインジャーなら確実に提供できるから、「万が一のために」買っておく必要はいっさいない。言い換えれ

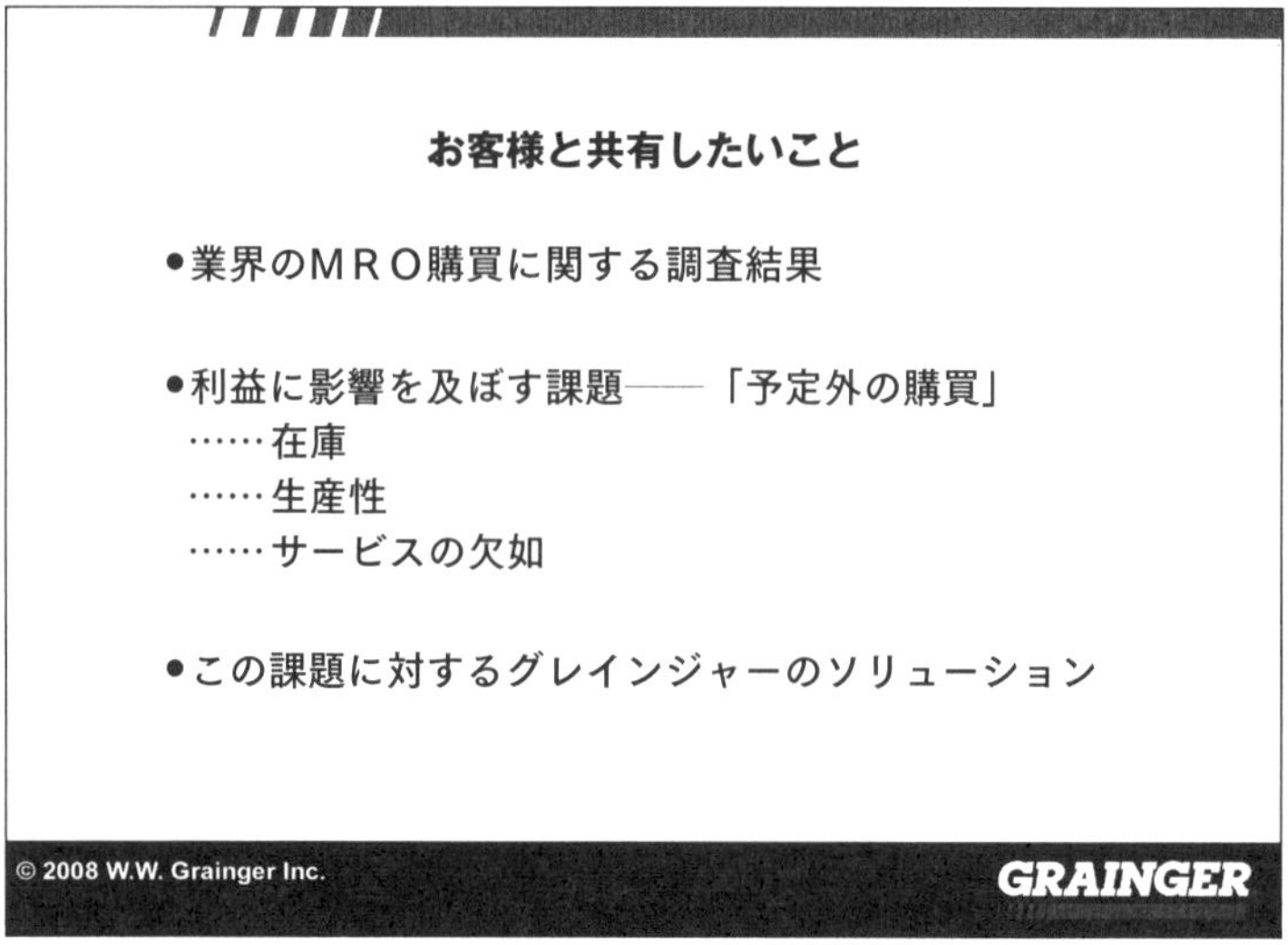
お客様と共有したいこと
●業界のＭＲＯ購買に関する調査結果
●利益に影響を及ぼす課題――「予定外の購買」
……在庫
……生産性
……サービスの欠如
●この課題に対するグレインジャーのソリューション
© 2008 W.W. Grainger Inc.
GRAINGER

ば、いくつかの能力を比類のないかたちで組み合わせることで、同社だけが顧客の大幅な出費削減を手助けでき、顧客から戦略的パートナーと見なされるようになるのだ。

　グレインジャーは、これらのインサイトを、「予定外のことを計画する力」と題した営業トークのなかに盛り込んだ。これは、「商談直結型の指導」を実現する会話の、超一級の事例である。花形の「チャレンジャー」販売員以外にも「商談直結型の指導」を実行させるためには、現場の営業担当者全員に、このようなコンテンツを提供する必要がある。

　グレインジャーの販売員は、訪問営業のさい、「予定外のことを計画する力」という資料をほぼ決まって持参する。それが、同社にしか提供できない価値をズバリ表現しているからだ。グレインジャーにとって、この会話のゴールは、

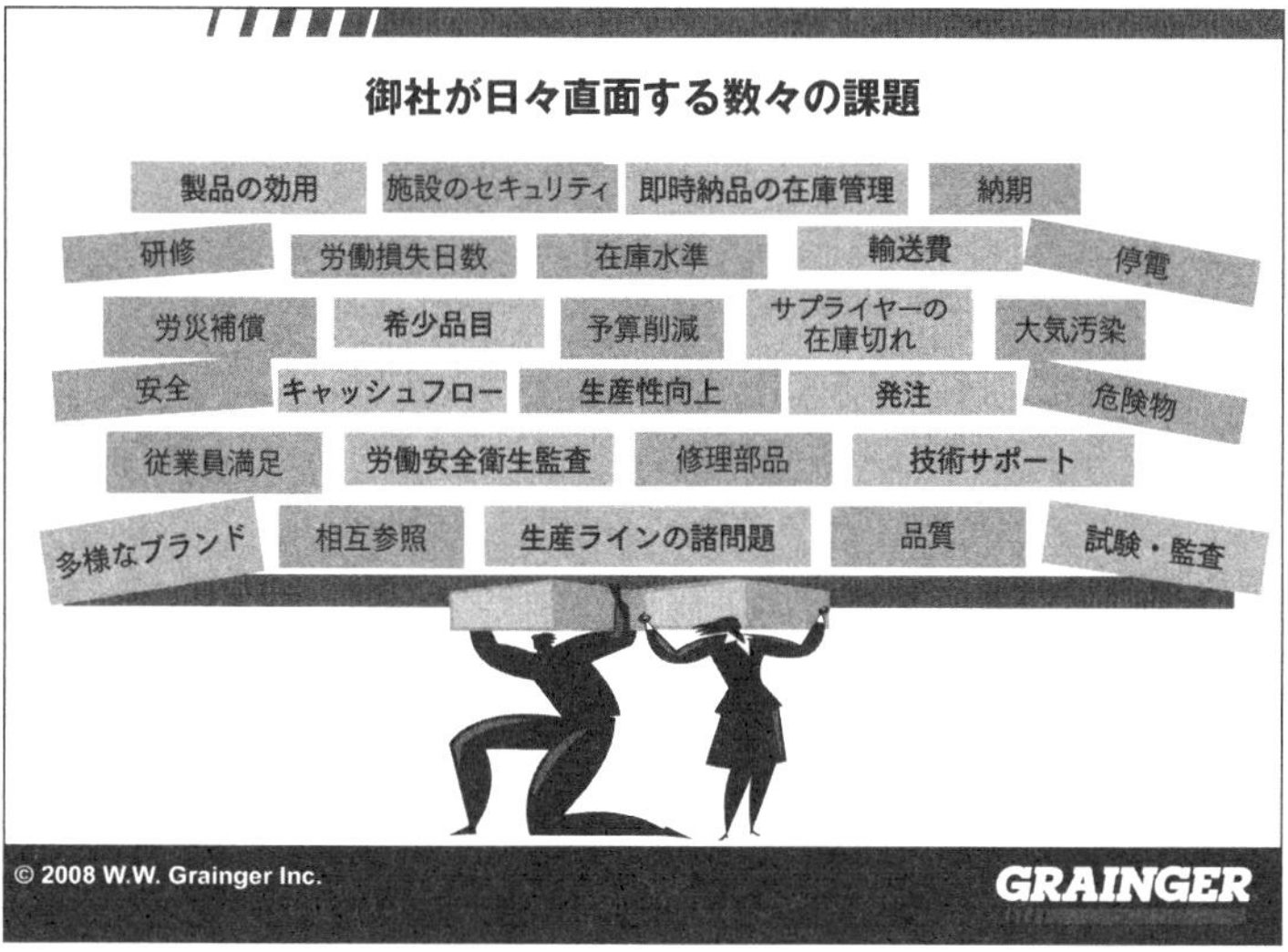

顧客の同社に対する考え方を変えることである。そこへ至るにはまず、顧客が自身のMRO出費について考え方を変えるよう仕向けなければならないが、このシナリオは最初からそれを想定している。つまり、グレインジャーの能力ではなく、顧客のMRO出費についての会話になっているのである。

グレインジャーの販売員は、最初の段階で顧客とミーティングを持ち、MRO費用の管理方法について見直すだけで、大幅なコスト削減ができるという重要なインサイトを共有しようとする。実際の訪問営業のプログラムは、前ページの図のとおりだ。

会話は冒頭から、すべてが顧客にスポットを当てて進められる。覚えておいでだろうか、顧客はあなたのソリューションではなく、自分たちのビジネスについて話をしたがっている。グレインジャーは、このミーティングをまさしくそのように位置づけている。何よりもまず、顧客はこのプログラムで、何かを与えるのではなく、何かを得られそうな気持ちになる。グレインジャーから、次のように言われている気がするのだ。「御社の事業について、皆さんがもっとスマートに検討できるよう、私どもの専門知識がお役に立てる分野でお手伝いいたします」。そして、こうしたポジショニングを経て、ステップ①「地ならし」に進むのだ（前ページの図参照）。

「地ならし」はまず、顧客の抱える課題から始まる。たとえば、こんな具合に。「毎日、たくさんの課題に直面しておられることと思います。生産ラインの諸問題や労災補償の費用、保守・安全……。なかでも、日々の事業を動かしつづけるために欠かせない課題は……」。こうして二、三の問題を検討し、他社の一般的な状況を紹介したら、次いで、彼らの会社でとくに差し迫った問題を、ひとつかふたつ選んでもらう。

ここでのねらいは、顧客をただちに会話へ引き込み、グレインジャーが他社で目撃済みの事案と比較しながら、顧客の課題について話し合うことにある。この一枚のスライドが、驚くほど効果的な会話へとつながることを、グレインジャーは知っている。というのも、顧客ニーズを「見つける」ための自由回答式の質問ではなく、顧客ニーズの仮説が最初に示されるからだ。

うまくいけばこの時点で、営業用のプレゼンテーションというよりも、ふたりの同僚が共通の課題について慰め合っているような空気ができあがるだろう。それは、体験の共有から生まれる精神的つながりであり、会話の端緒にはもってこいである。

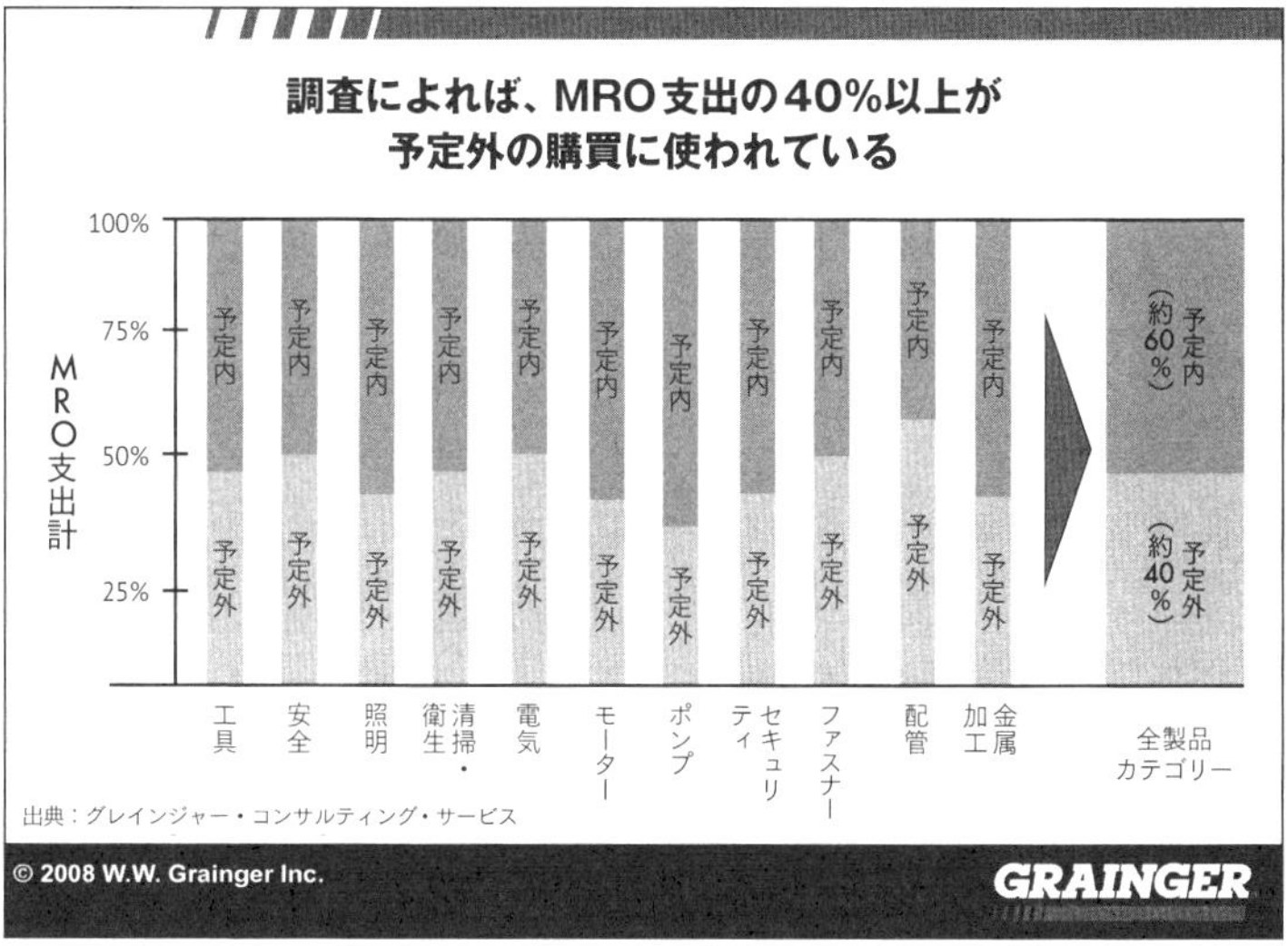

ただし、つながりは築けても、新しいことはまだ何も教えていない。それをするのが、ステップ②「再構成」である（上図参照）。

MRO支出に対する顧客の考え方を変えるため、グレインジャーはまず、その支出全体を、工具、安全、照明、衛生……といった一般的なカテゴリーに分解する。企業の規模によっては、ひとつのカテゴリーだけでも、支出額はゆうに数十万ドルを超える。このことは顧客の側もよく承知している。

しかし彼らは、それとはまったく違う視点でMRO支出について考えたことはない。営業担当者は、比較的単純なグラフを使って、製品カテゴリーという垂直的な視点から、購買傾向という水平的な視点に顧客の目を向けさせる。つまり、「何を買うか」から「どのように買うか」への視点の転換である。そのために持ち出されるのが、「予定内」の購買と「予定外」の購買という考え方である。

営業担当者は説明する。「予定内の購買とは、頻繁に購入する製品や部品を指します。たいていは事前に予算を組み、定期的に購入します。一方、予定外の購買とは、いざというときに購入する製品や修理部品を指します。予期せぬニーズや問題が発生したときに買うのがふつうです」

この区別は重要である。なぜなら、予備のハンマーや交換用のポンプをちょっと買っておく（それも今回限り！）といった予定外のMRO支出は、積み上がると膨大な額になり、じつは抜き差しならぬ影響を及ぼすことを、どの企業も知らないからである。グレインジャーは独自の調査によって、一般的な企業のMRO支出のうちじつに四〇%が、予定外の購買であることを発見した。これを全カテゴリーで合計すると、予定外の購買による支出は、どの製品カテゴリーの支出額よりも大きくなる。いざというときに一度だけ買うはずのものが、総額で数百万ドルかかっているのである。

お気づきだろうが、この区別がなぜ重要なのかという具体的説明は、まだである。だが少なくとも、顧客は興味をそそられた。もっと聞きたいと思っている。営業担当者はただ、「四〇%もある『予定外の購買』の金額を、計算してみようとも思わなかったのですね」と暗に述べたにすぎない。顧客のほうは、じゃあそれが自分たちの事業にどんな意味を持つのだろう、と考えている。先述のように、「えっ？　そんなふうに考えたことはありませんでした」と顧客に言わせれば、「再構成」は成功だが、この、「何を買うか」から「どのように買うか」への視点の転換は、

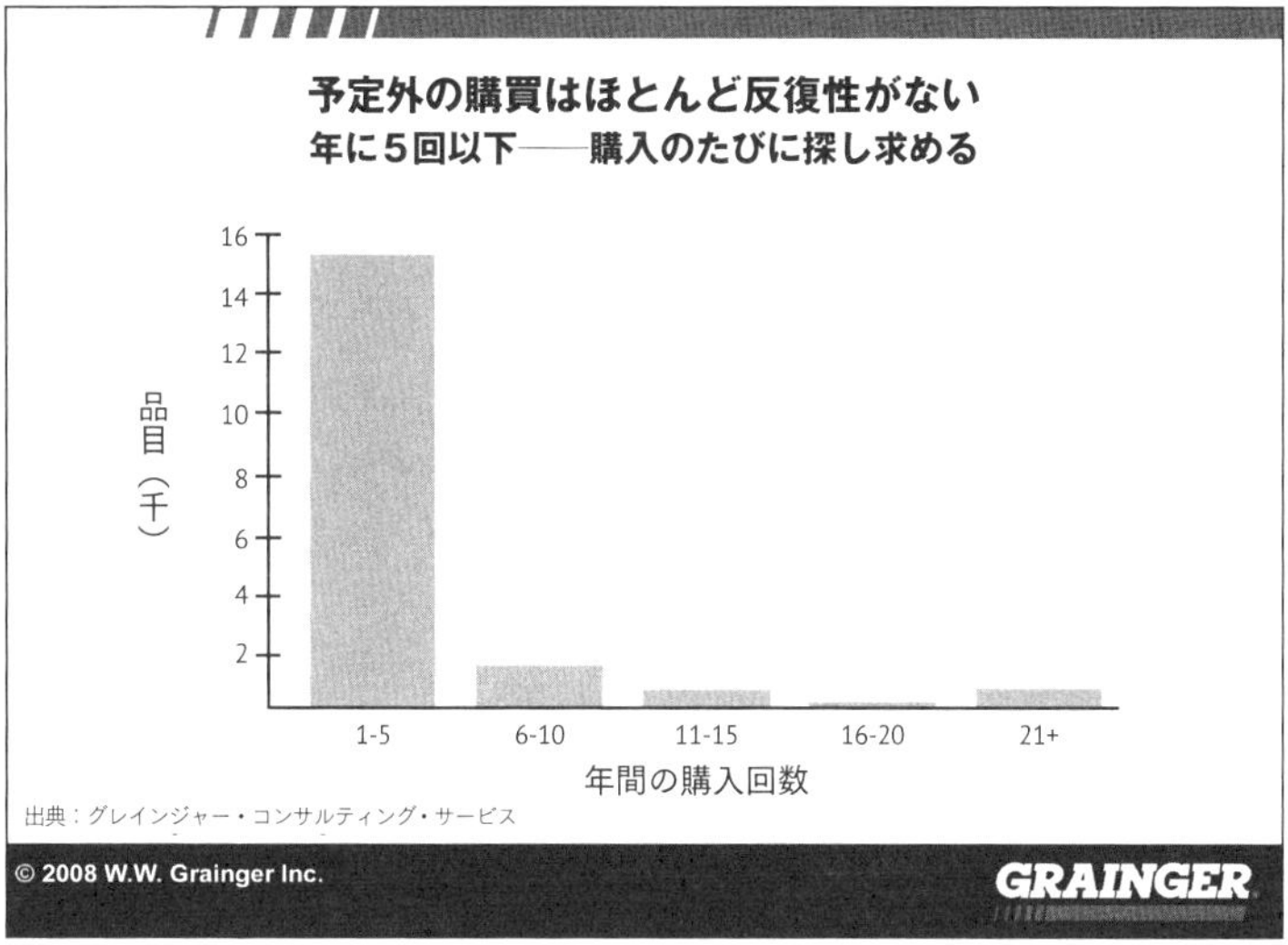

そのよい見本といえる。

ではいよいよ、なぜ重要なのかを具体的に説明する番である。ステップ③「裏づけ」へ進もう（上図参照）。

数年分相当の顧客支出データを分析したうえで、グレインジャーは次に、何枚かのスライドを使って、予定外の購買にかかるコストの、見逃されていることも多い実態を明らかにしていく。営業担当者は言う。「じつのところ、状況は思ったより悪いかもしれません。相当数の購買が予定外であるのみならず、低頻度です。大半は一度きりなのです。でも、そのたびに余分な時間、労力、要員、お金がかかっています」

ここでグレインジャーは、自身の専門知識を使って、顧客のビジネスに関する新しい情報を教えている。顧客にとっては貴重なインサイトである。一方、グレインジャーにとっては、顧

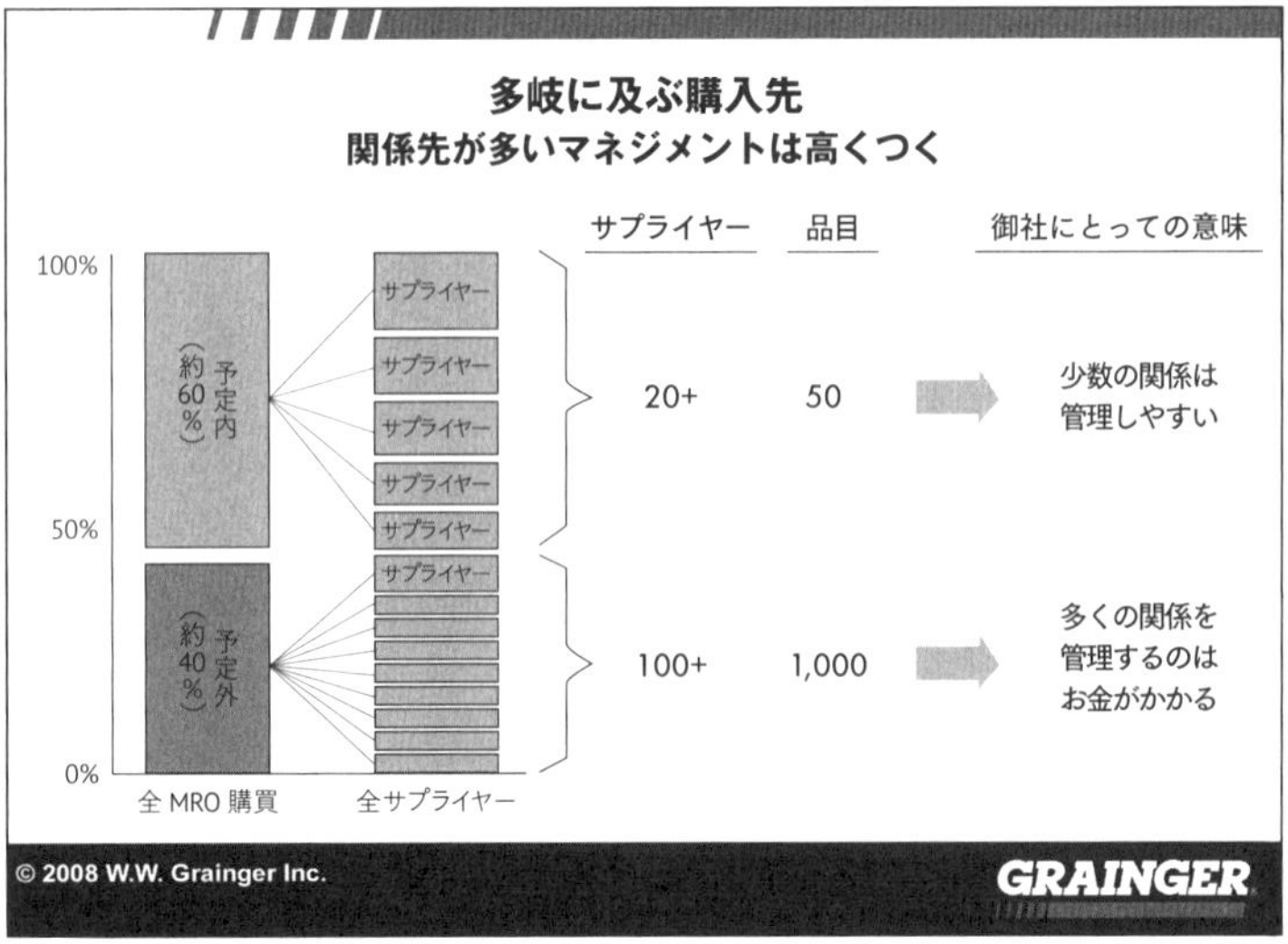

客が考えもしなかった問題を持ち出して、彼らを動揺させ、関心を行動に転じるチャンスである。その顧客とのつきあいが長い場合は、それまでの購買履歴をチェックし、ストーリーの説得力をできるかぎり高める。自社に関するデータなので、相手も抗いようがない。

では、こうした予定外の購買の影響はどれほどなのか？　どうやら並大抵ではないらしい（上図参照）。

ほとんどの企業は、予定内の購買については購入先のサプライヤーが少ないが、予定外の購買についてはサプライヤーが何百社にものぼることが多い。とにかくすぐに手に入るところから買うからだ。四〇％を占めるMRO支出をそんなに分散すれば、コストは巨額になる。どの品目も間際になって定価で購入する結果である。

しかし、予定外の購買の直接コストがかさむ

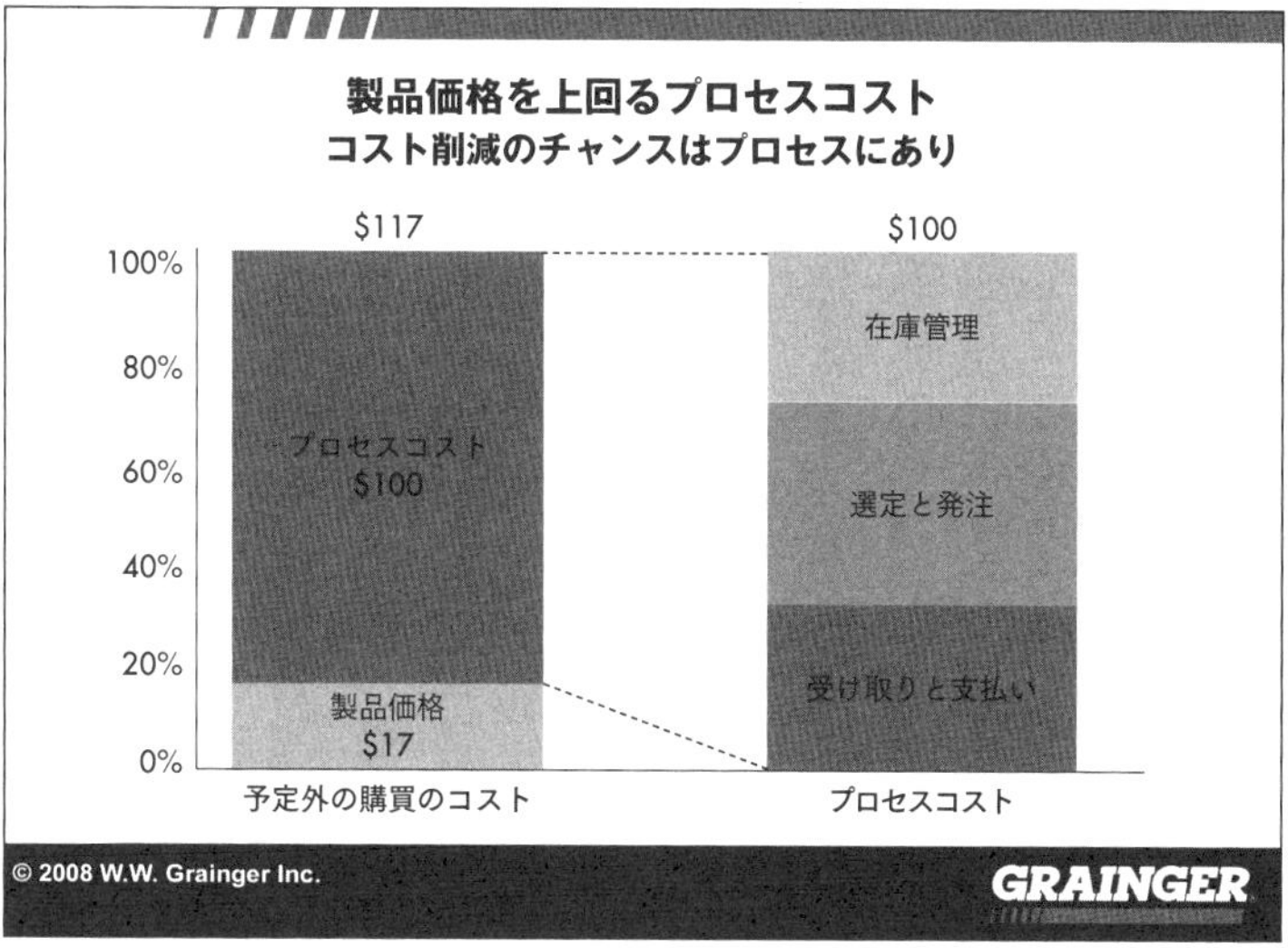

こと以上に問題なのは、目に見えない間接コストがまったく馬鹿にならないことである（上図参照）。

予定外の購買で本当に高くつくのは、予定になかったものを買うことで生じるプロセスコストである（しかも、このコストは見逃されやすい）。部品を探し、サプライヤーに連絡し、注文し、支払いなどの書類作業をし、買ったものはすべて在庫管理しなければならない。予定外の製品を一回買えば、これを処理するのにざっと五～一〇人の手がかかり、購入に必要な時間、労力などをすべて勘案すると、そのコストは莫大になる。予定外の品目をひとつ買うという行為のほうが、製品の値段自体よりずっと高くつくことが多いのである。

ここまでくると、顧客は「予定外の購買」を気に病みはじめている可能性が高い。うちの会

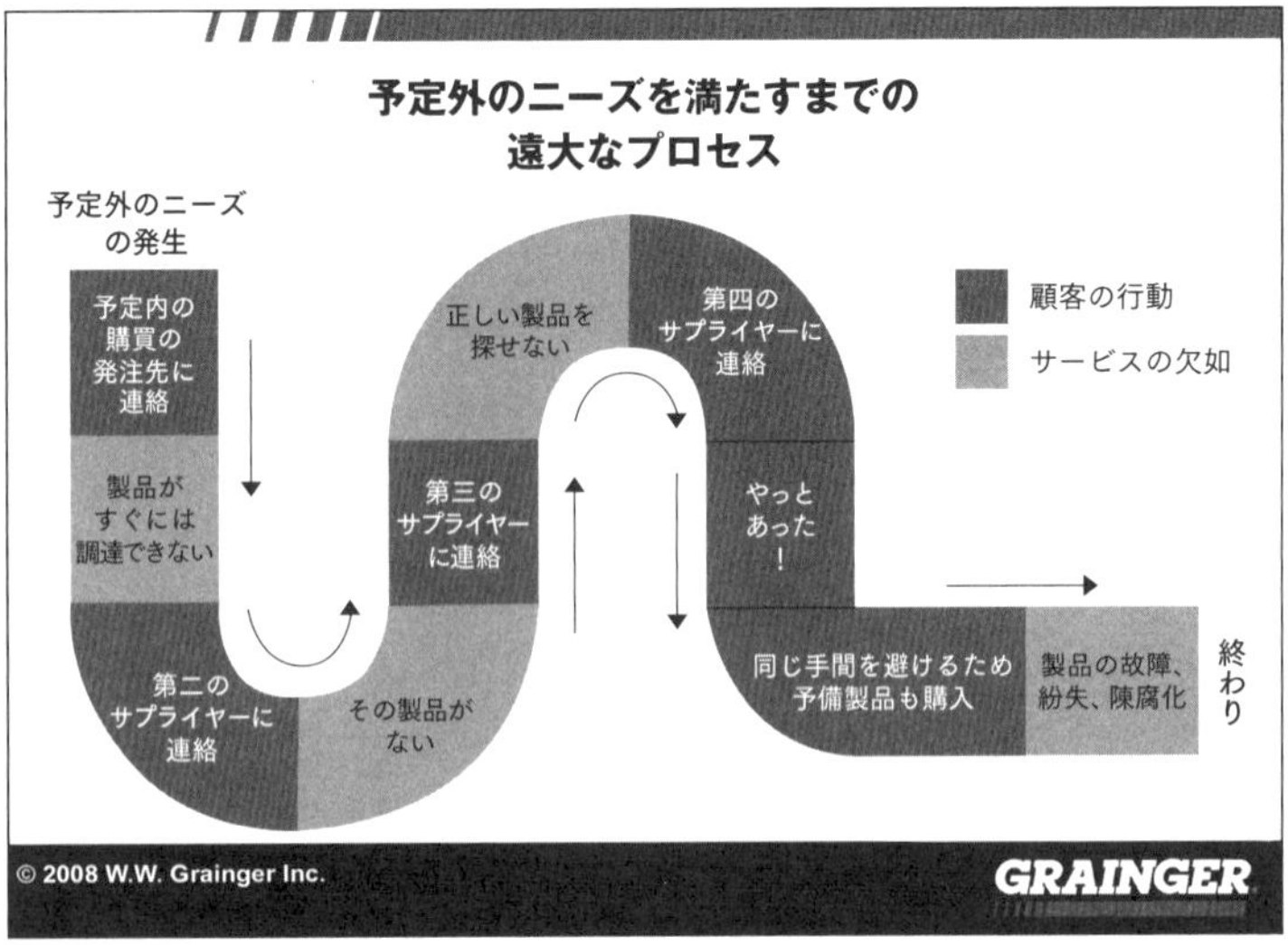
予定外のニーズを満たすまでの
遠大なプロセス
予定外のニーズ
の発生
予定内の
購買の
発注先に
連絡
製品が
すぐには
調達できない
第二の
サプライヤーに
連絡
その製品が
ない
第三の
サプライヤー
に連絡
正しい製品を
探せない
第四の
サプライヤーに
連絡
やっと
あった
！
同じ手間を避けるため
予備製品も購入
製品の故障、
紛失、陳腐化
終わり
顧客の行動
サービスの欠如
© 2008 W.W. Grainger Inc.
GRAINGER

社では毎日のように行なわれているけど、こんなふうに考えたことはいままでなかった――。彼らは考える。「先週一七ドルで買ったハンマーが、実際は一一七ドルかかっていたとは！　それを全MRO支出の四〇％に当てはめたら……おいおい、よく黒字でいられるな！」。これは心理的な反応を呼び起こすための合理的な論証であり、ボディブローのように効いてくる。

だが、顧客がまだ納得していない場合に備えて、グレインジャーはさらなる手を打つ。お次は、ステップ④「心をゆさぶる」だ。リアリティや当事者意識をうんと高めるのがねらいである（上図参照）。

自分たちが語るストーリーを顧客に実感させるために、グレインジャーはここで「痛みの連鎖」とでも呼ぶべきスライドを使う。そして、何か重要なものが壊れたので急いで交換しなければならないときに、たいていの企業がどう行動するかを説明する。

たとえば、ＣＥＯの部屋の古いエアコン（二〇年はたっている）のコイルが夏の盛りに故障したとする（探すのが容易なコイルではない）。なにしろ暑い。それにＣＥＯの部屋だ。できるだけ早く修理しなければならない。さて、どうするか？

まずはおそらく、「予定内の購買」で世話になっている主なサプライヤーに、電話をするのではないか。もちろん頼りになる発注先である。だが、二〇分待たされたあげく、売り切れたばかりであと二週間は入荷されないと知らされる。そこで、過去に一度か二度つきあいのある別のサプライヤーに連絡するが、その部品はまったく扱っていないとのこと。第三のサプライヤーに電話すると、ここでも二〇分待たされ、システム上は在庫がふたつあるはずだが、現物が倉庫に見つからないと告げられる。いらいらが募るばかりだ。くだらないイージーリスニングの保留音を聞かされながら二時間も電話に張りついていたのに、がまんの限界に近づきつつあるＣＥＯ（しかも汗だく）に報告できる朗報が何ひとつないとは！

あなたはいささか絶望的な気分で、最後の第四のサプライヤーに電話する。場所は都心でずいぶん遠いが、そんなことはとっくに（九〇分ほど前に）どうでもよくなっていた。神のご加護か、部品があるという！　さっそく生産ラインのふたりのスタッフを呼び寄せて、急ごしらえの書類を持たせ、ラッシュアワーの電車に乗せて送り出す。一時間半後、部品を受け取りに行ったふたりから電話がある。「ボス、じつは同じ部品が三つあるらしいんです。念のため、もうひとつ買っておきますか?」。こんな経験は二度とごめんだから、あなたは言う。「三つとも買って、早く戻ってこい!」

部品のひとつはエアコンの修理に使い、残るふたつは倉庫の隅の棚に置いた。だが、グレインジャーによれば、それらの部品はただそこに鎮座し、ほこりをかぶることになる。たぶん来年も、その翌年も必要にはならない。ようやく出番がきたときは、旧式になったエアコンそのものを代えなければならないだろう。それでも、永遠に使われない部品というだけならまだいい。あなたは二度と同じ目に遭いたくないという理由だけで、必要もない在庫に貴重な現金を投じたのである。そのお金は、本当に必要なもっと別のことに使えたはずだ。

芝居がかっている? たしかにそうかもしれない。だがグレインジャーの語るストーリーは、顧客の実際の行動をもとにしているからリアルである(顧客インタビューをくり返したことが、ここで活きてくる)。もっと重要なのは、芝居がかっているのには理由があるということだ。このストーリーは、顧客の心理的な反応を引き出すことを目的としている。あなたが話す物語のなかに、顧客自身の姿を重ねてもらわなければならない。まるで自分たちの話のように、痛みを感じさせなければならない。この「痛みの連鎖」のスライドを見て、ある顧客は言った。「よくご存じですね! うちは毎日こんな調子ですよ!」。ここが重要である。予定外の購買は自分たちにも完全に当てはまる問題だと感じさせ、当事者意識を持たせるわけだ。

そうしておいて、ステップ⑤「新しい方法の提示」に進む(次ページの図参照)。

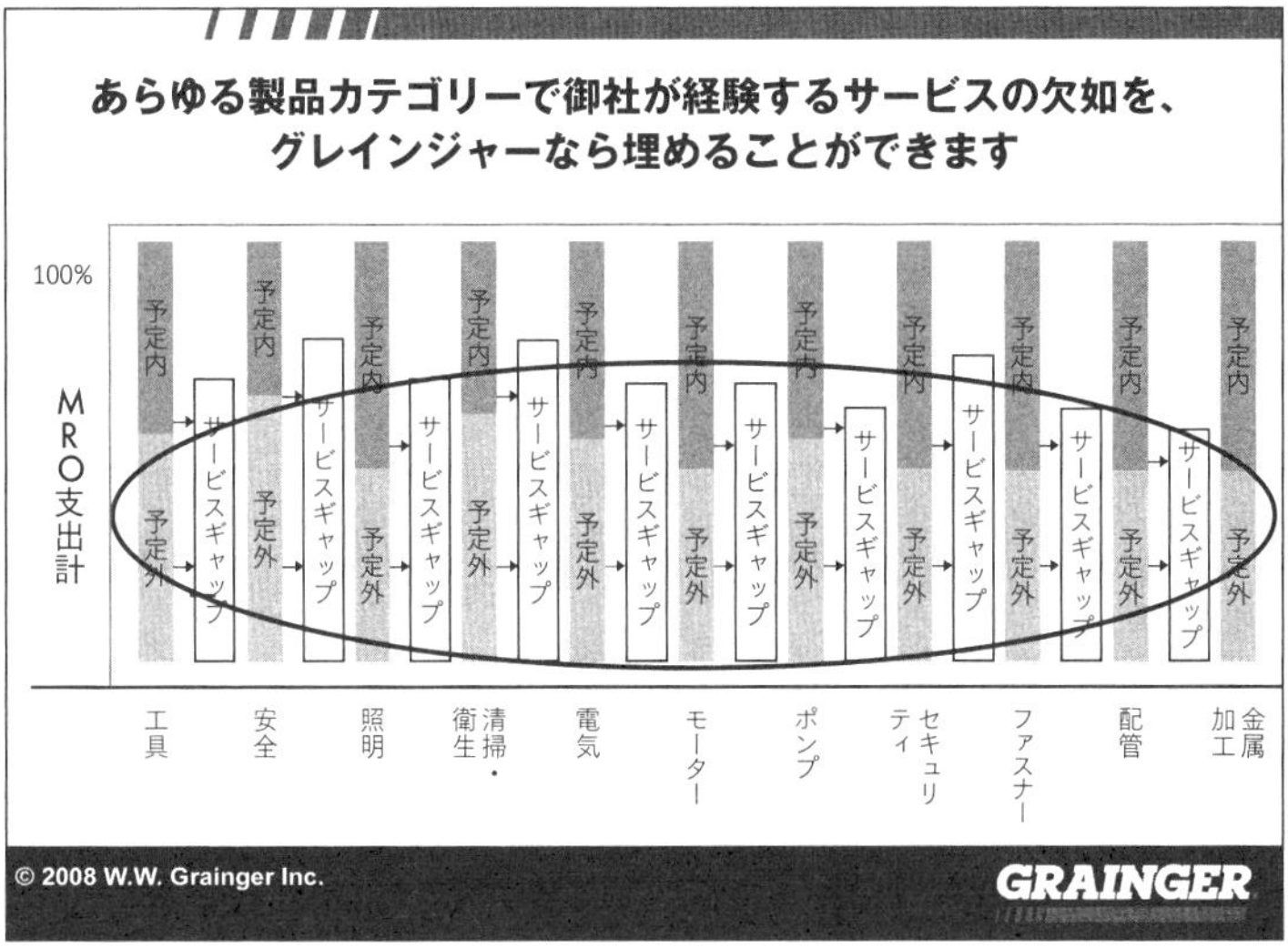

実際のソリューションへ到達するため、話は個別の域を出て、組織全体へと移っていく。

「いまのはあるカテゴリーの、ある予定外の購買の話でした。問題は、MRO支出のあらゆるカテゴリーで、同じことを何度もやってしまうことです。あるカテゴリーの予定外の購買についてどうにか把握できても、もっと大きな問題がまだ残ったままです。ところがどの企業も、すべてのカテゴリーのMRO支出を、効果的に管理できる体制にはなっていません。

　でも、もしそれができたらどうでしょう？　そこには非常に大きなチャンスがあります。予定外の購買とは、巨額の不要な支出、不要な在庫コストを意味します。そのお金はもっと大切なことに使えるはずです。そして、御社のためにその問題を解決できるのは、グレインジャーしかありません」

ここでようやく、グレインジャーがいかに手助けできるかという話になる。とうとう自身のソリューションについて語るときがきたのだ。すでにつきあいがある顧客ならば、その実データをもとにサポートプランを披露できる。あまりなじみがない顧客なら、この会話をもとに予定外の購買について診断する。いずれにせよ、デブラたちが自社ならではのベネフィットを特定するために した数々の苦労が、いま実を結ぼうとしている。「予定外の購買」という視点を顧客に教え、グレインジャーがその問題をどう解決できるかを説明することで。

これは、顧客の収益性アップをサポートするためのインサイトが中心になった、「商談直結型の指導」のじつにすばらしい一例である。グレインジャーという会社やその能力・力量について語られたのは、会話の終わり近くになってからだ。最初の三分の二くらいまでは、グレインジャーの能力、店舗網、ウェブサイト、歴史、規模、製品カタログなどに関する言及はいっさいない。なぜなら、これはグレインジャーに関するストーリーではなく、顧客に関するストーリーだからだ。これは、いままで気づきもしなかった無駄をなくし、それを事業予算に再度回せるという話だ。顧客にしてみれば、グレインジャーが問題の解決策を持っているのは、どちらかといえば幸運な偶然である。彼らにとって本当に価値があるのは、グレインジャーが提供するインサイトの質である。

この会話が終わるころには、顧客は自社のMRO支出についてだけでなく、その支出を着実に削減するうえでグレインジャーが果たしてくれる役割についても、それまでとはまったく違う考え方になっている。グレインジャーは、もはや一七ドルのハンマーを買うところではない。一一七ドルのハンマーを買わないようにするためのパートナーだ。指導的な会話の最後の最後に自社独自の強みを見せることで、グレインジャーは顧客の態度を一変させた。

だが、そこへたどり着くまでにはひとつの流れ、具体的なステップがなければならない。そしてそれこそが、「商談直結型の指導」という抜本的な変革の本質だ。自社ならではの強みからいきなり入るのではなく、注意深く用意した指導的トークによって、自社ならではの強みへと顧客を慎重に導くのである。あなたのソリューションは指導の眼目ではなく、指導の自然な帰結である。

くり返すが、顧客にとってこの対話で本当に価値があるのは、あなたが売るソリューションではない。あなたが対話のなかで提供するインサイトの質だ。

成功事例②――「利益クリニック」

オートマティック・データ・プロセッシング社の一部門であるADPディーラー・サービスは、世界中の自動車ディーラーに、企業アプリケーションを提供する有力企業である。だが、ADPの営業責任者だったケビン・ヘンドリックが、「商談直結型の指導」に関するわれわれの仕事を初めて目にした二〇〇八年、同社は厳しい問題に直面していた。景気はまだ比較的よかったものの、自動車業界の今後をめぐる警告サインは、すでに数多く察知していた。自動車販売はこの三年間下り坂だった。それだけでなく、ディーラーが過密状態にあり、その数は需要の落ち込みを受けて激減していた。二〇〇七～二〇一〇年の三年間で、米国の新車および中古車のディーラーは、二万一二〇〇から一万八四六〇になっていた。仮に、あなたが自動車ディーラー向け企業アプリケーションを提供する会社にいるとして、この数が何を意味するかを考えてみてほしい。ほんの数年のあいだに、市場規模が一五％縮小し、潜在顧客が消え失せたのである。

上場企業傘下にあるＡＤＰディーラー・サービスは、その間も業績を伸ばすことが求められた。とはいえ、縮小する市場で、いったいどうやって会社を成長させるのか？　それは途方もなく困難だ。選択肢はただひとつ、顧客の脱落を防ぎながら市場シェアを目一杯高めるしかない。事業を伸ばそうと思ったら、よそのパイを奪い取る――それが世の常道である。

しかし、これも容易ではなかった。すでに存在感の大きなライバルを排除するのが難しいのはもちろん、ＡＤＰは小規模なライバルの増加にも直面していたからだ。

業界トップのサプライヤーである同社は、デジタルマーケティング、自動車販売、サービス販売、さらには部品ソリューションなど、自動車ディーラーのあらゆる側面に対応する技術ソリューションを手広く提供していた。そこへ、中小のライバルが、サービスセンターあるいは営業オフィスだけを支援するソフトなど、パズルのひとつのピースに特化して勝負してきた。つまり、各社とも、ＡＤＰが持つ幅広いノウハウの一部分だけにしぼって競争に挑んだのだ。彼らは、Ａ

DPとはまったく違うメッセージを顧客に届けようとした。「あなたが最も必要とするソフトウェアだけ」を買えば、大幅な節約ができますよと強調したのだ。ご想像のとおり、生き残りをかける顧客は、そのメッセージに強く共鳴した。

要するに、ADPディーラー・サービスにとって、その年はきわめて厳しくなりそうだった。一方では、逆風下の業界で顧客がコスト抑制に走ったために利益率が低下し、他方では、中小の新しいライバルが最低限の単独製品を価格重視で買わせたために、売上が低下した。だが、何よりも皮肉だったのは、ADPの提供価値の神髄が、「ディーラーのコスト削減をサポートする能力」にあったことである。ならば、いまこそそのメッセージが共感を呼びそうなものだが、そうはならなかった。顧客の目は、価格の総額にしかいかなかったからだ。ADPの営業担当者が独自の強力なコスト削減策をひとつとおり紹介すると、ディーラーはこう返答した。「そいつはすごい。でも、私がいますぐ必要な部分だけもっと安く提供できると話す営業マンもいるんです。おたくといっしょにやりたいのはやまやまだけど、それには不要なものを全部なくして、残りを三〇%値引きしてもらわないと」。つらいところだ。

だから、初めてわれわれの「商談直結型の指導」を目にしたとき、ケビンがある種ひらめいたのも不思議はない。問題の大部分は、ADPが自社のソリューションへ顧客を誘導するのではなく、自社のソリューションを前面に出していることにあったのだと、彼は気づいた。ADPの幅広いソリューションについて、考え方を変えてほしいのなら、まずはソフトウェアの選択にともなうコストについて、考え方を変えてもらう必要がある。なぜならＡＤＰは、顧客自身がまだ知らない、その選択の影響について知っているのだから。実際、コスト節減のためにと個々の用途に応じた単発のソフトウェアを買うと、効率の悪さや重複が生じ、結果的にはむしろコスト増になってしまうのだ。

これを念頭に、ＡＤＰは総合的な「商談直結型の指導」を身につけようとした。主な中身はふたつあった。

まず、優れたストーリーをつくること。ＡＤＰは自社のソリューションならではの利点をよく理解していたが、それをいきなりアピールする前に、その利点につながるメッセージを必要としていた。そこで、同社の営業部門とマーケティング部門は、「ディーラーの総支出」と題する強力なストーリーを考え出した。非効率なＩＴシステムが、じつはディーラーの利益を驚くほどむしばんでいることを、データに基づいて分析したのだ。平均すると、ディーラーは一二のサプライヤーと取引があり、そこから最大で四〇％の重複コストが生じることがわかった。もしＡＤＰ一社にしぼれば、そのコストはなくすことができる。

当然ながら、グレインジャーのストーリーと同様、ＡＤＰのアプローチの主たる目標は、合理的かつ感情的な反応を引き起こすことにあった。一ドルたりとも無駄にしたくない時期に、必要のない巨額の出費をしていたことを知って、どのディーラーも驚いた（そして頭を抱えた）。

第二の取り組みは、「利益クリニック」と題する顧客向けの連続セミナーを開催し、もっと利益のあがる経営手法をじかに指南することだった。この無料セミナーでは、ITシステムの重複によって生じる無駄なコストがどれくらいあるかを、顧客ごとに診断した。重要なのは、やはり「インサイト」である。

もちろん、この連続セミナーは「商談直結型の指導」のステップにのっとっている。最初の三分の二くらいまでは、ADPディーラー・サービスという会社のことは、いっさい口にしない。主役はサプライヤーではなく、顧客である。グレインジャーの場合と同じく、「地ならし」の次は「再構成」（「コスト削減のためのソフトウェア関連の意思決定が、じつはコスト増につながっています」）、それから「裏づけ」「心をゆさぶる」と続き、そのなかで、ばらばらのシステムがディーラーの気づかない隠れたコストをどれだけ生んでいるかを納得させる。そして最終的に、世界クラスのソリューションを紹介し、ADPならほかのどの会社よりもそのソリューションに長けていることを説明するのだ。

このセミナーは、ディーラーに人気である。なぜなら宣伝どおりのもの、すなわち、社内の無駄な支出を察知するためのシグナルなど、コスト節減のためにすぐ採り入れることができる貴重なインサイトを提供してくれるからだ。顧客の視点からは、そのインサイトを実現するためのソリューションをADPが持っているのは、幸運な偶然である。このようなサポートは、顧客に大いに役立つとともに、大いに感謝される。セミナーは忘れられないものとなり、顧客の頭のなかでは、ADPが抜きん出た存在になる。

こうして、「商談直結型の指導」を通じた差別化は、驚異的な成果をもたらした。米国の新車販売が四〇%ダウンした年に、ADPディーラー・サービスの売上は四%しかダウンしなかった。事業成長の目標は達成されたのか？　その前後三年間の自動車業界の状況を考えれば、イエスと言える。だがもっと重要なのは、縮小する市場のなかでシェアを伸ばすしか成長の手段がないときに、ADPがそれを（お釣りがくるほど）なし遂げたことである。

しかも彼らは、「市場」シェアをめぐる争いだけでなく、「マインド」シェアをめぐる争いにも勝利し、業界ナンバー1のインサイトの提供者という評判を確かなものにした。それもこれも、ADPのビジネスについて語るのではなく、顧客のビジネスについて語ることに徹したからだ。

先だって、同社の営業責任者テレサ・ラッセルが、われわれに次のように述べた。「最近になって自動車販売全体が持ち直してきても、このセミナーで私たちが提供する情報は、引き続き共感を呼んでいます。生き残りが必要な時代であろうと、いまのように事業を伸ばさなければならない時代であろうと、ディーラーの皆さんは経営改善の新たな手法を探しつづけているのです。セミナーでは、まさにそうした手法や視点をお伝えしています」

これも「商談直結型の指導」のすばらしいお手本である。成長を後押しする最大にして唯一のチャンスは、あなたが売る製品・サービスのなかにあるのではない。営業活動そのものの一環として、あなたが提供するインサイトのなかにあるのだ。

第6章 共感を得るための「適応」

この「適応」という考え方が、なぜ「チャレンジャー」販売員の特徴のひとつとして、データに表れるのか？　それは、サプライヤーが売ろうとするソリューションの複雑化を受けて、購入する側が、幅広い社内関係者のコンセンサスをとるようになってきたことと関係している。データの裏づけがある以上、たとえ販売員がやりにくいとぼやこうとも、それがソリューション営業の新しい現実だ。

昨今では、金融危機や景気停滞のせいで、顧客はますますリスクを回避するようになった。だが、顧客企業のコンセンサスが必要になるというトレンドは、じつは不景気になるずっと以前から、われわれの目にとまっていた。

意思決定者の本音

さきほど、顧客ロイヤルティに関するわれわれの調査でわかったことを述べたが、そのなかでも、B2B顧客ロイヤルティの五三％が、「何を売るか」ではなく「いかに売るか」の産物であることは、注目に値する。この調査でわれわれは、「意思決定者」と「インフルエンサー（購買決定に影響力を持つ人）およびエンドユーザー」を区別した。この二種類のステークホルダーが、特定サプライヤーに対するロイヤルティを、どうやって感じるのかを知るためである。

まずは意思決定者を見てみよう。一般には経営幹部か調達責任者を指すが、われわれの調査では、契約書に実際にサインする人物を意思決定者と定義している。さて、彼らが重要視するポイントは何だろう？

サンプルのなかから意思決定者だけを分離し、営業体験全般が与える影響力と、個々の販売員が与える影響力とを比べたところ、意思決定者の場合、営業体験全般の各要素が、販売員個人の属性よりも二倍近く重要だとわかった。意思決定者は、自分は個人から買うのではなく、組織から買うと考える傾向があるということだ。これはあなたの営業部門にどんな意味を持つだろう？

意思決定者が気にかけるポイントのナンバー1は、「サプライヤーに対するわが社の幅広い支持」だった（図6・1）。見方を変えれば、金額の張る購買案件について、意思決定者は進んで危ない橋を渡ろうとはしない（少なくとも単独では）。

図 6.1 意思決定者のロイヤルティを促す営業体験

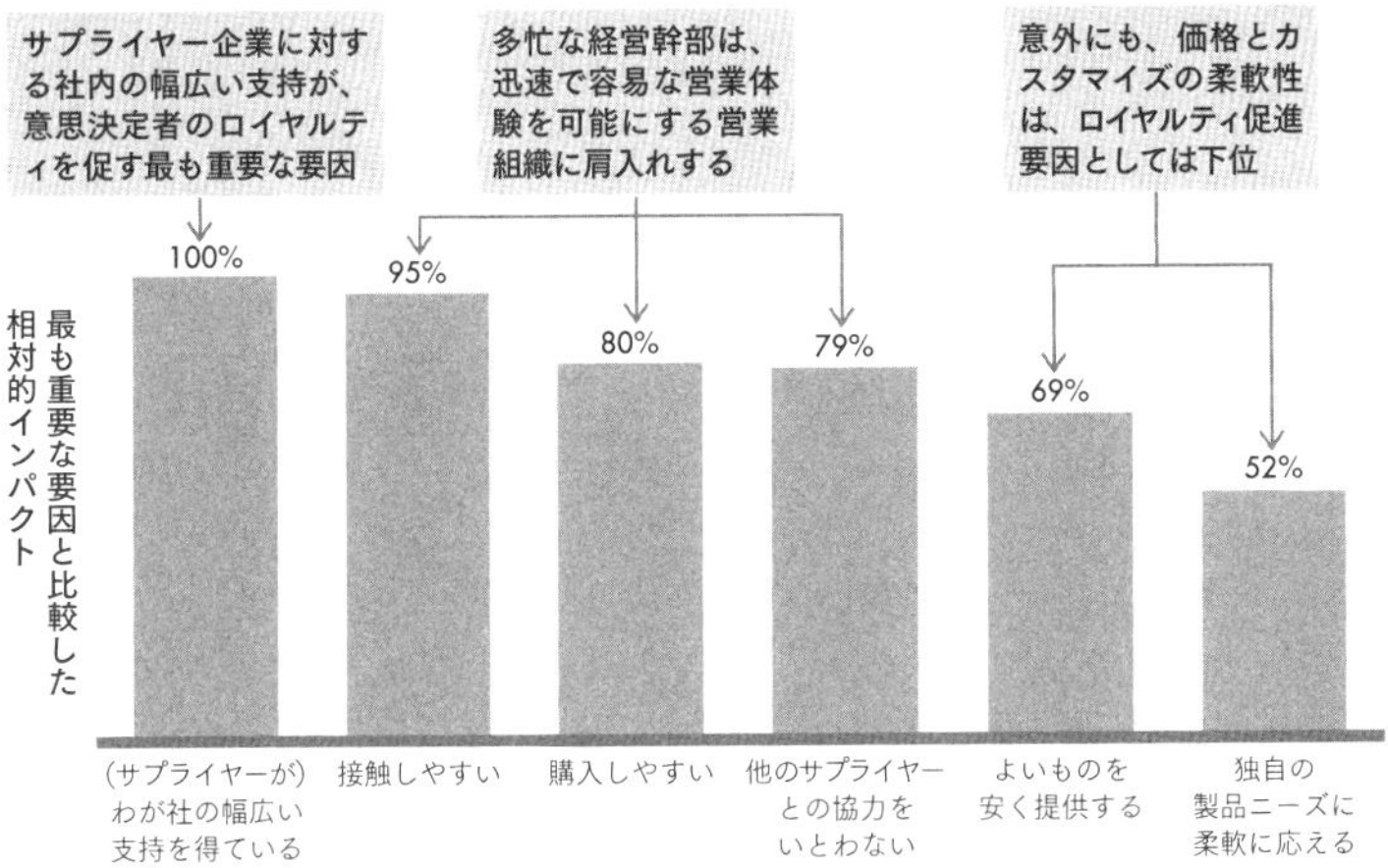

サプライヤー企業に対する社内の幅広い支持が、意思決定者のロイヤルティを促す最も重要な要因
多忙な経営幹部は、迅速で容易な営業体験を可能にする営業組織に肩入れする
意外にも、価格とカスタマイズの柔軟性は、ロイヤルティ促進要因としては下位
最も重要な要因と比較した相対的インパクト
100%
95%
80%
79%
69%
52%
(サプライヤーが)わが社の幅広い支持を得ている
接触しやすい
購入しやすい
他のサプライヤーとの協力をいとわない
よいものを安く提供する
独自の製品ニーズに柔軟に応える

出典：CEB、SLC（2011年）

同時に、彼らは忙しいので、時間を無駄にされたくないとも考えている。望まれるのは、接触しやすいサプライヤー、購入しやすいサプライヤー、必要なら他のサプライヤーと協力することをいとわないサプライヤーである。「価格」や「カスタマイズの柔軟性」は、上位にくると思われたのに、実際には他の要因ほど重視されていなかった。

これはとても重要な発見であり、たいていの営業研修が幹部クラスの人間を巻き込むよう教えるのとは矛盾する。販売員は、意思決定を担う幹部に直接売り込もうとして、時間や労力を費やすが（「あそこを突破すれば契約成立は近い」）、じつはそこを突破しても、全然近道ではない。意思決定者に支持してもらうために必要なのは、むしろ間接的なアプローチ、つまり顧客企業のキーパーソンを漏れなく探して、根回しをすることだ。

意思決定者は、いざ決定のだんになると、それが他の社員からも支持されているかどうかを知りたがる。あなたはそうしたコンセンサス志向に抗う必要はなく、むしろコンセンサスを積極的にめざすべきである。上層部の人間と話をするからあとの者はどうでもいい、というわけにはいかない。なぜなら、ロイヤルティという点で意思決定者が重視するのは、まさしくその「あとの者」の意見だからだ。

ちなみに、ロイヤルティをもたらす要因について、経営幹部と調達責任者を比べたところ、両者には、ほとんど違いがなかった。経営幹部は販売員の知識を重視し、調達責任者は販売員が自社製品の価値を誇張しないことを重視する——まあその程度の違いはあるけれど、社内の幅広い支持やサプライヤーの使い勝手を優先するのは、どちらも同じだった。

経営幹部のロイヤルティとは、すなわち社内の幅広い支持を得ることだとしたら、その幅広い支持の引き出し方は、ぜひとも知る必要がある。幹部レベルの意思決定者だけでなく、チーム全体のロイヤルティを促すにはどうすればよいかを、あなたは知らなければならない。

「幅広い支持」を得るためのカギ

意思決定者について見たのと同じように、エンドユーザーやインフルエンサー（購入にさいし

図 6.2 インフルエンサー／エンドユーザーのロイヤルティ促進要因

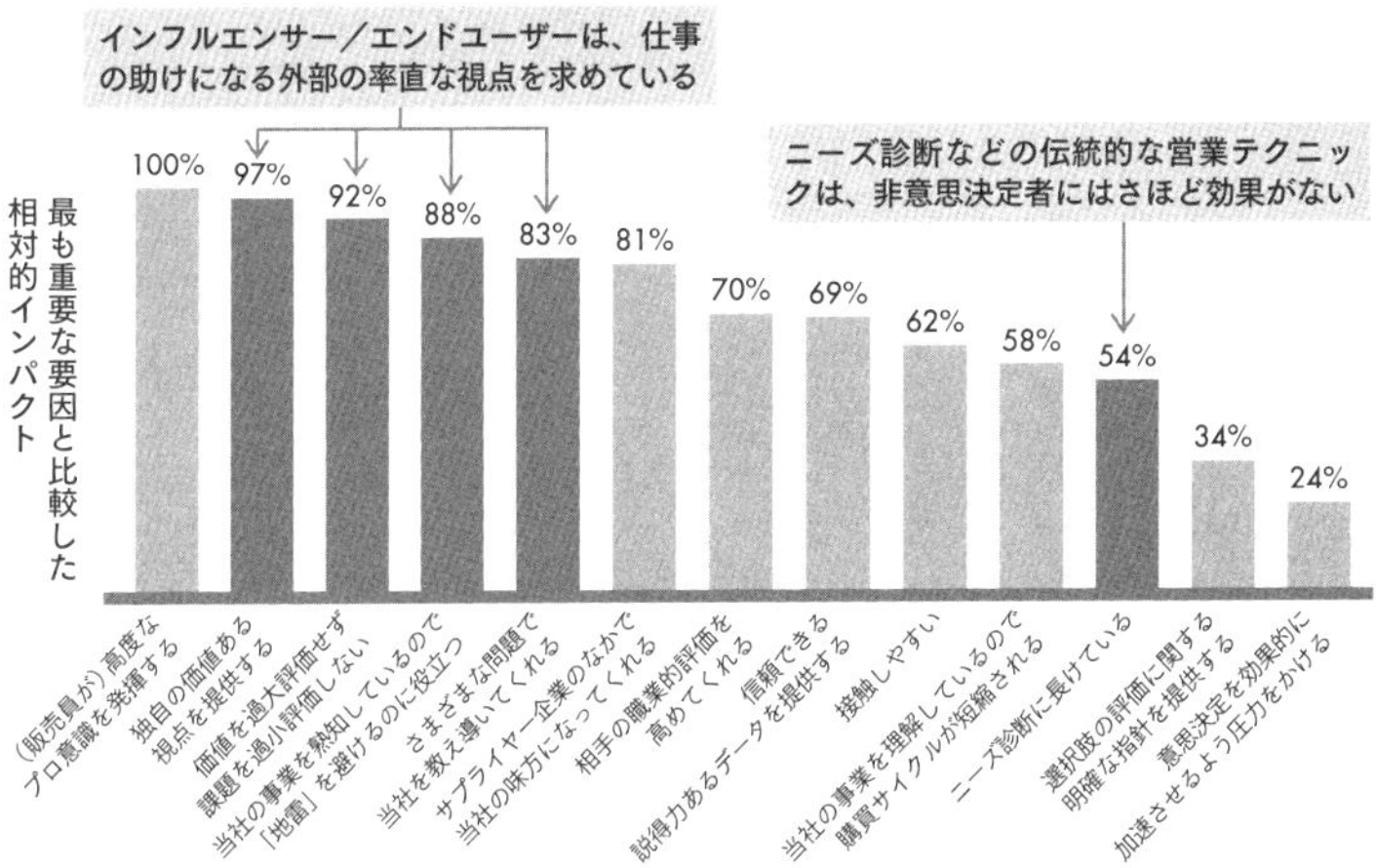
インフルエンサー／エンドユーザーは、仕事の助けになる外部の率直な視点を求めている
ニーズ診断などの伝統的な営業テクニックは、非意思決定者にはさほど効果がない
最も重要な要因と比較した相対的インパクト
100%
97%
92%
88%
83%
81%
70%
69%
62%
58%
54%
34%
24%
（販売員が）高度なプロ意識を発揮する
独自の価値ある視点を提供する
価値を過大評価せず課題を過小評価しない
当社の事業を熟知しているので「地雷」を避けるのに役立つ
さまざまな問題で当社を教え導いてくれる
サプライヤー企業のなかで当社の味方になってくれる
相手の職業的評価を高めてくれる
信頼できる説得力あるデータを提供する
接触しやすい
当社の事業を理解しているので購買サイクルが短縮される
ニーズ診断に長けている
選択肢の評価に関する明確な指針を提供する
意思決定を効果的に加速させるよう圧力をかける

出典：CEB、SLC（2011年）

て重要な役割を果たすが、契約書にはサインしない人物）についても、何がロイヤルティドライバー（ロイヤルティ促進要因）になるかを見てみよう。うまくいけば、彼らはあなたのよき代弁者になってくれる。

インフルエンサーとエンドユーザーを他のサンプルから切り離して、営業体験全般が彼らのロイヤルティに及ぼす影響と、個々の販売員が与える影響を比較したところ、意思決定者の場合と違って、インフルエンサーは一人ひとりの販売員を重視することがわかった。彼らは、自分は組織から買うとは考えない。買うのはあくまで個人からだ。では、どんな営業担当者なら、彼らのロイヤルティを高められるのだろう？

上図に示すように、インフルエンサーとエンドユーザーのロイヤルティを促す最大要因は、販売員のプロ意識である。これはおそらく、販売員たちが長年、安請け合いしながら実行がともなわなかったことの反動だ。さきに述べたように、顧客はだんだん疑い深くなっている。その結果として、彼らはひたすら「プロ」を求めている。信頼できる誰かを探しているのだ。あるクライアントいわく、「お客様には、うちの営業担当者を自社の社員のように扱ってほしい。たんなる邪魔者ではなく、役立つ人材と見なしてもらえたらありがたい」。顧客が考えているのも、そのようなプロ意識であるにちがいない。

だが、次なるロイヤルティドライバーを見ると、話はそこで終わらない。販売員のプロ意識に次いで挙げられたのは、「独自の価値ある視点を提供する能力」や「さまざまな問題で顧客を教え導く能力」だった。言い換えれば、販売員には、これまで過小評価されてきたニーズを、意思決定者でない人が認識できるようサポートする能力が求められ、それが主なロイヤルティドライバーとなっているのである。

意外にも、ニーズ分析などのもっと伝統的な営業スキルは、エンドユーザーやインフルエンサーのロイヤルティを高めるという点では、下位に位置づけられている。販売員は顧客に鋭い質問ができるよう時間とお金をかけて訓練されるが、こうしたスキルは、じつはロイヤルティとの関連性が薄い。顧客は、すでに承知しているニーズを販売員に「発見」してもらうことなど望んでいない。彼らが望むのは、自分たちも知らなかった利益増やコスト削減のチャンスについて教えてもらうことなのだ。

このデータは、非意思決定者のロイヤルティを左右するのは、彼らがすでに知っているニーズを発見することではなく、彼らが知らない何か（たとえばもっと効果的な競争のしかた）を教えることだという事実を示している。たんに彼らが必要とするものを売るのではなく、彼らが高く評価するような情報を教えてあげれば、顧客はロイヤルティでこれに報いてくれるだろう。再度言うが、問題はあなたの売る製品・サービスではなく、営業トークそのものの一環としてあなたが授ける知見《インサイト》なのだ。

考えてみると、以上の発見は、インフルエンサーやエンドユーザーをあなたの会社の味方にするための、明確な指針となる。それは、意思決定者が望む幅広い支持を築くこととイコールでもある。

だが、売り手であるサプライヤーのほぼ三分の二は、インサイトを提供するのではなく、インサイトを引き出すための営業トークをしている。ほとんどの販売員は、インフルエンサーに質問して、意思決定のプロセスや優先順位に関する情報を引き出そうとしているのだ。インフルエンサーが組織に持ち帰ることができる貴重なインサイトを授けよう、という発想はあまりない。

次のように自問してみてほしい。あなたの会社の営業組織は、インフルエンサーにどのように対処しているか？　インフルエンサーは営業担当者との会話を有益で印象深いと感じているか？その会話の中身を表現するのに、「興味深い」「新しい」「刺激的」「常識を覆す」といった言葉が出るか？　営業担当者は、どんな会話においても価値を提供しているか？

あなたたちがそのへんの営業組織と同じなら、答えはたぶんノーだろう。

図 6.3 意思決定者とンフルエンサー／エンドユーザーのロイヤルティ促進要因

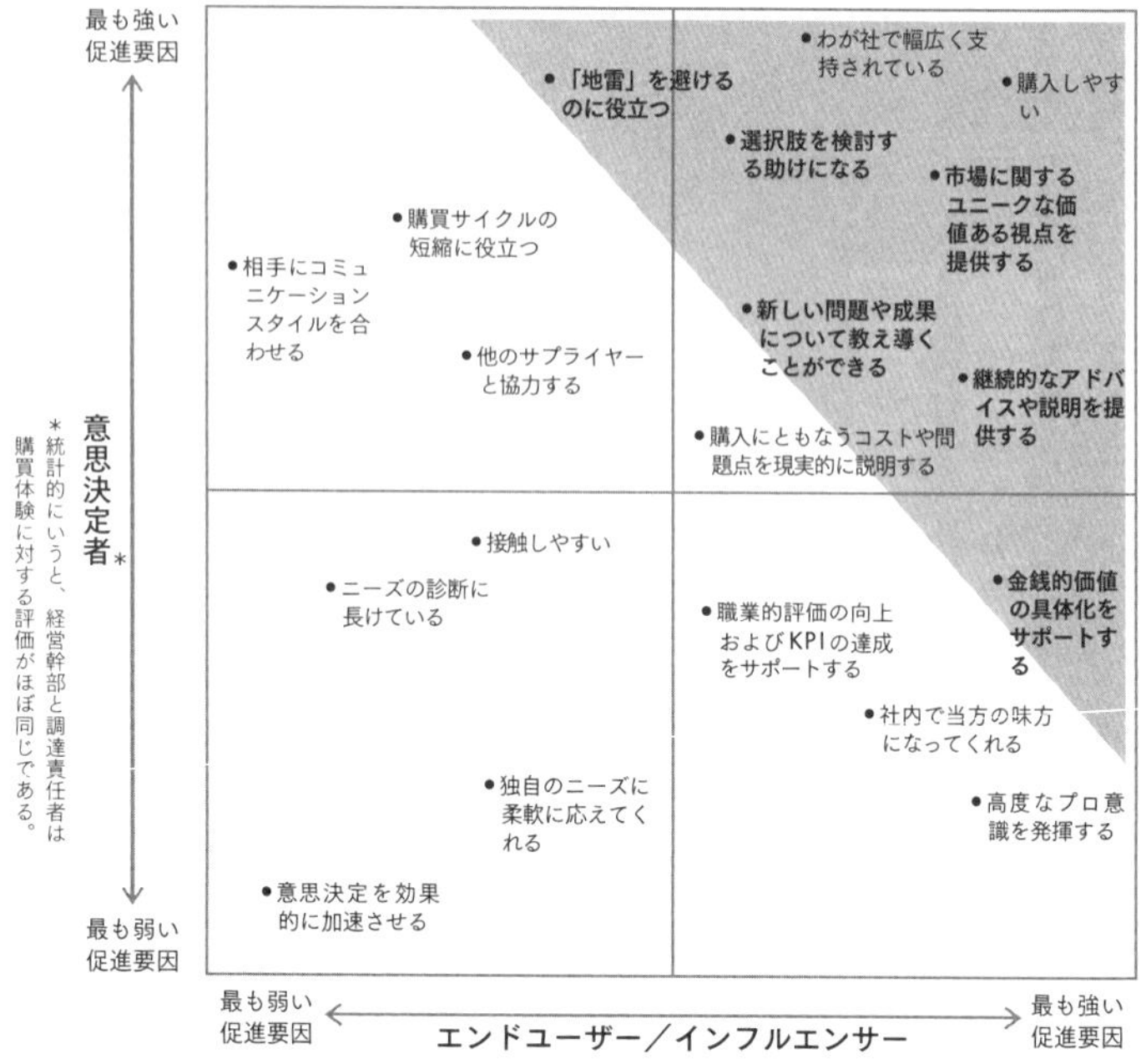

出典：CEB、SLC（2011年）、マーケティング・リーダーシップ・カウンシル（MLC）（2011年）

インサイトは、インフルエンサーにしか評価されないのではない。このやり方は、幹部クラスの意思決定者にも通用する。

たしかに、経営幹部は幅広い支持を最も気にかけるが、ビジネスリーダーとして、コスト削減や利益アップの新しいアイデアにも、部下と同じように関心がある。上図は、意思決定者とエンドユーザーのロイヤルティドライバーの重なりを示したものだ。誰を相手に話をしようとも、「指導」アプローチはつねに有効なツールなのだとわかる。

意思決定者である幹部は、自分の時間を無駄にされたくないし、他の社員の時間も無駄にしてほしくない。彼ら意思決定者は、購買の引き金を引く前に、その売り手に対する社内の幅広い支持を条件とする。だが販売員は、魅力的な情報を教えることができなければ、支持を築くきっかけすら与えてもらえない。同様に、相手がエンドユーザーの場合も、この販売員の話を聞けば価値ある情報が得られる、と確信してもらえないかぎり、あなたはたぶん、その上司にお目通りがかなわない。

営業の「新しい力関係」

以上をふまえれば、販売員はどの顧客にも、必ず多大な影響を及ぼすことができる。従来、ロイヤルティを高めるには、幹部クラスの人間をつかまえるのが鉄則とされていた。だが、もうおわかりのように、意思決定者がサプライヤーとの取引でいちばん気にするのは、そのサプライヤーが「社内で幅広く支持されている」ことである。

それがどんな影響を及ぼすかは、次ページの図6・4を見れば明らかだ。従来の販売員は、顧客内のインフルエンサーから情報を引き出し、意思決定者にきめ細かな営業トークを披露しようとした。インフルエンサーと意思決定者のつながりは、販売員が意思決定者と直接築ける関係に比べれば弱かった。つまり、情報はおおむねインフルエンサーから販売員、そして意思決定者へと流れていた。

図 6.4 営業の新しい「力関係」

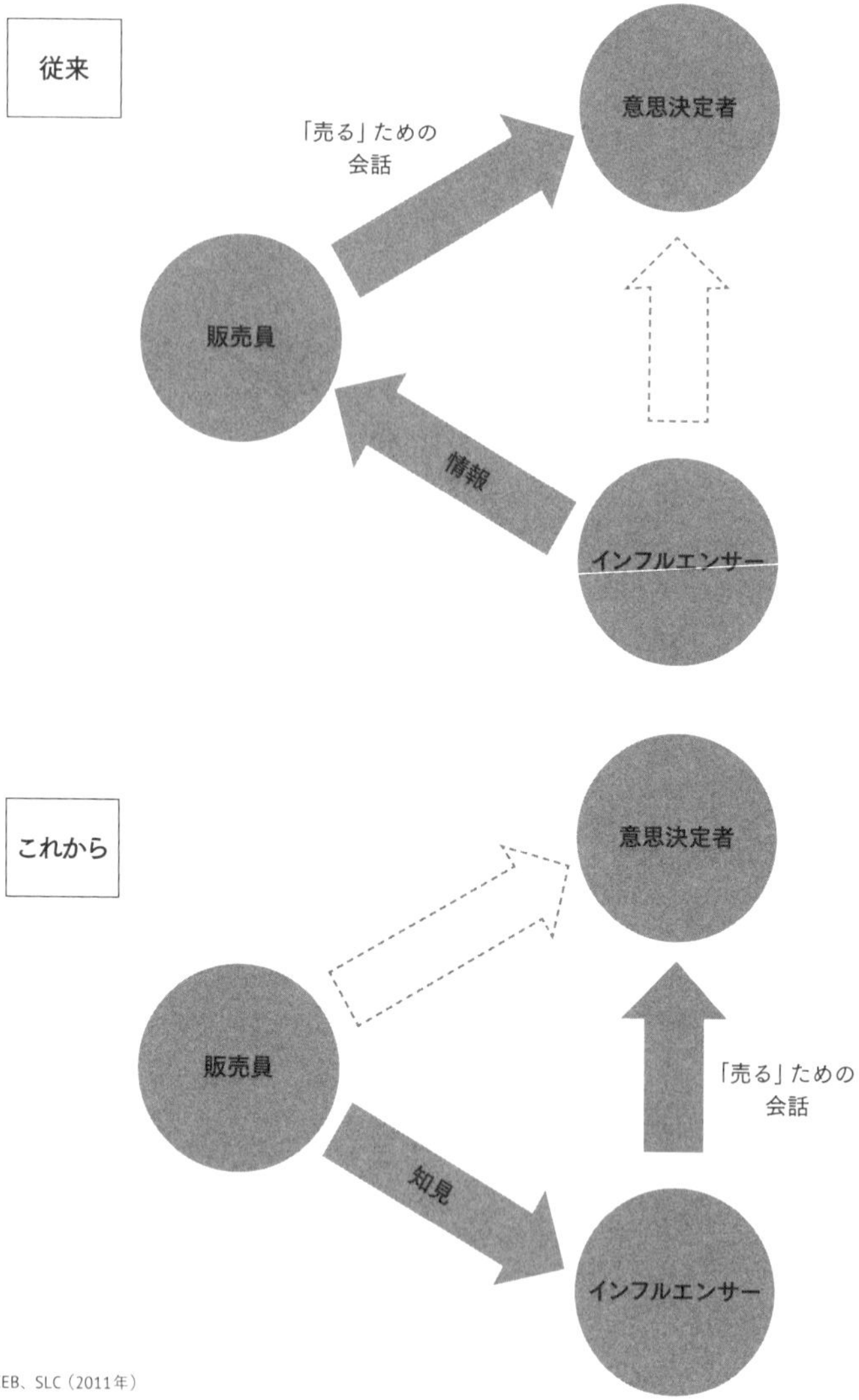

出典：CEB、SLC（2011年）

しかし、新しいモデルでは流れが逆である。時間とともに販売量を増やそうとするなら、契約書にサインする人間（意思決定者）に直接当たるのではなく、あなたのソリューションに対する幅広い支持を築けるステークホルダー（インフルエンサー）を通じて、間接的にアプローチするほうがよい。インフルエンサーと意思決定者のつながりは強く、販売員と意思決定者のつながりは弱い。経営幹部に対する影響力という点では、販売員はもはやインフルエンサーの足元にも及ばないのだ。

もうひとつ、情報が流れる向きと同様に大事なのは、そこを流れる情報の中身である。従来のモデルでは、それはサプライヤーにとって貴重な、顧客発の情報だったが、新しいモデルのそれは、顧客にとって貴重な、サプライヤー発のインサイトである。これこそが、営業の新しい「力関係」だ。世界がまったく逆方向に回転しているといっていい。

さらに、この変化は重要な問いを投げかける。この何年か、あなたは顧客企業の幹部にアプローチするために、時間や経費、労力を費やす一方で、顧客企業のキーパーソンを探して、あなたの代弁者になってもらうための努力も、バランスよく払ってきただろうか？　ほとんどの企業は、その好機を逃している。意思決定者への訪問をやめろとは言わない。だが、キーパーソンすなわちインフルエンサーが発揮する大きな影響力が、それによって打ち消されることはない。あなたの営業部隊の最優秀選手である「チャレンジャー」は、これを当然のように実践している。

図 6.5 適応の各層

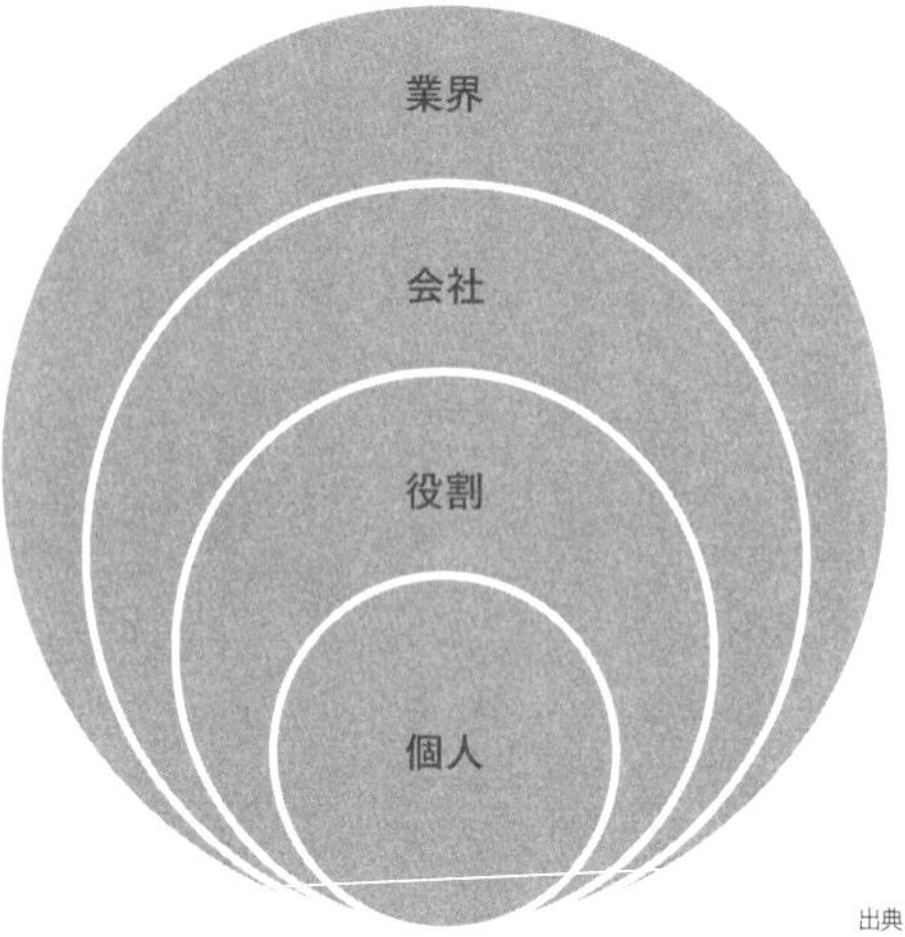

出典：CEB、SLC（2011年）

メッセージを適応させる方法

現実的な視点で言うと、営業担当者は商談を成立させるために、これまでよりたくさんの人と話をしなければならないことになる。われわれの調査によると、コンセンサス重視の購買環境に対応するうえで、平均的な販売員が最も苦労していることのひとつは、そのさまざまなステークホルダーに、どうやって営業メッセージを適応させ、最大の共感を得るかである。

ひと口に適応といっても、そのかたちは顧客によってさまざまだが、ひとつの方法としては、まずいちばん広いレベルである顧客の「業界」からスタートし、その人の「会社」「役割」、そして「個人」という具合に下りていくとよいだろう。上図はCEBの「チャレンジャー」養成プログラムで使っているもので、いま述べた適応の各層を表している。

このそれぞれのレベルで、販売員がコンタクトしなければならない多様な関係者たちに、あなたの営業アプローチがどれくらい共感されているかを考えてみよう。ちまたで発される営業メッセージの大半は、どのレベルでも、状況にふさわしいものになっていない。ましてや、レベルごとのステークホルダーにふさわしいメッセージであることはまれだ。基本的に、それらのメッセージはみな、売り手やその製品・サービスについて語ったものである。

したがってまずは、販売員が業界や会社のレベルに適応できるようになるだけでも、莫大な価値を上乗せすることができる。営業トークに（最低でも）その業界や会社の状況を盛り込むための情報源は、いくらでもある（しかもその多くが無料である）。業界のトレンドや現状はどうなっているか？　最近倒産した大手ライバル企業はあるか、あるいは重要な意味を持つ企業合併があったか？　その顧客は、シェアを急速に伸ばしたり減らしたりしていないか？　法規制の変更はどうか？　その会社の直近のプレスリリースや営業報告書から、どんな重要戦略がうかがえるか？

たんなる営業トークではなく、顧客の業界や社内で何が起こっているかを話すことができれば、メッセージ適応化のスタートラインに立ったといえる。図のいちばん外側のふたつの層は、それ以外の層よりも、まちがいなく適応が容易である。世間でいうメッセージの適応化とは、たいていはこのレベルで行なわれる。ステークホルダーの「役割」のレベルで適応できていることは、ほとんどない。ステークホルダー個人のレベル、すなわち、その人の目標や目的に適応したメッセージとなると、もっと珍しい。

ばらつきをなくす

多くの営業リーダーは、個々のステークホルダーないしインフルエンサーに適応するのは、最も有能な販売員にしか見出せない特別な能力だと考える。「その他大勢」の販売員は、共感や感受性、聞く力が生まれつき足りず、そこが最大の難点だと考えるのである。だが、それは事実ではない。適応を阻む最大の障害は、「メッセージをしっかり適応させるためには、知るべきことがらが多すぎる」と思ってしまうことにある。

では、初めて顔を合わせる顧客企業の相手に、メッセージをできるかぎり適応させるには、どこに焦点を合わせればよいだろう？　彼らの性格？　役割？　地域？　関心事？　可能性はいくらでもありそうだ。そこからどうやってしぼり込めばよいのか。とらえどころのないその可能性のなかから、いかに共感を呼ぶメッセージを組み立てればよいのか……。

第2章で見たように、「チャレンジャー」販売員が適応させるものは、ふたつある。ひとつは、個々のステークホルダーのバリュードライバー（価値向上要因）に関する知識と、その人のビジネスの経済ドライバー（業績促進要因）に対する理解である。顧客企業を訪ねる「チャレンジャー」

は、個々のステークホルダーのビジネス上の役割や懸念事項、彼らが達成したいと考える成果数値を深く理解している。

「チャレンジャー」が重視するのは、自分たちが売る製品・サービスではなく、相手が実現しようとする成果である。たいていの販売員は、意思決定者と話をするときも、もっと下位のエンドユーザーと話をするときも、同じメッセージ――顧客の抱える課題ではなく、自社の製品に関するメッセージ――を伝えてしまいがちだ。

では、営業担当者全員が、個々のステークホルダーの喫緊のニーズに合わせたアプローチをするには、どうすればよいか？　販売員が顧客の置かれた環境やめざす成果について、顧客の言葉で語ることができるようになるための適応ツールを、いくつか紹介しよう。

「顧客成果」とは、顧客企業の従業員が達成しようとする成果、言い換えれば、その人が定義する成功のあり方である。改善を必要とする活動や行動、タスクを測定する指標、変革の方向性や規模などが対象になる。成果の表現は、たとえば次のようになる。「生産ラインの不良率を五％削減する」「当社ウェブサイトで顧客が答えにたどり着くまでのクリック数を減らす」

顧客成果に基づいて顧客のニーズに対応するやり方には、大きなメリットがいくつかある。第一に、顧客成果は予測しやすい（とくにその人の役割に照らして考えれば）。たとえば、五つの会社の最高情報責任者（ＣＩＯ）の関心事を解明できれば、その情報を使って、他の同じような企業のＣＩＯの関心事も予測できる。第二に、このような成果は時間や人が変わっても一定している。ＣＩＯが昇進したら、その後継者も同じような目標を掲げるだろう。第三に、その人の役割がどうあれ、顧客成果には限りがある。言い方を変えれば、望ましい成果は何種類もあるわけではなく、その人が最も関心のある項目はしぼりこみやすい。そして最後に、このアプローチは拡張可能である。いったんマスターすれば、その会社のどの部門にもくり返し応用できる。

つまり、顧客成果を理解・解明するいちばんの利点は、個々の販売員を頼りにしなくてもすむ点にある。マーケティング部門や営業部門でまとめて判断を下し、ある種のツールとして販売員に伝達・配布できるのだ。

大豆素材メーカーのソレイは、これをそのまま実践した。そして、さまざまなステークホルダーとの会話を通じて、その人の心に最も響くメッセージやノウハウを中心にすえる方法を発見した。

成功事例――「役割に応じたメッセージ」戦略

ソレイは最近、従来より市場を広げるため、さらに大規模で複雑なソリューションの販売に打って出た。製品の販売からソリューションの販売へと移行した企業のほとんどがそうだが、それにともなってソレイも、営業のたびに、以前よりずっと幅広い関係者と接触するようになった。

同社の営業部隊はいまや、最高マーケティング責任者（ＣＭＯ）、製造担当バイスプレジデント、調達担当役員をはじめ、ありとあらゆる関係者を相手に話をしなければならない。

営業担当者にとって、これは大きな転換だった。しかし本当に問題なのは、彼ら販売員が、かつて技術専門家を相手にしていたときと同じように、まず製品規格や技術規格の話を持ち出すことだった。顧客側の新しいステークホルダーは、ソレイの販売員が言うことを聞いても、ほとんどちんぷんかんぷんだった。まるで外国語を聞いているようだ。技術音痴の彼らは、販売員のトークが終わると、頭をかきむしって言った。「それで?」。ソレイの製品の技術仕様が自分たちにどう重要なのかが、さっぱりわからない。ご想像のとおり、これが同社のソリューション戦略の大きな妨げになった。

個別に説得するための準備

そこで、ソレイはまず、顧客企業の多様なステークホルダーにも通じる言葉でしゃべれるように、多様なステークホルダーのそれぞれが何に関心を持っているのかを文章化した。一般的な属性情報だけではない。各関係者がビジネスリーダーとして達成しようとする目標などもカードに書き、それらをセットにして販売員に配布したのだ。主要なステークホルダーごとの事情に合わせた、明快で使いやすいフォーマットになった各カードには、ステークホルダーごとのバリュードライバーや経済的な背景情報も記されていった。

次ページの図6・6は、製造責任者に関するカードの例である。カードには、その役割の人が

図 6.6 職務別スキルの構成要素

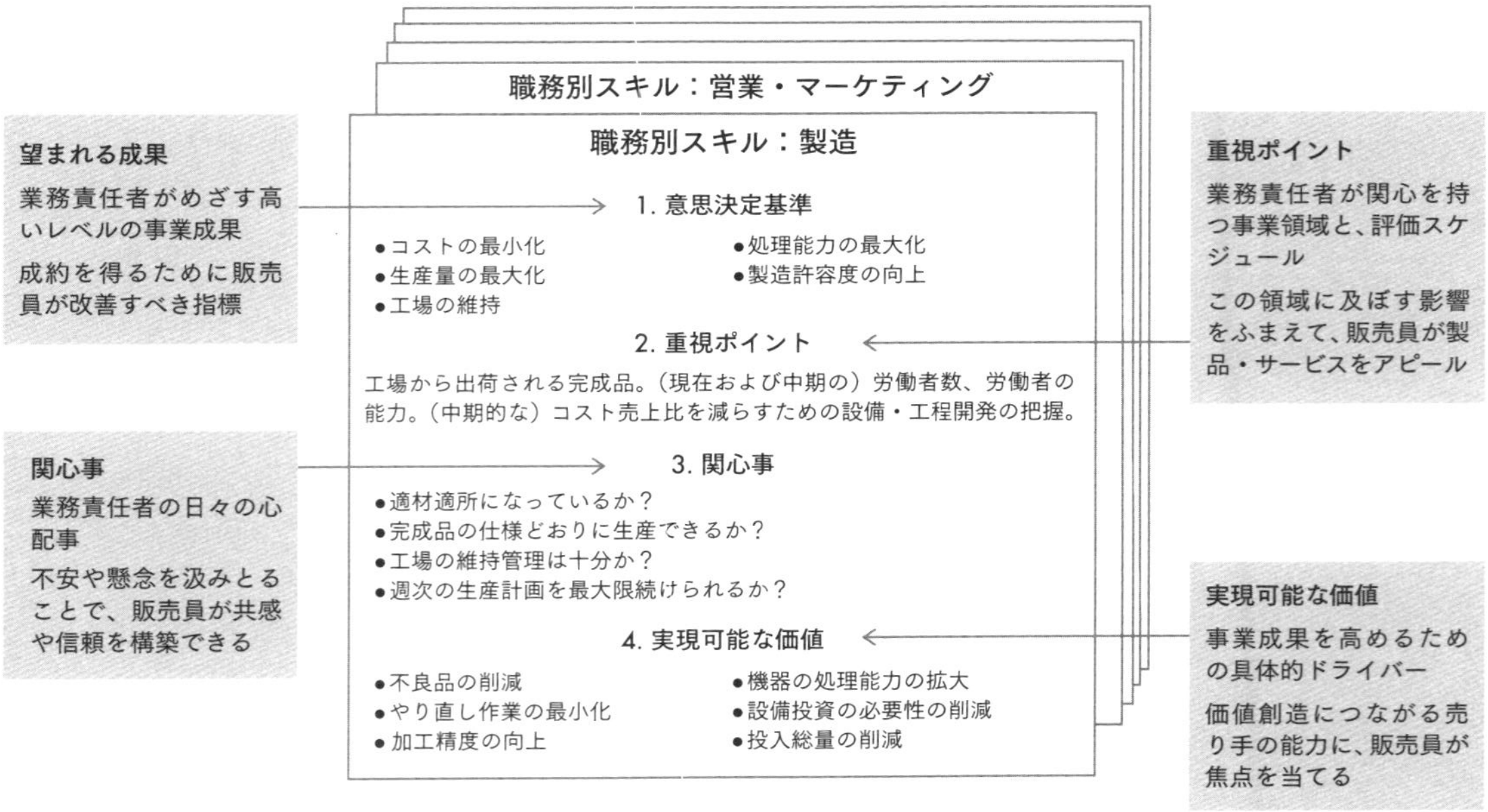
望まれる成果
業務責任者がめざす高いレベルの事業成果
成約を得るために販売員が改善すべき指標
関心事
業務責任者の日々の心配事
不安や懸念を汲みとることで、販売員が共感や信頼を構築できる
職務別スキル：営業・マーケティング
職務別スキル：製造
1. 意思決定基準
●コストの最小化
●生産量の最大化
●工場の維持
●処理能力の最大化
●製造許容度の向上
2. 重視ポイント
工場から出荷される完成品。（現在および中期の）労働者数、労働者の能力。（中期的な）コスト売上比を減らすための設備・工程開発の把握。
3. 関心事
●適材適所になっているか？
●完成品の仕様どおりに生産できるか？
●工場の維持管理は十分か？
●週次の生産計画を最大限続けられるか？
4. 実現可能な価値
●不良品の削減
●やり直し作業の最小化
●加工精度の向上
●機器の処理能力の拡大
●設備投資の必要性の削減
●投入総量の削減
重視ポイント
業務責任者が関心を持つ事業領域と、評価スケジュール
この領域に及ぼす影響をふまえて、販売員が製品・サービスをアピール
実現可能な価値
事業成果を高めるための具体的ドライバー
価値創造につながる売り手の能力に、販売員が焦点を当てる

出典：CEB、SLC（2011年）

最も気にかける、高いレベルの意思決定基準（または事業成果）などが書かれている。その人が重視するポイントや、高いレベルの成果を出すために最もよくチェックする項目もわかるようになっている。さらに、日々の仕事でよく発する質問、最大の心配事など、その人の主な関心事も把握できる。まさに、共感や信頼を築くうえで格好の材料だ。そして最後には、その人の潜在的な「価値領域」が書かれている。これはいわば、パフォーマンスを改善するためのツボである。この人物の望む成果にソリューションを適応させたいなら、ここに示された価値領域に沿うソリューションでなければならない。これに沿う「言語」を使わなければならない。

このようにして、一人ひとりの販売員のインサイトを実際に使えるものに変換すれば、「夜も眠れないのはどうしてですか？」といった間の抜けた質問を顧客にしなくてもすむ。答えはすでに、カードに書いてある。

「それで？」の克服

ソレイではこの顧客カードのほかにも、自社の主なソリューション（製品群）を顧客企業のさまざまな人に位置づけるために、具体的なアドバイスを販売員に与えている。

適応の方法が明確に示されると、販売員にとっては、「チャレンジャー」の所作を採り入れる大きな助けになる。次ページの図6・7は、ソレイの「ソリューションA」の適応ツールである（あくまで仮の事例）。同社はこのツールを使って、ソリューションAに関係する顧客企業のステ

図 6.7 職務ごとの望まれる成果とサプライヤーの能力

顧客との関係性		ソリューションB
顧客との関係性		**ソリューションA**
職務	マーケティング	購買
職務上の ニーズ／ 望まれる成果	●売上増 ●市場シェアアップ ●ブランドイメージ構築 ●製品・サービスの拡大	●在庫の最小化 ●一貫した供給体制 ●総コストの最小化 ●サプライヤーとの関係
わが社の 能力・価値	サステナビリティ （ここに台本を入れる）	在庫管理 （ここに台本を入れる）
	消費者インサイト （ここに台本を入れる）	総支出の削減 （ここに台本を入れる）

出典：ソレイ社、CEB、SLC（2011年）

ークホルダーと、彼らのそれぞれにとって最も重要な事業成果を、販売員がわかるようにしている。また、そのステークホルダーが成果を達成するための主な手段（売上増、市場シェアアップ、ブランドイメージ構築など）も記されている。さらに、本物のツールでは、その人が達成しようとする成果とソリューションAを結びつけるための「台本」まで用意されている。台本とはいえ、一語一語詳しく書かれたものではない。その人の最大の共感を呼ぶ言葉を探るための、一種の会話の指針のようなものだ。

　これは、適応の最高のかたちである。顧客がいちばん願う成果をどうやって達成すればよいかを、販売員が顧客自身の言葉で語りかけることができる。「チャレンジャー」なら本能的に実践できるだろうが、大部分の販売員はそうもいかない。こうしたツールの利点は、まさにここにある。これは、平均的な販売員が「チャレンジャー」のように語るための「カンニングペーパー」なのだ。しかも、シンプルかつ具体的で、状況や成果に基づいている。おまけに、マネジャーがこれを使えば、営業組織全体に適応術を行き渡らせることができる。

「適応」の着実な実践法とは？

そのうえでソレイは、適応させたメッセージが、営業プロセス全体を通じてつねに各ステークホルダーにぴたっと当てはまるように、さらなる手を打っている。同社では、営業プロセスがある程度進捗し、顧客担当チームがプロジェクト案を作成したところで、販売員がプロジェクトに対する顧客の賛同を獲得し、これを文書化するために、次ページの図6・8のようなテンプレートを使用する。

このテンプレートは、顧客と合意した高いレベルのプロジェクト目標を記録するものである。とくに、顧客が得るものは何か、ソレイがコンセンサスを築かなければならないステークホルダーは誰かを中心としている。次に、それぞれのステークホルダーについて、ソリューションがめざす具体的な成果を明らかにする。たとえば、マーケティングの目標は、「コストを削減しながらも、品質や味を維持・改善する」。続いて、それぞれの役割について、その人物の最大の懸念や反論、反論を克服するために要する能力や行動を文書化する。

図 6.8 プロジェクトの開発と実践のあいだに位置する「価値計画ツール」

ステージ3：顧客担当チームがプロジェクトを開発

↓

		顧客名： Kent & Company			
		営業／マーケティング	製造	技術／研究開発	購買
必要な会話	プロジェクトの目的	コスト削減を通じて顧客の利益率を改善し、関係拡大を図る ●顧客が得るもの：製品寿命の延長 ●顧客が得るもの：生産に要するエネルギー消費量の削減			
	目的達成のために当該部門が必要とすること	コスト削減しながらも品質を維持・改善する	生産に要するエネルギー消費量、工場の損耗を減らす	当社の製品が規制基準を満たすようにする	投入資源への総支出を維持・削減する
	プロジェクトの阻害要因	消費者が当社製品を使った商品を否定的に評価する			
	阻害要因を克服するためにわれわれができること	消費者に関する知見 ●製法の実験 ●共同マーケティング			
	測定方法	●ネット販促者スコア（推奨者比率） ●解約率			

↓

ステージ4：サプライヤーがプロジェクトの実行に資源を投下

出典：ソレイ社、CEB、SLC（2011年）

この方法で何よりも印象的なのは、すべてを顧客といっしょに作成することである。情報は両者の会話を通じて確定され、このツールを使って記録される。誰かに命令されたわけではないが、ソレイの優秀な販売員は、ステークホルダーに、両者の合意内容を示した欄にサインするよう依頼する。こうして各ステークホルダーは、あなたが生み出す価値と、その価値の測定方法について、あらかじめ同意するわけだ。おかげで、契約締結に対する賛否を決めるとき、彼らは「会社に役立つかどうか」といった曖昧な感覚を基準にしなくてすむ。このシートを見て、自分たちの目標にどれだけ適応しているかをチェックすればいいのだ。一方、販売員は、いよいよ幹部クラスの意思決定者と向き合ったとき、この文書をテーブルに置けばよい。とにかく、このたった一枚の紙に、すべてのコンセンサスが記録されているのである。

また、このツールは、仮に社内用にしか使わないとしても、あらゆる顧客プランに欠けているピースを埋める役割を果たす。そのピースと、「顧客企業全体の期待だけでなく、個人的な期待にも応えるためには、いかにソリューションを提供すればよいか？」の、具体的かつ簡潔な概要でもあるのだ。

つまるところ、ソレイのアプローチは、「チャレンジャー」販売員が毎日無意識にしていること――それぞれのステークホルダーに、その人が顧客そのものであるかのように接する――を紙の上に再現するための手段である。

購買でコンセンサスが重視される時代には、ステークホルダー一人ひとりがまさに顧客なのだ。

第7章 営業プロセスの「支配」

ここまでは、「チャレンジャー」の三つの主な属性のうちふたつ、「指導」と「適応」について見てきた。次は、三つ目の大きな特徴である「営業を支配する力」を見ていこう。

データによれば、この力はふたつの能力に由来する。ひとつは、お金の話をいとわず、また顧客に「無理強い」ができること。言い換えれば、価値にこだわり、これを実証できる。そしてもうひとつは、営業プロセスの初めから終わりまで勢いを持続できることだ。

「チャレンジャー」は、顧客に提供する価値に自信があるから、お金の話もいとわない。顧客に優れた価値を届けられるとわかっていれば、鉄板の確信が持てる。だから、割引、条件の緩和、無料の追加サービス（すなわち「おまけ」）などを顧客から要請されても、丁重にはねつけることができる。

すでに見たように、「チャレンジャー」が提供する価値は、「商談直結型の指導」メッセージがもとになっている。このときの自信は、自社の製品・サービスが市場ナンバー1であるとわかっているときに抱く自信とは異なる。前者のそれは、「顧客の知らなかった問題点を教えてあげた」という自信である。顧客は、その問題点のせいで足元に火がついている。折しも、あなたはその問題の唯一のソリューションを売っている――。市場ナンバーワンは立派だが、残念ながら、顧客はそんなことを気にしてはいない。

「チャレンジャー」には、勢いもある。たとえ顧客が意思決定をためらおうとも、彼らは平均的販売員のような「立ち往生」を知らない。つねに次のステップを考え、先へ先へと進む。「関係構築」タイプなら、顧客とのミーティングが終わりに近づいたとき、互いのよい関係を壊したくないがゆえに、次のステップへ強引に進もうとはしないだろう。だが「チャレンジャー」は、ゴールとはつつがなくミーティングを終えることではなく、契約を成立させることだと心得ている。だから、先へ進むことに集中する。これは、「商談直結型の指導」トークとも、密接にかかわっている。勢いが生まれたのは、顧客が知らなかった（または過小評価していた）機会や問題をめぐって、あなたが危機感を生じさせたからである。こうなれば、あともうひと押しだ。

営業リーダーならおわかりのように、「お金の話をいとわない」も、「顧客にプレッシャーをかける」も、平均的な販売員にとっては口で言うほどやさしくない。だからこそ、「チャレンジャー」は貴重な存在なのだ。ふつうは、「さっさと終わらせたい」「緊張感を和らげたい」というのが人情である。居心地を悪くさせる異論など唱えずに、顧客に同意してしまいたくなる。ところが、「チャレンジャー」は自分の意見を押し通す。

問題は、人間としての自然な感情を考えたとき、いったいどうやって販売員、なかでも緊張関係をいちばん嫌う「関係構築」タイプの「支配力」（顧客をコントロールする意欲と能力）を高めればよいのか、である。本章では、販売員が営業プロセスを支配するための実践的アプローチを紹介する。だがまず、この「支配」という考え方について、もっと検討しておこう。

「支配」をめぐる三つの誤解

すでにかなりのページを割いて、「チャレンジャー・セールス・モデル」に関する誤った認識を正してきたが、「支配」という考え方ほど、人々の認識が混乱しているものはない。そこには、概して三つの誤解がある。

①「支配」は「交渉」と同義である。
②販売員が支配するのは、お金に関する問題だけである。
③「支配せよ」と言うと、販売員はひどく攻撃的になる。

いずれもまったくの誤りである。ひとつずつ見ていこう。

誤解①「支配」は「交渉」と同義である

「支配」をめぐる最大の誤解のひとつは、それが「交渉スキル」にほかならないというものである。だが、われわれの調査によれば、「チャレンジャー」は営業プロセスの最後（交渉）だけでなく、全体を支配している。それどころか、支配におあつらえむきなのは、じつは営業プロセスの最初である。

一見「行けそう」な営業機会は、じつは顧客の「確認行為」にすぎない——そんなケースが多いことを、「チャレンジャー」は知っている。顧客はパートナーとする売り手をとっくに決めているのに、本当に最良の選択をしたのか、ちょっと確認しておきたい。だから、考えを変えるつもりがなくても、別の売り手との会話につきあっているというわけだ。このような場合（われわれの調査では全営業機会の二割近くを占める）、顧客は経営幹部よりも下の人間をよこして提案依頼をさせる。すでに決めているサプライヤー以外から買うつもりはないので、下の人間だけに会わせるのだ。

ところが、ほとんどの販売員はこれを問題と思わない。むしろ、こうした機会を歓迎している。だって顧客が呼んでくれたのだから！

こうして、その幹部クラス以下の担当者を味方につけるべく面会を続け、やっとの思いで役員室へとたどり着く。販売員からは、こんなせりふをよく聞かされる。「提案依頼があるということは、お金が落とされるということです。候補者リストに載せてもらわない手はありません。少なくともチャンスはあるのですから！」

だが、「チャレンジャー」は早い段階からもうお見通しである。何かある、とすぐに嗅ぎつけ、対話を続けるのと引き換えに、もっと上の人間に会わせろと迫る。それがかなわなければ営業を打ち切り、別の会社を回るだけだ。平均的販売員には信じられないだろう。提案依頼をする客がそこにいて、しかも会ってくれるという。近ごろは会ってもらうだけでも難しいのに。なぜ、あえて立ち去ろうとするのか？　それでも、「チャレンジャー」は後ろ髪を引かれない。よそへ行ったほうが、時間が有効に使えると知っているからだ。

あるグローバルなビジネスサービス企業は、この「チャレンジャー」の行動を、営業部門でいわば制度化し、販売員には、上の人間に会わせろと最初から迫るよう教えている。この会社の事業は提案依頼を通じて行なう部分が多いので、営業で最初に会うのはほぼまちがいなく、幹部クラス以下の社員である。調達部門の担当者が多い。販売員はこう教えられる――顧客が取引を真剣に考えているかどうかは、販売員をキーパーソンに会わせることに同意するかどうかでわかる。実際、これは顧客の意図を正確に知る手がかりになっているようで、販売員も時間を無駄にせずにすんでいる。

同社の販売員は、一回目の訪問の最後に、次のように言うよう指示を受ける。「この種のソリユーションをお客様に紹介するときは、幹部クラスの方に購買決定にかかわっていただくのが通例です。御社の場合もそうでしょうか？」。イエスと言われたら、その人物にいつ会えるかと尋ねる。もし相手が口ごもってはっきり答えないときは、「お目にかかれる保証がないのであれば、すべての方がソリューションの価値に納得いただいているか確認できないので、これ以上話し合いを続けても、意味がないと思われます」といった趣旨の説明をする。

本書の序文を書いたニール・ラッカムも、自身の調査で見られた同じような話をしてくれた。「大きな問題は、営業担当者を招いて問題を分析させ、創造的なソリューションを考えさせる顧客にある。多くの営業組織は、複雑な販売機会をものにしようと何十万ドルもの費用をつぎ込む。だがたいてい、顧客は最もよいソリューションがはっきりするまでこの無料コンサルティングをあおっておいて、それがはっきりしたら、いちばん安いサプライヤーから買うんだ」

ラッカムによれば、ここに「関係構築」タイプと「チャレンジャー」の大きな違いがある。「私の調査でも、早い段階で『支配』できなかったために、営業プロセスの終盤に安いサプライヤーに顧客を奪われる販売員がいた。せっかく築いた関係を壊したくないから、商売に関する厳しいやりとりを避けていたのが敗因だ。しかし、のっけから顧客に立ち向かう販売員もいた。『私たちの最高の知恵をお貸しするには、二〇万ドルかかります。当方はそうするにやぶさかではないのですが、まず、こちらが投資すればそちらも投資してくれるという、保証のようなものをいただけますでしょうか』と、こんな具合にね。こういう販売員は、あとになって安いサプライヤーに寝返られるケースなどめったにない」

パフォーマンスのよい営業担当者は、この手の戦術を使うのが特徴のようだ。先ごろのわれわれの調査によると、どの販売員も顧客組織内のステークホルダーの把握から始めるが、平均的パフォーマーは、次に一見論理的に思えるステップへ進むことがわかった。つまり、ニーズを理解し、そのニーズに対するソリューションを提示するのである。だが、ハイパフォーマーのやり方はずいぶん違う。彼らは個々のステークホルダーの事業目標や個人的目標、さまざまなゴールや方向性を探ることに時間をかける。「適応」の章で述べたように、「チャレンジャー」は、誰がキーパーソンかだけでなく、その人が何を気にかけているのか、それはなぜかまで把握する。そうすれば、最初から営業プロセスを支配しやすくなるからだ。

ほかにも、「チャレンジャー」はたくさんの機会を見つけて主導権を握ろうとする。それもやはり、交渉のテーブルにつくずっと前から。営業プロセスの初めに顧客の本当の意図を確認できても、なお行き詰まる取引は少なくない。だが「チャレンジャー」は、顧客組織のなかである種の勢いを築くことで、頭角を現す。その勢いに乗れば、ふつうの販売員よりも早く結論を得ることができる。

「チャレンジャー」販売員と接してみると、B2Bの購買がいかに難しい時代かを、彼らがよく理解していることがわかる。購買プロセスが複雑なのは、サプライヤーが官僚的なハードルで顧客を阻んでいるというよりも（たしかに多くの企業でそういう問題はあるのだが）、顧客のほうが、どうやって買えばよいかを知らないことが多いからだ。もちろん、複雑なソリューション購入の初歩的ノウハウがないわけではないが、ソリューションがどれも独自性を持ち、社内のさまざまな部門に関係するようになると、標準的な購買プロセスや手法は、もはや役に立たなくなる。

平均的な販売員も、この複雑さをわかってはいる。だが、彼ら（とくに「関係構築」タイプ）は、「学習し、反応する」傾向が強い。つまり、ソリューション購入の複雑さに戸惑いがちの顧客に、主導権を握らせるわけだ。波風を立てるくらいなら、顧客の言うことに従おう――。そこで、誰を関与させるべきか、どんな手順に従うべきかを質問するのだが、顧客も販売員と同じくらい途方に暮れているのが実情である。

これに対して「チャレンジャー」は、「先導し、簡素化する」。複雑なソリューションの購入方法を顧客が知っている、と考えるのではなく（ことソリューション営業に関しては、それは誤った前提である）、むしろ顧客にソリューションの購入方法を指導する。過去の成功した営業活動から推測し、学んだことを活かして顧客の購買行動をサポートする。誰が関与すべきかと問うのではなく、誰が関与すべきかを顧客に指南するのだ。

どこかで聞き覚えがないだろうか？　そう、「商談直結型の指導」だ。これは、「なぜ夜も眠れないのですか？」と問うのではなく、顧客がなぜ眠れないのかに関する独自の知見《インサイト》を提供することだった。それと同じである。

とはいえ、もちろん営業プロセスの最後、両当事者が向かい合って交渉のテーブルにつくさいにも、「支配」は起こる。交渉の席で「チャレンジャー」が異彩を放つことは、データからも明らかだ。追って本章のなかで、デュポンの交渉術トレーニングを例に、この点について詳しく検討しよう。それはそれとして、「支配」と「交渉」を同一視するのは、やはりまちがいである。後者は重要ではあるが、前者のほんの一部だと解釈するほうがずっと正しい。

しかも「チャレンジャー」は、平均的販売員が営業プロセスの最後、すなわち交渉の席でしか主導権を握ろうとしないことを知っているから、自分は最初から主導権を握って差別化を図る。これは顧客にとっても大歓迎である。なぜなら、目の前にいるのが契約成立を願う神経質な営業担当者ではなく、信頼できるパートナーに思えるからだ。

誤解② 販売員が支配するのは、お金に関する問題だけである

データによれば、「チャレンジャー」は「顧客に無理強いができる」。たしかに金銭的な条件や販売・購入プロセスの諸側面について押しが強いのは事実だが、もっと重要なのは、顧客の住む世界や抱える課題、そしてその課題のソリューションに関して無理強いができる点である。これは、さきに見た「商談直結型の指導」の核心――顧客の自社ビジネスに対する考え方を再構成する力でもある。

考え方を支配するのがなぜ重要なのか？　顧客（とくにベテランの幹部）が、「チャレンジャー」による再構成をもろ手を挙げて歓迎するはずはない。むしろ彼（彼女）は、「それはなぜ？」

と問い返してくるだろう。「裏づけデータを見たい」「うちの会社は違う」と。こう言われると、「関係構築」タイプは腰が引けてしまう。軋轢《あつれき》を避けたいのでつい自説を曲げ、残りの会話をなんとか穏当にまとめようとする。結局、製品の価格を中心とする話に終始し、もっと価値のある大きなソリューションにふれることはない。

だが、「チャレンジャー」は違う。あえて建設的な緊張関係をつくり、それを利用する。自分の主張に対する抵抗にもひるまず、次のように押し返す。「おっしゃるとおり、御社は違います。でも、私たちが仕事をさせていただいている他の会社もやはり違います。……このインサイトは、そうした会社がオペレーションを見直すきっかけになりました。もしよろしければ、このアイデアをもっと詳しく検討したうえで、私が御社の関心事にきちんと対応できているかどうかを確認していただけませんか」

「商談直結型の指導」によって、「チャレンジャー」は顧客が考えたことのなかった新しいアイデアを俎上《そじょう》に載せ、主導権を握りやすくする。もちろん、敵（顧客）もさる者。一般常識の一般常識たるゆえんは、そう簡単に覆せないところにある。いくら説得力のあるインサイトや裏づけデータで武装しようとも、「チャレンジャー」は必ず抵抗に遭う。抵抗に遭った彼らはそこで、対応策として議論を支配するのだ。

アイデアをめぐる議論を支配するのが、なぜ重要なのか？　それは、「チャレンジャー」たる自分が、たんなるお人よしではないことをわからせるためであるが、より重要なのは、自分の紹介するアイデア（顧客に教えた新しい問題や機会）が、自社のソリューションと直接結びついているからである。問題が急を要することを顧客に納得させようとしない販売員は、その問題が解決する価値があることも、納得させられないだろう。

誤解③「支配せよ」と言うと、販売員はひどく攻撃的になる

「支配」は「自己主張」とも言い換えられるが、これを「攻撃的」と混同する向きも多い。だが、このふたつはまったく別物である。三つ目の、おそらくいちばん厄介な誤解はこの点である。

販売員の行動パターンを図7・1のように帯状に示してみよう。片方の端が「受動的」で、もう一方の端が「攻撃的」だ。

受動的な行動パターンとは、読んで字のごとく、他人の要求に屈しやすく、人当たりのよい言葉を使い、自己の領分を顧客に侵させる。そう、これらは「関係構築」タイプの特徴である。受動的な販売員のいちばんの目標は、顧客を喜ばせること。その思いがあまりに強いので、頼まれもしないのに値引きを申し出るなど、自分や会社のためにならないことまでしてしまう。

この「受動的」な行動については、営業リーダーの理解もほとんど一致するはずだ。だが、「自己主張的」と「攻撃的」を混同する人はけっこういる。

とくに、態度の違いは混同されやすい。攻撃的な販売員は他人を攻撃し、きつい言葉を使って目標を達成しようとするが、自己主張的な販売員はもっと建設的である。強い言葉は使うかもし

図 7.1 販売員の行動パターン――受動的から攻撃的へ

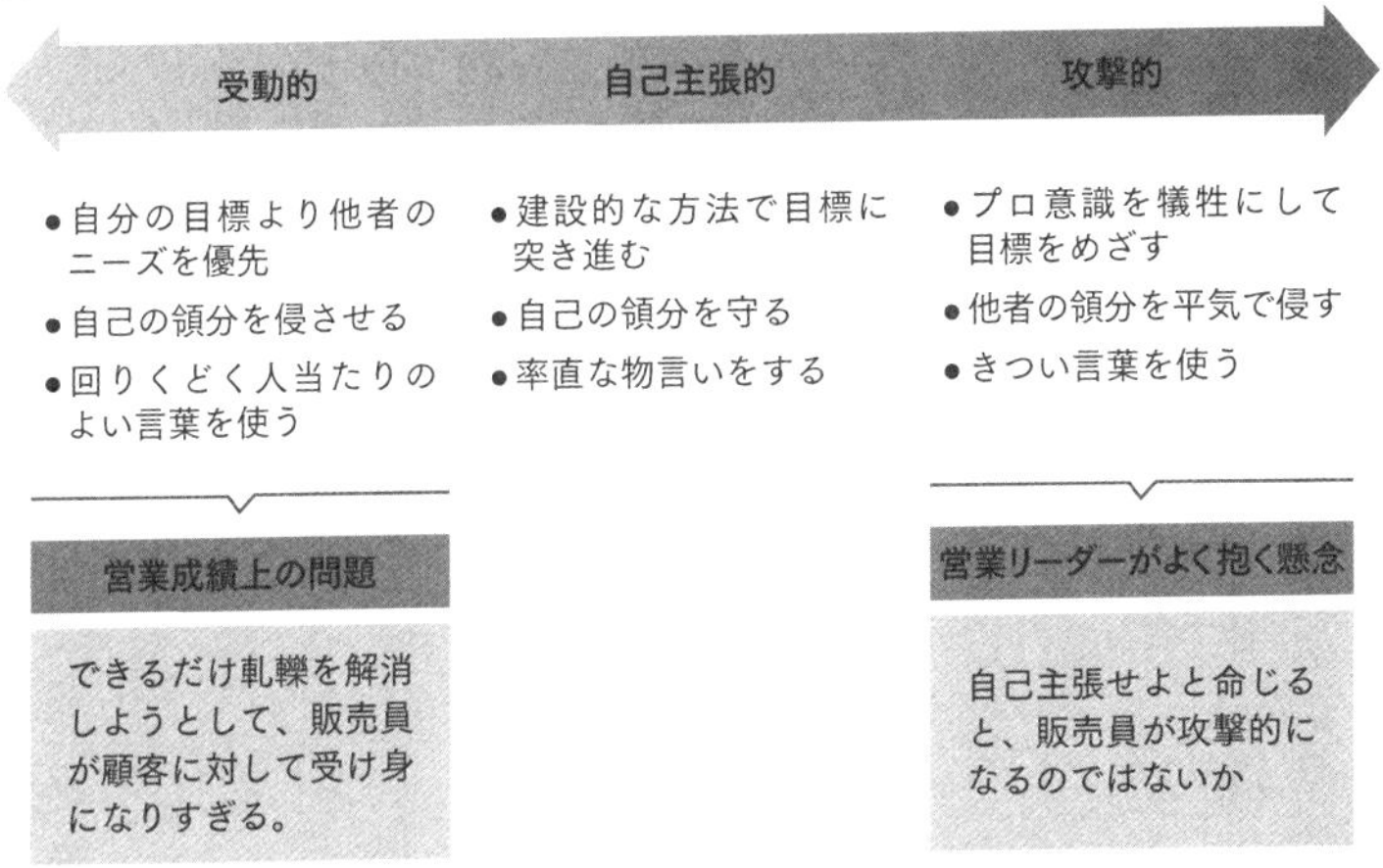
受動的
自己主張的
攻撃的
●自分の目標より他者のニーズを優先
●自己の領分を侵させる
●回りくどく人当たりのよい言葉を使う
●建設的な方法で目標に突き進む
●自己の領分を守る
●率直な物言いをする
●プロ意識を犠牲にして目標をめざす
●他者の領分を平気で侵す
●きつい言葉を使う
営業成績上の問題
できるだけ軋轢を解消しようとして、販売員が顧客に対して受け身になりすぎる。
営業リーダーがよく抱く懸念
自己主張せよと命じると、販売員が攻撃的になるのではないか

出典：CEB、SLC（2011年）

れないが、相手を不快にさせるほどではない。顧客に無理を迫るとしても、つねに敬意と気づかいを伴って発言する。やみくもに自分の課題を追い求めるのではなく、目的に向かって慎重に行動する。

あるクライアントに教わった事例を紹介しよう。二〇〇九年の初めごろ、彼の会社に、大手メーカーに塗料を売るひとりの販売員がいた。当時は競争が激しく、ただでさえ低い利益率が、原材料費の急騰でさらに悪化していた。そこでこの販売員は、顧客企業の購買部門に塗料値上げのお知らせを送り、フォローアップとして同部門を訪問した。次の四半期からの値上げに同意してもらうためだった。だが、購買部長は景気の悪さを理由に、値上げをきっぱり拒絶した。

そのとき、この「チャレンジャー」販売員はどうしたか？　彼は負けていなかった。最初の

訪問、さらには続く二回の訪問でも一歩も引かず、新しい設備の導入やスタッフの献身的努力のおかげで、塗料工場の生産性が飛躍的にアップした事実を語った。値上げをしたらよからぬ結果が待っているかもしれない（長期契約の解消など）と脅されても、屈しなかった。

それればかりか、この販売員は値上げの影響を受ける顧客の工場長（塗料の主な消費者）とアポをとり、彼らにも事情を説明し、値上げの必要性を熱弁した。彼の会社が生産性向上のために取り組んできた数々のプロジェクトも、あらためて紹介した。工場長が上司たちを呼んで販売員の言うことを伝えると、上司らはそれに納得した。すると、販売員は次に工場長に頼んで、購買部門も交えた合同ミーティングを設定してもらった。ついに、値上げは受け入れられた。

この販売員は、頑として自説を曲げなかった。だが攻撃的というわけではない。彼は購買部門と危うい関係になりながらも、価値をめぐる自身の主張にこだわっただけである。

さて、図7・1で興味深いのは、販売員が右端の「攻撃的」になってしまうのを、営業リーダーが心配している点である。彼らは、もっと自己主張して主導権を握れと命じたら、販売員が一気に攻撃的になるのではないかと恐れている。

だが現実には、そういうことはほぼ起こらない。むしろ、販売員は相変わらず受動的であることが多い。顧客との緊張関係を嫌って踏み出せないのだ。

なぜそうなるのか？　第一に、販売員には、顧客のほうが絶大な力を持つ、つまり販売員と顧客のパワーバランスは不均衡だという認識がある。だから顧客の要求を受け入れて、よりよい条件を獲得しようとする。ほかに方法はない、と。顧客がなぜそう要求するのかを十分理解しないうちに、引き下がるケースも多い。平均的販売員にすれば、すぐに従わないと契約がとれないと判断するのだろう。だが、その認識は、じつは現実とまったくかけ離れている。

ベイグループ・インターナショナルが、営業担当者と調達担当者を対象に行なった最近の調査によると、営業担当者の七五％が「調達担当者のほうが力を持っている」と考え、調達担当者の七五％が「営業担当者のほうが力を持っている」と考えている！　少なくともこのデータからは、顧客のほうが力を持つと考えて白旗を上げる販売員は、完全にまちがっていることがわかる。「チャレンジャー」販売員は、これを本能的に察知している。平均的パフォーマーが考える以上に交渉の余地はあるとわかっているから、彼らはけっして引き下がらない。どう調整・適応すればよいかを心得ているのだ。

多くの営業のプロが、顧客に対する自分たちの貢献度を過小評価している。彼らは、自社のリソースが持つ多大な価値——技術的な専門知識だけでなく、実行や変更管理のノウハウも含めて——を過小評価し、顧客からの反論をことごとく過大評価するのだ。われわれの「チャレンジャー」研修を受けた販売員は、これを聞いて「なるほど！」と膝を打つ。われわれは販売員たちに言う。顧客の業績向上を手伝うため、あなたの会社のどんなリソースが使えるかをよく考えてほしい、と。研修プログラムのトレーナーのひとりは、たとえばこんな言い方をする。

「考えてみてください。皆さんはお客様がかつて知らなかったことを教えています。皆さんは何百回もの実践を通じた生きた経験をお持ちです。が、お客様にとってはそうした経験はこれが初めてかもしれません。『支配』とは、それらのリソースの価値を知っていること、本気でない顧客には、そのリソースをむやみに使わないことを意味します。お客様に実例を紹介しろとか、誰か推奨者を紹介しろと言われたとき、関係構築タイプはすぐ『わかりました！』と返答します。ところが、チャレンジャーはこう言います。『いいでしょう。でも、この点を確認したら、いよいよいっしょに仕事をさせてもらえるのですよね』。なぜか？　チャレンジャーは自分の会社が顧客に届ける価値に、自信を持っているからです」

販売員の大半が受け身になりがちなもうひとつの理由は、サプライヤーと顧客のあいだで、支配関係が崩壊しているという認識にある。だがこれは、どちらかといえば厳しい経済状況によって引き起こされる一時的な現象である。不況のとき、販売員はどんな仕事でも喜んで取りに行く。交渉のだんになっても、価格の面で抵抗することはまず考えられない。顧客が心変わりする前に契約をまとめたい一心である。景気が悪いと、自己主張の強い販売員でさえ受け身になりやすい。もともと受動的な販売員なら、それこそ最初から相手に降参してしまうだろう。ところが、この買い手市場の本当の大きな原因は、販売員自身が顧客に有利な交渉条件をつくっていることにあるのだ。

もうひとつ、販売員が顧客に対して受け身になる理由は（これはなかなか核心を突いているのだが）、そうするよう、会社が命じているからだ。結局のところ、販売員が受け身になる傾向を悪化させているのは、会社の戦略だ。顧客への貢献、ニーズへの対応を重視せよ（つまりは「顧客の側に立て」）とマネジャーに言われた販売員は、これを「顧客の要求にすべて応じよ」と解釈する。

そしていま、この「顧客第一」の傾向は、かつてないほど高まっている。「顧客中心」という言葉も劇的な復活を遂げた。近年の不況から脱して成長しようとするなら、何ごとにつけ顧客価値を最大化するよう行動しなければならない――。しかし問題は、顧客中心を叫ぶ企業が、その実現方法について、営業組織に明確なアドバイスをしていないということだ。

なかには、ビジネスに悪影響を与える「顧客中心」もある。よく聞くふたつの例は、値引き（あるいは、長期的に得るものはほとんどない代わりに利益だけをむしばむ、他の同じような交渉条件）と、「御用聞き」的対応（すなわち、顧客に長期的取引について考えさせる代わりに、短期的な注文を受けること）だ。いずれも経営幹部にとってはとんでもない話だが、彼らが販売員に送るメッセージには、それらが顧客のためになるという考え方を打ち消す効果がない。

もしも、あなたが営業プロセスを支配できる「チャレンジャー」販売員になるか育てるかしようとするなら、以上述べた、販売員を過度に受け身にする諸要因を克服しなければならない。本当に必要な問いかけは、「販売員が自己主張しすぎないようにするには、どうしたらよいか？」ではない。「販売員にしっかり自己主張させるには、どうしたらよいか？」である。

販売員に「支配力」をつけさせる

販売員を受動的な態度から抜け出させるには、どうすればよいだろう？　それには、平均的販売員が営業プロセスを効果的に支配するうえで妨げとなる主要因に、対処しなければならない。その主要因とは、「さっさと終わらせたい」という願望である。

販売員が話をまとめたがるのは当然だ。たいていの人がそうだが、彼ら販売員も、原則として「曖昧さ」にがまんができない。その曖昧さゆえに、小切手を書いてもらえないことが多いからだ。人間はその性質上、がまんできない状況は終わらせたいと考えるものだが、販売員の場合は、この傾向に流されるわけにはいかない。もしそのまま流されてしまったら、平均的な販売員にとっては死活問題である。

この点、「チャレンジャー」はむしろ曖昧さを肥やしにする。それをどう扱い、自分のために利用すればよいかを知っている。顧客との会話中に沈黙が訪れても気にしないし、通常より長く交渉を続け、顧客の反論につきあうのも苦にしない。緊張感が好きだというのは言いすぎかもしれないが、あながちまちがいでもないだろう。

たしかに、この障害を克服するのは難しい。緊張や曖昧を好まない販売員に、突然それを好きになれというのは現実的ではない。緊張や曖昧を気にするか、しないか――この手の反応は、ある程度生まれつきのものである。気にする人は、それを避けようとして、あらゆる言い訳を探す。

人間の行動を変えるのは現実的には難しい。だが、販売員にみずからの性向を理解させたうえで、価値をめぐる議論の最中に簡単に妥協しないよう導く実践的ツールは、提供できる。

では、デュポンの例を見てみよう。同社では、販売員に安易な妥協をさせないための優れた研修やツールを開発している。

成功事例――交渉管理ロードマップ

ここで紹介する実践例は、交渉の場で主導権を握ることに主眼を置いている。「チャレンジャー」は、販売プロセスの最初から終わりまでを支配するが、詰めの交渉もやはり、「支配」の考え方を学ぶには絶好の場である。そこでデュポンでは、攻撃的ではなく自己主張的に顧客を「プッシュ」する方法を、販売員に的確に教えている。

「支配」とはすなわち、建設的な緊張関係を生み出すことにほかならない。顧客の考え方に異を唱え、タフな交渉のなかで建設的な抵抗を見せるのだ。デュポンでは強力なツールを用意して、販売員が顧客の要求にすぐ折れてしまわないよう訓練する。サポート役を担うのは、交渉術の研修で知られる、ベイグループ・インターナショナルだ。

目標に向けた計画立案

デュポンは、農業、エレクトロニクス、輸送、建設、安全管理など、さまざまな業界で、幅広く革新的な製品・サービスを提供している。同社が販売員に交渉を支配させるために重んじているのは、「計画を立てる」ことだ。顧客に尻込みすることなく挑みかかれるようにするには、そのための戦略を事前に準備するしかない。

具体的には、ベイグループ・インターナショナルの「シチュエーショナル・セールス・ネゴシエーション（SSN）™」システムに基づいて、交渉計画立案の簡単なテンプレートを営業担当者に提供している。SSNテンプレート自体はシンプルだが、収集する情報の範囲や価値は、どれもきわめて重要だ（図7・2を参照）。これらの情報が大きな全体像を浮かび上がらせ、販売員を交渉で有利な立場に立たせている。要は、顧客が譲歩を要求してきたときに引き下がらず、効果的に交渉するためのスキルやツールを授けるのだ。

販売員はこのテンプレートで、製品からブランド、価格、サービス、関係性まで、あらゆる面で自分たちの「比較優位性」（顧客に比べての強みと弱み）を診断する。すべて紙に書きとめるのがミソである。この最初のステップをしっかり終えるだけでも、販売員は自社が提案する価値に自信を深め、その価値に見合う価格を、堂々と要求できるようになる。

ただし、SSNテンプレートを使う販売員は、顧客から得るべき情報について事前に考え、それらの情報を得るためにすべき質問を、具体的に準備しておかなければならない。同様に、顧客が知りたがるであろう情報を細かく予想し、ミーティングの席で適宜対応できるように準備して

図7.2 交渉分析と行動計画

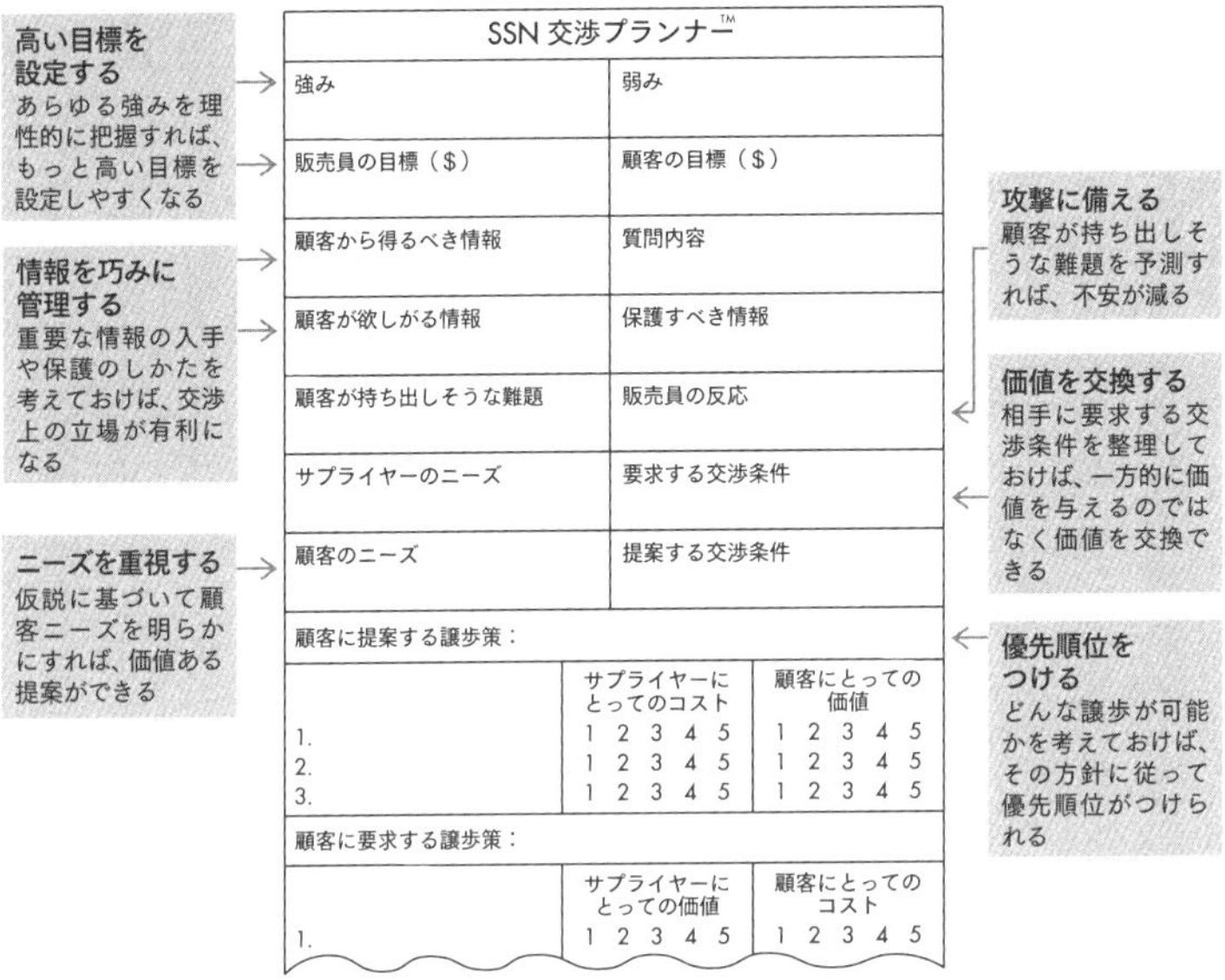

出典：SSNネゴシエーション・プランナー™、ベイグループ・インターナショナル、CEB、SLC（2011年）

おかなければならない。

その次に、顧客がどんな難題や反論を持ち出してきそうかを考え、その対応策を練る。その場であわてて考えるよりも、前もって答えを用意するほうがいいに決まっている。泥縄だと、どうしても顧客の要求に折れやすくなる。続いて、サプライヤー（自社）が取引のなかで期待する具体的なことがらを検討する。顧客のニーズに関する仮説も、あわせて検討しておく。

そして最後に、顧客に提案できる譲歩策と、顧客に要求する譲歩策を分析する。たとえば、顧客は価格面での譲歩を求めてくるかもしれない。こちらからは、カスタマイゼーションの範囲について譲歩を求めるかもしれない。このとき、その譲歩の、サプフイヤーと顧客双方にとってのコストと価値をスコア化しておく。たとえば、顧客に価格面で譲歩すると、サプライヤーにとってのコストは5（利益率が低いから）。一方、顧客にとっての価値はたったの2だ（価格よりも製品の質や実用性に関心が高いから）。

また、計画立案法を検討するさいには、どれだけの販売員が交渉前にこうした情報を準備しておけるかを考える必要もある。価格が争点になりそうな場合はなおさらだ。ご存じのように、「チャレンジャー」はこうした顧客との会話をものにできる。彼らは、このようなスコアカードを脳内にそなえている。そんなふうに世界を見られるからこそ、いざというときに顧客に言い返すことができる。別の言い方をすれば、ＳＳＮテンプレートは、「チャレンジャー」が訪問営業の前に自然にしていることを、目に見えるかたちで一枚の紙に表したものなのだ。

販売員にこのようなツールを使わせれば、何ごとにも動じない自信を植えつけるのに、一歩近づくことになる。また、このようなツールがあれば、販売員は交渉のなかで次の二言、三言を言わずにはいられなくなる。われわれの調査によれば、パフォーマンスの高い販売員の最大の差別化要因は、計画立案に費やす時間の長さである。ＳＳＮテンプレートは、その最たる例だ。偉大なチェスプレーヤーと同じように、ハイパフォーマーは現在の動向だけでなく、将来のシナリオにも注意を向ける。

デュポンは、販売員が自己主張できるようになるには、練習と計画が必要なのだと気がついた。

SSNテンプレートは、その両方を構造化できる。来週、営業に出かける直前の一〇人の販売員にこのシートを渡したら、はたして彼らは記入してくれるだろうか？　どうも心許ないようなら、その販売員たちは顧客の要求にすぐ屈してしまう可能性が高い。即座にやり返すように訓練されていないからだ。また、チャレンジする準備もできていないからだ。

では、ほかにどうすれば、訪問営業に行った販売員が、顧客の要求に対峙できるようになるのだろう？

交渉を成功させるコツ

顧客との会話をうまく誘導できる才能は、まるでちょっとしたマジックのようである。なかには、信じられないほど上手にやって見せる人もいるが、そのコツははっきりわからない。とはいえ、販売員に会話そのものを支配させる策がないわけではない。

デュポンでは会話の内容を次の四段階の枠組みに整理し、二日間のSSNワークショップを販売員に受けさせた。顧客の要求をすぐ受け入れてしまわないようにするのが、ねらいだった。

①同意と抵抗
②深化と拡大
③探査と比較

④計画に従った譲歩

これは、交渉のなかで建設的な緊張関係を維持するためのロードマップともいえる。いずれも、「チャレンジャー」がごく自然にしている行為であるが、それ以外の販売員は、こうした具体的な指針を必要としている。

では、まずは「同意と抵抗」から見ていこう。

たとえば、値引きという譲歩を求められたとき、取引の成立を脅かすことなくどうやって抵抗すればよいだろう？　デュポンは、じつに賢明で単純な方法を採り入れた。譲歩を求められたときに言うせりふを、販売員に教え込んだのである。

一言一句のシナリオである必要はない。販売員は、おおよそ次のように言うよう奨励される。

「価格が大事なのはもちろんですが、その前に、私が御社のニーズを十分理解しているかを確認させてください。この取引を御社にとって価値あるものにするため、できるだけのことをしたいのです。よろしいでしょうか？」

どちらかといえばシンプルなリクエストであるが、ここにはたくさんのポイントが含まれている。販売員は、会話の終結を約束した（これは顧客の側も同様に望んでいることである）が、同時に、いま少し話を続ける許可をとりつけた（許可が得られるだろうとわかったうえで）。これはたいへん重要である。なぜなら、抵抗してもよい（値引きの件を先送りしてもよい）という許可を、顧客からもらわなければならないからだ。それができないと、次に何を言っても聞いてもらえない。「チャレンジャー」以外の販売員は、この点をよくまちがえる。抵抗することはめったにないし、したとしても顧客の同意を得ないままである。それでは尊大、悪くすれば攻撃的との印象を与えかねない。

続けてもよいという許可を得た販売員は、次のふたつのステップへ進む。「深化と拡大」「探査と比較」だ。このふたつは、並行して見ていこう。

この時点で、販売員は一定の時間稼ぎをしていると同時に、会話のなかに一定の緊張感をもたらしている。そこで今度は、その緊張感を自在に扱い、自信をもって会話を進めることが必要になる。デュポンでは販売員を訓練して、顧客が価格に抵抗したさいに、取引をよい方向へ向かわせるテクニックを伝授している。「チャレンジャー」でない販売員でもまねしやすい、単純で反復可能なテクニックだ。そのさい、「深化と拡大」で顧客の基本的ニーズを解き明かすための戦術を、「探査と比較」で会話のなかで明らかになる、さらなるニーズを比較・評価するための戦術も教える。

ここでのポイントは、「自分たちにとって何が重要か」という顧客の認識を広げさせることである。価格のほかに何が重要か？　保証、サービスプラン、スピード納品、設置……すべてを俎上に載せ、もはや価格だけが交渉の対象ではないようにする。デュポンの販売員はまず、「深化と拡大」の段階で、自社の製品・サービスについて顧客が気に入っているとわかっている点を、あらためて述べてもらうことが多い。

いったんそのように顧客の考え方を目一杯広げさせたら、またもとの価格の話に戻ってもかまわない。ただし、やり方は具体的に指示される。「二〇%は無理ですが一〇%なら」というふうな言い方はせず、「二〇%の値引きで、何を達成しようとお考えですか?」のように切り出すのがポイントである。つまり、顧客の要請の根拠を明らかにするわけだ。これにどう答えるかは、その根拠によって変わってくる。

じつは要請の根拠は、値引き以外の方法で対応可能なものが多かったりする。経済的な必要性からというよりも、生産コストの削減など、特定の事業成果を実現したいという顧客の願いに起因することが多いからである。

それゆえ、いま何をめぐって交渉しているのかを冷静に考えることが、非常に重要だ。価格以外にも、顧客のために価値を生み、課題解決を手助けする方法はある。その過程で、販売員は交渉の選択肢を大幅に拡大できる。そうなれば、売上にあまり響かない譲歩策や、顧客がもっと喜ぶ選択肢も提案しやすい。顧客に対するさまざまな条件や選択肢を比較するときに重要になるのが、訪問営業前に用意した計画だ。「宿題」をきちんとやっていた販売員は、自社のソリューション要素の一つひとつについて、コストと価値のトレードオフを判断できる。

こうして、いよいよ交渉の最終段階、「計画に従った譲歩」となる。これはたんなる言葉遊びではない。販売員は、注意深く練った交渉戦略に従って行動する大切さを教えられる。価格の話へ行く前にまず、価値の低いソリューション要素を手放す——言い換えれば、何を譲歩してもよいかを決めることは重要である。だが、交渉のなかでいつ、どのようにその譲歩をするかは、しばしば見落とされる。顧客に対する譲歩のしかたはいろいろある。最終的に同じ結果を得るとしても、譲歩のしかたひとつで、まったく違うメッセージになる可能性がある。

デュポンは販売員に、次のような譲歩はするなと教える。たとえば、小さな譲歩から始めて徐々に大きな譲歩をする。あるいは、「この条件をのむか、のまないかだ」のように強く迫る。こうしたやり方は、リスクをともなうだけでなく、顧客をだまされたという気持ちにさせるからだ。同社が販売員に教えるのは、当事者の両方が最終的に納得できる順序や規模で譲歩するやり方だ。たとえば、大きな譲歩案から始めて、交渉が続くなかでだんだん小さな譲歩へ移るというふうに。

このようなテクニックは、販売員が建設的な緊張関係をうまく築く助けとなる。それがなければ、「チャレンジャー」でない販売員は右往左往してしまうだろう。ポイントは、非「チャレンジャー」が、交渉にさいして適切な選択をし、採用した戦略が持つ影響力を理解できるよう、必要な情報を与えることだ。そうやって、彼らがチャレンジを成功させるよう後押しするのだ。

デュポンでは、譲歩のしかたによる違いを知るため、販売員がワークショップでさまざまな譲歩パターンをロールプレイで経験し、交渉が終わったときにどう感じるかを話し合っている。このおかげで販売員は、それぞれの譲歩パターンが顧客に与える影響を知り、結果的に、自分たちには合意を得るための綿密な計画がある、という自信を得ている。ここにあるのは、顧客を「だまされた」ではなく「勝った」と思わせる計画である。

注意すべき点

デュポンのケースは、営業プロセスの最終交渉段階に焦点を当てていたが、本章ですでに述べたように、「支配」は営業プロセス全体で起きるものである。「チャレンジャー」養成プログラムでは、交渉だけを重んじることはない。「支配」は、あくまで営業プロセス全体で起こらなければならない。さもないと、「ごまかし」（悪くすれば「不誠実」「不快」）という印象を相手に与えてしまう。ここは、われわれの力説するポイントである。

首尾よく実践するための初歩的なテクニックのひとつは、「力強い要請」だ。これも営業プロセス全体を通して実行が求められる。力強く要請すると、「この販売員は、ものごとを前進させるために来たのだな」と顧客は納得する。これは、「支配」の優れた手段といえる。

簡単な例を挙げよう。販売員が顧客に言う。「サーバー管理の効率が悪いせいで、施設費で数百万ドルは無駄にされています。当社のソリューションなら、相当の金額を節約できますよ」。ただし、この話を先へ進めるには、ほかにもさまざまな関係者が購入決定にかかわる必要がある。そこで、力強い要請はこんな感じになるだろう。「ラックサーバーの導入で、年間五〇〇万ドル削減できることは合意できました。ただ、今年度中にそれを実現するには、新しいハードウェアをすぐに導入しなければなりません。となると、来週まではデイブにサインをいただく必要があります。そうすれば、エンジニアをさっそく現場に送り込み、削減目標達成に向けただんどりをスタートさせることができます」

この例は契約成立間近に焦点を合わせているが、もっと早い段階で主導権を握るための事例もたくさんある。

すべてを動員する

「支配」は「チャレンジャー・セールス・モデル」のひとつの柱だが、たいていの営業リーダーは、これを生まれつきの才能だと考えている。「自己主張遺伝子」を持って生まれた販売員は、たしかに有利かもしれない。だが、それはけっして成功するための必要条件ではない。受動性を克服する方法は、しごく単純である。話を早くまとめるよりも方向性を明確にするほうがいかに重要か、そして営業プロセスのなかでどのように本当の価値を生み出せばよいかを、販売員に教えること。これに尽きる。こうしたスキルを総動員すれば、どんな営業担当者でも、生まれつき自己主張するタイプのようにふるまえるにちがいない。

第8章
営業マネジャーと「チャレンジャー・セールス・モデル」

ここまでは、「チャレンジャー・セールス・モデル」の実行に必要な、販売員のスキルと組織の能力に焦点を当ててきた。だが、営業組織の大規模な変革をめざしたことがある人なら、そこに明らかに欠けているものがあると気づくはずだ。そう、現場の営業マネジャーの問題である。

販売業績の向上をサポートする調査機関として、われわれは営業という世界のありとあらゆるトピックを調べてきたが、そのたびに、同じメッセージがデータから浮かび上がった。すなわち、「現場の営業マネジャーを関与させなければ、何をやってもうまくいかない」。

変えようとするのが営業計画全体であれ、CRMシステムや営業プロセスであれ、もっと基本的なスキルや行動であれ、それは必ずマネジャーのところへ還ってくる。どんな営業組織においても、現場の営業マネジャーは戦略とその実行を結ぶキーパーソンである。営業組織変革の取り組みが成功するのも失敗するのも、マネジャーしだいといっていい。

「チャレンジャー・セールス・モデル」の成否も同じである。現場の営業マネジメントが機能しなければ、「チャレンジャー」的な営業組織の確立はおぼつかない。それは、モデルを動かすうえでのエンジンに等しい。この点は、ベテランの営業マネジャーには自明だろう。だが、ではマネジャーの能力を高めるために営業組織に何ができるかとなると、答えはさほどはっきりしない。

販売業績を向上させるためには、マネジャーの資質が何よりも重要だというのは、それなりに幅広いコンセンサスが得られている認識だが、「有能なマネジャーとは？」という命題に関しては、一種の謎と見なされる傾向がある。あるクライアントは、次のように述べている。「マネジャーの成功が、全体の成功に欠かせないのはわかっています。問題は、どうしたらよいかがわからないことです」

これは、とくに未来に目を向けたときに、多くの組織が抱えている不安である。実際、CEBのクライアントに、マネジャーの能力について尋ねたところ、なんと六三％が、マネジャーは営業モデルの進化にともなって必要となるスキルやコンピテンシーを持っていないと回答した。さらに九％は、現在必要なスキルさえ持っていないという。クライアントのおよそ四分の三が、自分たちのマネジャーは新しい環境で活躍できる人材ではない、と申告していることになる。

これは非常に困った事態だ。営業マネジャーの役割が重要であることは合意されているのに、その役割を実際に担っている面々について、リーダーたちは自信が持てないでいる。ではどうしたらよいかとなると、さらに確信がない。

一流の営業マネジャーの条件

一流の営業マネジャーの主な属性（優れた営業マネジメントにとって大切なスキル、行動、態度）を明らかにするため、われわれは「営業リーダーシップ診断」と名づけた調査を実施した。全部で六五を超える企業が、一万二〇〇〇人以上の販売員にこの診断を依頼し、二五〇〇人以上の現場の営業マネジャーに関するデータが収集できた。

いつもの調査と同じく、データはＣＥＢのクライアントの主な産業、地域、市場アプローチモデルを網羅している。調査では、マネジャーの六四種類のパフォーマンスについて、販売員に評価してもらった。次ページの表にその一部を、四つのカテゴリーに分けて示している。

第一に訊いたのは、「マネジメントの基本」についてだった。たとえば誠実さ、信頼性、部下の評価、チームづくりのスキル。これらは必ずしも営業に固有のものではないが、その重要性は計り知れない。そこでこれらも分析に盛り込み、マネジャーのパフォーマンスを高めるという点で、他の属性に比べてどの程度重要なのかを知ろうとした。

第二に、実際の販売能力に関連する属性をチェックした。マネジャーが販売員になり代わって営業せよというわけではないが、部下に指導する以上、どうやって売ればよいかくらいは知って

質問項目の例			
マネジメントの基本	販売	コーチング	営業リーダーシップ
つねに誠実である 信頼できる 直属の部下を評価する 一体感のあるチームを築く 双方向コミュニケーションを実践する 販売員の意見を聞き、理解する	顧客に新しい知見を教える 製品・サービスを適応させる 価格や金銭面について顧客と話し合う 顧客との生産的な関係を維持する 交渉術に長けている	相手に応じてコーチングする コーチングの対話の準備をする 相手への期待を伝える 製品や業界に関する知識を共有する 最後まで育成を全うする	ポテンシャルを最大化する 販売パイプラインデータを分析する プロジェクトを委託する 営業文化を育む 成功事例を共有する トレードオフを成立させる 製品・サービスのポジショニングを改革する

おく必要があるはずだ。ここでは交渉術や、顧客に独自の視点を提供しているかどうかなどについて尋ねた。

第三に、マネジャーのコーチングスキルについて質問した。コーチングにさいしては対話を準備し、相手に応じたコーチングをしているか？　最後まで育成の責任を負っているか？

最後に、顧客プランニング、担当地域のマネジメント、製品・サービスのポジショニングの改革など、営業に固有のリーダーシップ要素について尋ねた。

続いて、ひとりの不満を持つ販売員のせいで調査結果が偏らないよう、評価者である販売員が三人未満のマネジャーは、分析から除外した。さらに、結果を扱いやすくするため、データの因子分析を行なって、できるだけ少数の、統計的に有意なグループないしカテゴリーに分類した。因子分析からは、六四の項目が五つのカテゴリーに分類できることがわかった。

そのうえで、それぞれのカテゴリーが他の四つに比べてどれくらい重要かを知るため、マネジャーの実際のパフォーマンスに対する回帰分析を行なった。その結果、六四のスキルや行動様式のどれが、マネジャーの実際のパフォーマンスにとって最も重要かが明らかになった。パフォーマンスを判断したのは、マネジャーの行動を毎日見ている販売員と、担当地域の維持・拡大のようすを広く把握している会社の双方である。

調査結果について説明するため、四つのうち、まず「マネジメントの基本」(誠実さ、信頼性、聞く力など)を他の三つと分けて考えよう。「マネジメントの基本」は、営業マネジャーの成功要因の四分の一程度を占めているが、これは分野に関係なく、あらゆるマネジメント職に必要な基本スキルである。興味深いことに、ここに含まれる属性は二極化する傾向があった。信頼できるか、できないか。誠実か、誠実でないか――。つまり、これらの属性は、時間とともに少しずつ身につけさせるスキルというよりは、採用時に見きわめるべき生来の性質ということができる。

別の言い方をすれば、必ずしも偉大な販売員イコール偉大なマネジャーではない。偉大な営業マネジャーであるためには、営業だけでなく、マネジメントにも秀でている必要がある。だが、ほとんどの企業は、いまだに営業実績だけで現場のマネジメント人材を選んでいる。多くの企業でマネジャーの「適性率」が低いのは、そこに根本原因がある。

図8.1「マネジメントの基本」は営業マネジャーに不可欠な土台

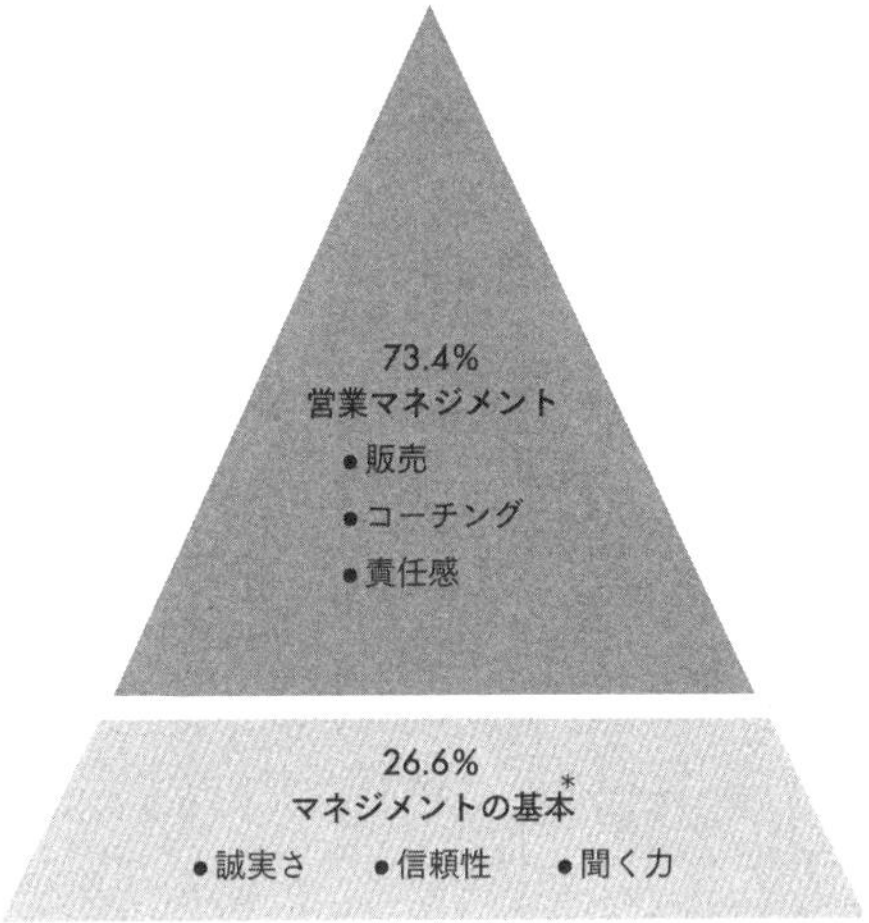

＊「マネジメントの基本」属性の代表的なもの

出典：CEB、SLC（2011年）

マネジャーのパフォーマンスを分析したところ、これら「マネジメントの基本」のうち、少なくともひとつで基準に達しない人が少数ながら存在した（われわれのサンプルでは約四％）。したがってわれわれは、「営業リーダーシップ診断」を受けたクライアント企業に、この四％のマネジャーには別の仕事を用意したほうがいいと助言した。まだ営業ならではの属性についても語ってもいないのに、この人たちは早くもマネジャーの合格ラインから外れてしまっていた。

営業実績が優れているからといって、マネジャーにふさわしいとはかぎらない一方、本章で示すデータからは、別の可能性も読み取れる。優れたマネジャーの特性を理解した組織は、業績向上につながる行動をとりそうな人を探すために、候補者の選定基準を修正することができる。また、マネジャーの属性のなかには、誠実さや信頼性といった「マネジメントの基本」を中心に、時間とともに少しずつ身につけるのが難しいものがあると知っていると、これらについては前もって選抜できるようになる。

とはいえ、従来の面接に基づく選抜方法では、候補者のポテンシャルや基本的なマネジメント能力を測る当てにならない。そこで進歩的な企業は、さまざまな「実地型」評価法を実験的に導入し、候補者の「仕事ぶり」をあらかじめ観察できるようにしている。たとえば、ある大手ITメーカーは、シミュレーションを用いたスキル評価を丸一日かけて行なうことで、候補者のマネジメント能力を内定前にチェックしている。某建設資材メーカーでも、社内の昇進候補者に同様の方法を用いて、営業マネジャーとして成功するのに必要なスキルをそなえているかを、確認している。

一流の営業マネジャー――営業面の属性

軍隊には、「いかなる計画も、敵との交戦には耐えられない」という古い言い回しがあるが、これは営業にも当てはまる。考えられるシナリオをすべて想定し、いかに注意深く計画を練ろうとも、現実はそのとおりにはならないものだ。

その結果、軍のリーダーたちは「指揮官の意図」として知られるリーダーシップスタイルを確立していった。「指揮官の意図」とは、指揮官がめざす具体的な目標を、明快かつ簡潔に述べたものである。たとえば、「援軍が到着するまで、あの丘を制圧せよ」という具合だ。この場合リーダーは、どうやって丘を制圧するかという順を追った指示は出さない。いざ戦場に赴いて戦いはじめたら、現場の予期せぬ展開に即応しなければならないことがわかっているからだ。

そうなると、軍の優れた現場リーダーとは、創造的・革新的で状況に適応できる人物ということになる。前線にいない者には考え及ばない行動の可能性を思いつき、指揮官の意図を創造的に汲んで部下を勝利へ導く――そんなリーダーである。勝利が遠のきそうなときは、なんとしても優秀な現場リーダーに戦いを委ねなければならない。そう、幅広い選択肢を特定し、状況に応じた革新的なオプションを見出すリーダーに。

優れたマネジメントを、営業面（つまり「マネジメントの基本」以外の三つ）から見たときも、やはり同じことがいえる。次ページの図8・2は、優れたマネジメントのために重要な営業属性を表している。ここから、話は「失敗の回避」から「成功の促進」へとシフトする。

分析の結果、優れた営業マネジメントに資する属性は、大まかに三つに分けられることがわかった。いずれも想像に難くない。すなわち、「販売」「コーチング」「責任感」である。三つ目は、経営幹部がマネジャーに求める責任感のさまざまな側面を指す。マネジャーが自分の担当区域を、あたかもそれが自分自身の会社であるかのように当事者意識をもって運営するということだ。

図8・2は、優れた営業マネジャーを規定する、統計的に有意な要因を表している（合計で一〇〇%になるよう調整してある）。まず言えるのは、やはり販売が重要だということである。調査結果が示しているのは、優れたマネジャーはおよそ四分の一の時間を販売に費やす、というこ

図 8.2 現場の営業マネジャーのパフォーマンスに影響する属性

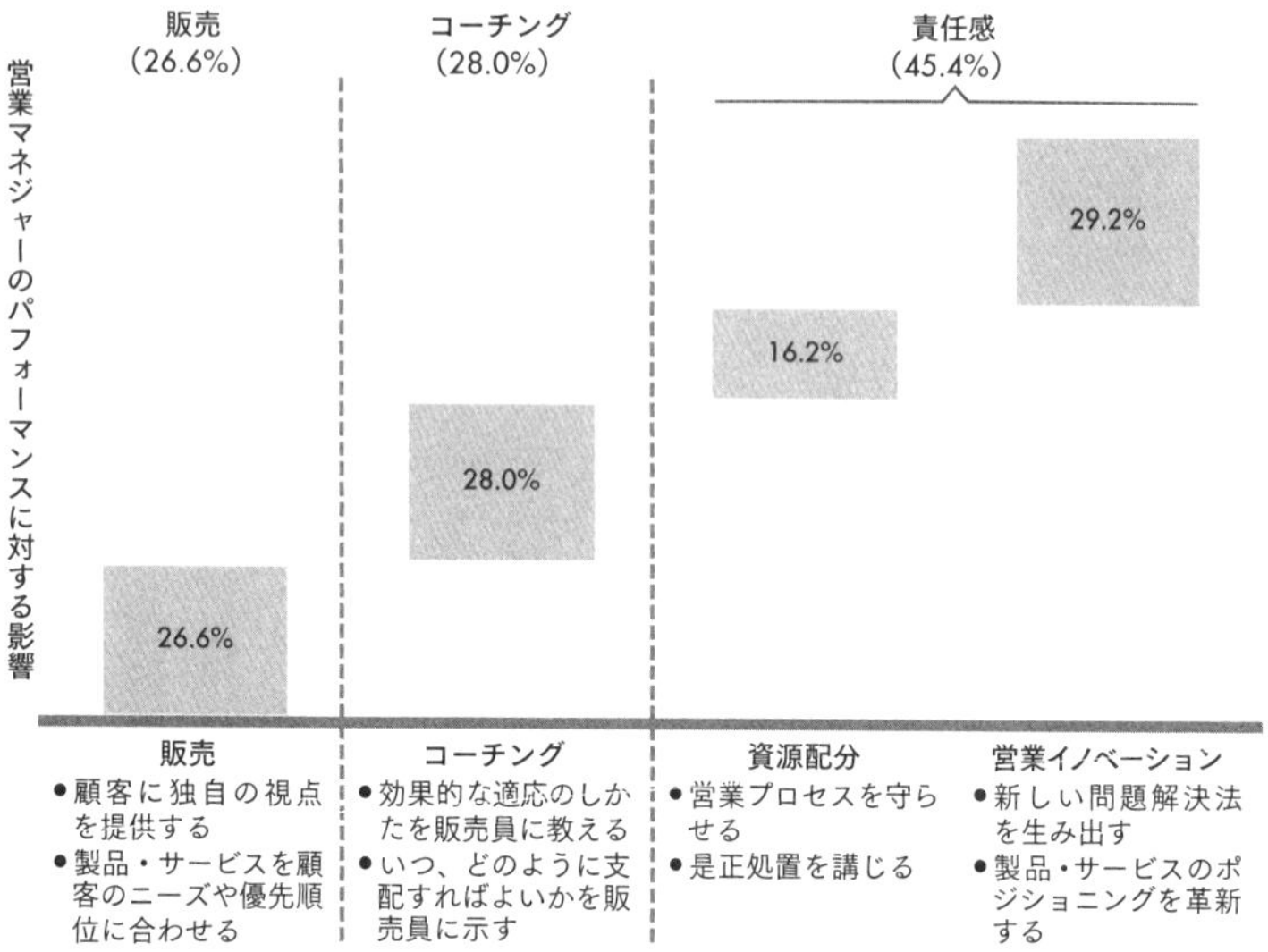
販売
(26.6%)
コーチング
(28.0%)
責任感
(45.4%)
営業マネジャーのパフォーマンスに対する影響
26.6%
28.0%
16.2%
29.2%
販売
●顧客に独自の視点を提供する
●製品・サービスを顧客のニーズや優先順位に合わせる
コーチング
●効果的な適応のしかたを販売員に教える
●いつ、どのように支配すればよいかを販売員に示す
資源配分
●営業プロセスを守らせる
●是正処置を講じる
営業イノベーション
●新しい問題解決法を生み出す
●製品・サービスのポジショニングを革新する

出典：CEB、SLC（2011年）

とではない。マネジャーとして優れている理由のおよそ四分の一は、販売スキルに由来するということだ。

営業リーダーならみんな知っているが、マネジャーにも販売スキルが必要になることがある。販売員不在の地域をカバーしたり、大口の契約をサポートしたり、休暇中の販売員の代理を務めたりするからだ。だがそれ以上に、マネジャーは営業活動のお手本を示すことを求められる。

この図の「販売」に関して、とくに興味深いのは、上位に位置づけられた属性である。なんと、営業マネジャーが成功するために必要なスキルは、販売員が成功するために必要なスキルとまったく同じだった。具体的には、「顧客に独自の視点を提供する」、「顧客のニーズに製品・サービスを合わせる」、「お金の話をいとわない」。ということは、最も優秀なマネジャーは、「チャレンジャー」販売員のなかから生まれる可能性が高いのではないか。大口の複雑な取引、すでに見た「チャレンジャー」のスキルが必要とされる取引で、優れたマネジャーのサポートが大いに期待される理由も、これで説明がつく。

次は、マネジャーの成功要因の二八％を占める「コーチング」だ。これだけの影響力があるのだから、営業マネジメントにおいて、「コーチング」がいかに重要かがわかるだろう。これは、マネジャーの能力のまさにカギとなる要素であり、販売員のパフォーマンスにとっても大きな意味を持つ。

「販売」の場合は、マネジャーが必要に応じて販売員になるが、「コーチング」はそれとは違い、マネジャーが販売員に寄り添って知識や知見、経験を伝える。要は、パフォーマンスの妨げになる販売員の行動を正さなければならない。

効果的なコーチングに必要とされるものを具体的に見ていくと、一流のマネジャーにとって重要なのは、やはり「チャレンジャー」販売員と同じスキルであることがわかる。すなわち、「効果的な適応のしかたを販売員に教える」、「いつ、どのように支配すべきかを販売員に示す」、「複雑な交渉で販売員をサポートする」。コーチングは、マネジャーのパフォーマンスに占める割合が大きいため、本章でたっぷりスペースをとって検討したい。

とはいっても、事の一部始終を語ろうというのではない。多くの営業リーダーは、優れたマネジメントと優れたコーチングを同一視しているが、じつは、優れたマネジャーはコーチングだけでなく、もっと広い意味のリーダーシップやアドバイスも提供しなければならない。そしてそれは、ビジネスそのものに対する責任感を示すことにほかならない。実際、われわれの分析によれば、優れた営業マネジャーの要件の四五％以上が、ビジネス全般の優れたマネジメントの関数になっている。偉大な営業マネジャーは、販売員に対するコーチングが得意であるが、ビジネスそのものを構築することはもっと得意である。コーチングは大切だが、あくまで全体の一部でしかない。

それでも、われわれがもし事前に結果を推測していたら、営業マネジャーは資源配分のしかたでその能力の大部分が決まる、と述べていただろう。具体的には、「営業プロセスのコンプライアンスを高める」、「そのプロセスと合わない行動を正す」、「担当区域全体の資源をできるかぎり効率的に管理する」などだ。だが、それは事実ではなかった。これら「資源配分」のカテゴリーに入るスキルはすべて、占有率がわずか一六％あまりでいちばん少ない。つまり、資源配分は営業マネジャーの最も重要な仕事ではなかった。いや、むしろ最も重要性が低い仕事だった。

では、「営業リーダーシップ」ないし「責任感」とは、いったい何を意味するのか？　調査からわかったのは、営業リーダーシップがマネジャーの革新性と深い関係にあるということだ。

いまは、いろいろな人がいろいろな意味で「イノベーション（革新）」という言葉を使うようになっているが、われわれがここで言うイノベーションとは、マネジャーが販売員と協力して取引停滞の原因をできるだけ深く掘り下げ、顧客サイドのどこで、なぜ、取引が難航しているのかを突き止め、これを前へ進める革新的な方法を探すことをさす。新しい提供価値を生み出したり、新しい能力や製品の特性を発明したりすることではなく、売り手が持つ能力を、それぞれの顧客が置かれた環境と創造的に結びつけ、取引の成立を阻む顧客側の要因は何かという点を考慮しながら、その能力を顧客に提示することである。

それはまた、「指揮官の意図」を営業の世界に当てはめたもの、ともいえる。つまり、具体的な顧客の状況、いわば「現場の実情」に合うように、通常の営業戦略を修正するのだ。「営業イノベーション」からは、パフォーマンスの高いマネジャーは行き詰まった取引を解きほぐし、契約をまとめる超人的能力をそなえている、ということが見えてくる。

これがコーチングとどう違うか、おわかりだろうか。コーチングは、「既知の行動」を中心にパフォーマンスを高める。成功への道のりが予測しやすい世界では、完璧な方法だ。他方、イノベーションは、予期せぬ障害を通じてパフォーマンスを高める。ダイナミックかつ意外なできごとが起こる世界にふさわしい。コーチングの場合、マネジャーは答えをすでに知っており、それを営業担当者に伝授する。だがイノベーションの場合は、担当者もマネジャーも答えを知らないから、マネジャーのリーダーシップに基づいて協力しあい、今後の有効な道のりをともに発見する。知らないことはコーチングできないが、イノベーションなら起こすことができる。

営業マネジャーに関するわれわれの各種調査・研究のなかで最大の発見は、このスキルがいかに重要かということだった。一流の営業マネジャーのパフォーマンスに寄与する、営業面での最大の属性は、この「営業イノベーション」である。これは販売スキルよりも、もちろん資源配分能力よりも重要な位置を占めている。

コーチングは二八％で僅差ながら二位だが、おもしろいことに、この五年間に多大な注目を集めてきたのは営業コーチングであり、一位の営業イノベーションに関しては、ほとんどの営業リーダーがいまだ体系的に考えたことがない。

真っ白の紙を渡されて、営業マネジャーの成功を支える属性を四つか五つ挙げよと言われたら、いったいどれだけの人が「販売」「コーチング」「資源配分」以外のものをリストアップしただろう？　だがデータによれば、「営業イノベーション」が明らかに最も重要なのだ。調査に答えた販売員は、コーチングに関してはマネジャーを高く評価し、営業イノベーションについては低く評価すること（またはその逆）が多かった。このふたつのスキルは、互いにばらばらの動きを示したことになる。

営業イノベーションは、「チャレンジャー・セールス・モデル」のメリットを完全に実現するうえでの「ミッシングリンク」である。いかに「指導」「適応」「支配」の能力を磨きあげても、いかにこうした行動のコーチングに長け、「チャレンジャー」営業の見本をみずから示せる営業マネジャーがいても、多くの取引は実を結ばない。「チャレンジャーモデル」は、難しい取引が成立する可能性を高めはする。だが、現状を打破するのはやはり多難である。顧客はなかなか変わろうとしない。コンセンサスの必要性は増すばかりである。意思決定者は、いかなる決定・判断も放棄しつづけるだろう。

そこで、革新的なマネジャーの出番となる。現場を革新する力を持つマネジャーは、販売員だけの手には負えない（たとえ「チャレンジャー」でも）、意思決定なき状況を打破する後押しができる。それは、複雑化するソリューションを買いしぶる顧客を相手に成果をあげるうえで、必須の能力である。

現場の営業マネジャーの力量アップをまかされた営業リーダーにとって、営業イノベーションこそ、マネジャーのパフォーマンスを飛躍的に向上させる大きなカギにほかならない。そこで、ここからは、この営業イノベーションという考え方をもう少し詳しく観察し、その中身やしくみ、そして営業マネジャー全員にこれを体系的に身につけさせる方法を紹介しよう。

だがその前に、営業コーチングに関しても、さらに詳しく見ておきたい。コーチングをしっかり体系化すれば、複雑な販売環境でも営業担当者のパフォーマンスを向上させる、またとないチャンスが訪れるからだ。それなのに世間では、コーチングという手段が大いに誤解されている。

コーチング――「既知」を伝授するということ

コーチングがたびたび誤解されるのはなぜか？　それを知るためには、まずその定義から確認する必要がある。

あるクライアント企業の助けを借りて、われわれはコーチングを次のように定義した。「営業マネジャーと直属の部下とのあいだの、仕事上の継続的かつ動的なやりとり。その部下に固有の行動を診断、修正、強化するのがねらい」。これがコーチングの基本であり、トレーニング（研修）との違いである。

この定義に関しては、われわれが必ず強調する点がある。まず、コーチングは継続的である。一度きりの研修イベントとは違って、途切れることがない。第二に、販売員個人の行動を診断するから、カスタマイズされている。研修はふつう同じ内容を同じフォーマットで全員に提供するが、コーチングは個々の販売員のニーズに合わせて行なう。そして第三に、コーチングは行動に重きを置く。スキルや知識の獲得だけでなく、そのスキルや知識をいかに使うかを重んじるのだ。

研修に値打ちがないというのではない。研修は知識の共有に適しているのに対して、コーチングはその知識をもとにどう行動するかという話である。個々の販売員に合わせて、必要なときにまちがいなく届ける――それがコーチングの極意である。コーチングをたんなる「インフォーマルな研修」ととらえる組織が多いが、われわれの調査によると、効果的なコーチングはむしろ非常にフォーマルである。構造化され、日常化されている。

そしてもうひとつ、われわれはコーチングとマネジメントの違いも強調する。現場のマネジャーはたいてい、自分たちはコーチングをしていると主張するが、その多くはたんなるマネジメントにすぎない。彼らは「尋ねる」のではなく「命令」し、「導く」のではなく「実行」してしまっている。

営業コーチングの効果

次ページの図8・3は、有効なコーチングが営業組織にもたらす効果の大きさを示している。われわれの発見のなかでも、よく知られたもののひとつだ。

コーチングの質をよくすると、パフォーマンスを示すカーブは平行移動するのではなく、曲線を描く。頂上部（中間層）は動くが、ふもとは動かない。これはいったい何を意味するのか？　第一に、平均以下のコーチングを平均以上に改善しても、ローパフォーマーへの影響はほとんどないということだ。意外といえば意外である。成績の悪い販売員ほど、コーチングを改善すればパフォーマンスもすんなり向上しそうなものだ。だが、図の左下を見るとわかるように、事実はその正反対で、仕事に不向きな人はコーチのしようがない。

同様に、花形パフォーマーにもあまり影響は見られない。これも少々意外である。コーチングによって花形スターもさらに輝きを増すと思いたいではないか。この点について、われわれはよくプロゴルファーにたとえて話をする。プロゴルファーの多くはスイングコーチをつけ、彼らと日夜努力を重ねるが、最終的にゴルファーが望んでいるのは、平均スコアをたったのひとつ減らすことである。すでにハイパフォーマーである彼らは、現状からのほんのわずかな進歩を求めて

図 8.3 コーチングの質で変わる、販売員の相対的パフォーマンスの分布

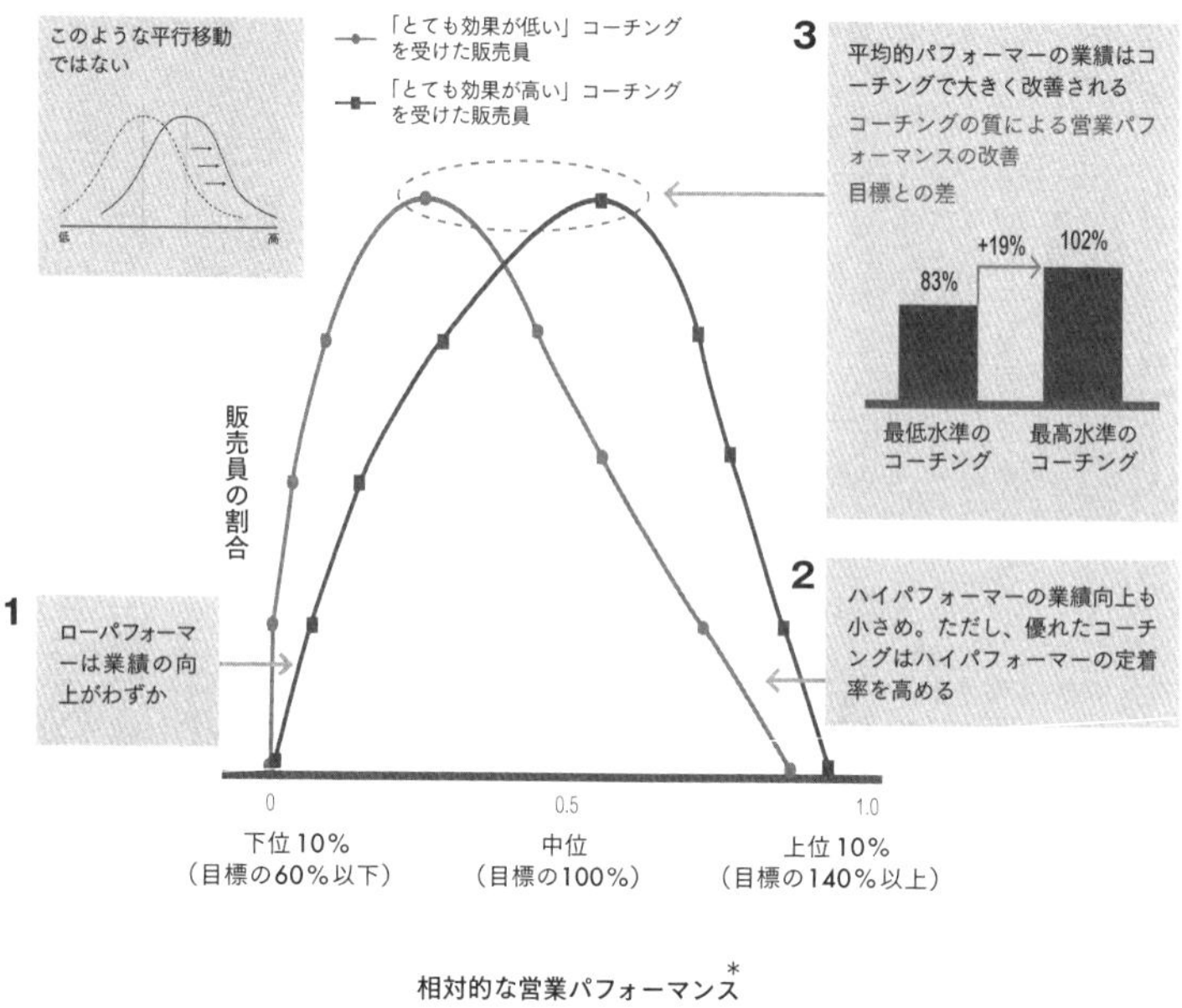

＊営業環境による分布の違いを鑑み、目標との差を十分位数に変換。　　出典：CEB、SLC（2011年）

いるわけだ。

一方、平均的パフォーマーが優れたコーチングを受けると、そのパフォーマンスへの影響は甚大である。われわれの調査データによれば、コーチングの質が大きく改善されると、平均的パフォーマーの業績は、一九%もアップする。コーチングの有効性が中程度増すだけでも、平均的販売員のパフォーマンスは六〜八%上昇する。営業組織にこれだけの生産性アップをもたらす投資は、そう多くないだろう。

これはたんなる理論ではなく、実際の話である。われわれの経験でも、コーチング改善に着手した企業は、大半がこうした成果をあげている。クライアントのひとつである大手保険会社は、新しいコーチングプログラムに参加した販売員の業績が、参加しなかった販売員に比べて一〇％改善した。

このように、コーチングは非常に重要である。正式なプログラムとして採り入れれば、複雑な営業環境にあっても大幅なパフォーマンス向上が期待できる。目標に届かなかった販売員が、目標を達成できるようになる。われわれが強く推奨するのは、「民主的なコーチング」を断念することだ。つまり、万人を平等にコーチするのをあきらめ、平均的パフォーマーに重点をシフトするのだ。

コーチングはまた、営業パフォーマンスを大幅に向上させるだけでなく、従業員の定着率や勤勉さにも大きな効果を及ぼすことがわかった。コーチングの質が従業員のやる気にも影響を与えるという、驚くべき発見である。データから言えるのは、「優秀なコーチは、従業員を職場にとどまりたいと思わせる」。逆に、力のないコーチはみんなのやる気をそぎ、従業員を会社から追い払う。これはローパフォーマーだけでなく、平均的パフォーマーとハイパフォーマーにも当てはまる。

このことを裏づけるため、われわれは勤勉さを測るデータにも着目した。調査票に、毎日の営業活動にどれくらい労力を注いでいるかという質問を盛り込んだところ、拙《つたな》いコーチングや拙いマネジャーは、概して販売員のあきらめを誘うことが判明した。ローパフォーマーからハイパフォーマーまで、どんな販売員も、マネジャーから効果的なコーチングを受けていると感じなければ、ただ面倒くさいばかりだろう。その意味でも、コーチングの質はきわめて重要なのである。

営業マネジャーに、コーチすべき内容を与える

「質の高いコーチング」というテーマを数年間追ってきたわれわれが学んだのは、そもそもコーチすべき内容がなければ、効果的なコーチングはできないということである。「とにかくコーチしてこい」と号令をかけるだけでは駄目なのだ。その具体的な中身を、マネジャーに教えなければならない。あなたの会社では、何が「よき営業」なのか（つまりは仮説）、それをマネジャーがはっきり理解することが重要だ。

われわれは、コーチングの成功事例やツール、テンプレートをさまざまな文書で残しているが、ある金融サービス関連のクライアント企業は、コーチングの質を高めるために、とても賢いやり方を導入していた。

図8・4は、この会社が営業マネジャー向けにつくったコーチングの指針である。営業プロセスの各段階で、目的が違っている。要は、その段階ごとに会社が強化したい行動だ。また、各段階の目的に応じて、販売員を引き込むためにマネジャーが尋ねるとよい質問例も書かれている。

たとえば、第一段階の「機会の創出」を見てみよう。マネジャーは表を見て、営業プロセスのこの段階での目的と活動を具体的にチェックできる。訪問営業の明確な目的を設定・確認するだ

図 8.4 営業プロセス別コーチングガイド

（網掛け）成功事例に基づいて
コーチングの時間をたっぷりとるべきところ

営業プロセスの段階	機会の創出	機会の追求	クロージング（成約）	継続的活動
コーチングの目的（サンプル）	● 自分たちが売ろうとするものに適した顧客であることを確認する。 ● 見込み客／顧客の組織の適切な窓口担当者を販売員に特定させる。 ● 事前の計画、顧客組織に応じた戦略を立てさせる。	● 自由形式の質問を使って顧客のニーズを確認させる。 ● ニーズ評価やソリューション開発のしかるべき専門家を利用させる。 ● ソリューション案とニーズのつながりを確認する。 ● 顧客にとって取引の障害となる要因を特定させ、これに効果的に対応させる。	● 優先順位とスケジュールを決めさせる。 ● 顧客に提示する「適正」価格を決めさせる。 ● 効果的な交渉プロセスが実現するようにする。 ● 顧客が事業計画を理解するよう徹底させる。	● 成約後の顧客からのフィードバックを収集させる。 ● 部門や地域の枠を越えた販売員の調整力を評価する。 ● 優先順位とスケジュールを決めさせる。
コーチングのきっかけとなる質問（サンプル）	● 私を顧客に見立てて練習しよう。最初にどうするか、どうやって私の信用を得るかを教えてほしい。 ● この訪問営業のいちばんの目的は？ ● 今回の訪問のために準備したことは？ ● 適切な顧客ではないと見きわめるサインが何かあるか？ ● 顧客企業の重要戦略を三つ教えてほしい。	● どんな質問を受けると思うか？ ● さらに営業をかける価値がある顧客だと見きわめるサインは？ ● ソリューションを検討するなかで、この顧客が言いそうな「それで？」を考えたか？ ● 顧客と双方向の話し合いができたのはなぜだと思うか？ ● 基本ニーズを明らかにできたと感じるか？	● どんな障害に直面しそうか？ ● 最も危険にさらされた要素を修正する準備があるか？ ● この交渉でお金以外のニーズは何だと思うか？ ● どんな難しい質問をされそうか？　それにどう答えるか？ ● クロージングのためにどんな内部資源を使うか？	● 継続的な関係づくりの基礎をどう築くつもりか？ ● 取引の成功を確かなものにするため、誰に影響を与える必要があるか？ ● どのようにしてこの取引から抜け出し、次の大きな案件に向かうつもりか？ ● 次なるステップはどのようなものか？

出典：CEB、SLC（2011年）

とか、訪問前に十分な調査をするだとか。花形販売員ならとっくにやっていそうなことである。それからその下には、販売員がどのように目的を達しようとしているかを知るための質問例がある。たとえば、「この訪問営業のいちばんの目的は?」。

われわれの調査によると、営業マネジャーはコーチングの会話のなかで、行動よりも結果を重んじる傾向がある。たとえば、こんなふうに言う。「コンバージョンレート(実際の購入に結びつく割合)が下がってるけど、何が問題なの? プロセスどおりやってる?」。本当はここを追求すべきではない。CEBのクライアントのなかには、これを「スプレッドシートコーチング」と呼ぶ人もいる。販売員の行動ではなくビジネスの結果に焦点を当て、しかも、誰に対しても同じように実行するやる方だ。

だが本来コーチングは、結果ではなく行動にスポットを当てるものだ。前ページのツールが効果的なのも、まさにその点にある。しかも、すべてが一ページのロードマップに収まっているから、見た目ほど複雑ではない。実際、この会社の営業マネジャーは、これをラミネート加工して鞄に忍ばせているほどだ。

つまるところ、これはコーチングの会話を活性化させる完璧な「カンニングペーパー」である。手続き上の制約もなければ、特別な訓練も管理も要らない。たいていの営業マネジャーがコーチングなど洟もひっかけない(疑いを持つならまだよいほうである)世界にあって、このツールは大いに役立つ。実践的で押しつけがましくない、この簡易なコーチングガイドがあれば、マネジャーは自分の行動を抜本的に変える必要もない。

また、本書の巻末には「付録A」として、「チャレンジャー・セールス・モデル」を強化するためのコーチングガイドの抜粋を載せた。これは、われわれが「チャレンジャー」養成プログラムで用いているのと同じツールだ。図8・4と同様に、モデルの柱である「指導」「適応」「支配」ごとに、コーチングの会話をスムーズに進めるための問いかけのヒントなどを提示している。参考にしてほしい。

効果的なコーチングを支える「PAUSE」の枠組み

「チャレンジャー・モデル」を徹底させるためには、営業マネジャー、とりわけそのコーチとしての役割が重要で、その重要性は、いくら強調しても足りないほどである。行動変革を促すうえでのコーチングの重要性をふまえて、われわれはいつもクライアントに、コーチングプログラムは理想どおりにはいかないものだという前提に立つよう、話して聞かせている。

CEBはこれまで何十社もの企業を対象に、営業マネジャーのコーチング力アップを手助けし、イノベーションスキルを教えるなどして、現場のマネジャーたちの質を高めてきた。そのマネジャー養成プログラムのカギとなるノウハウのひとつは、「仮説に基づくコーチング」と呼ばれる。多くの企業がコーチングで最も苦労する点に対応した手法である。

「仮説に基づくコーチング」は、プロダクト営業担当者からソリューション営業マネジャーへの一足飛びの成長を可能にし、コーチングの専門家をつくり上げる。まずは営業活動を観察し、その観察結果に基づいてコーチングを提供するから、「仮説に基づくコーチング」と呼ぶ。マネジャーはここでは、何が「善」かという明確な仮説をもってコーチングを始める。

具体的には、「PAUSE」と呼ばれる強力な枠組みを利用する。この五文字は、それぞれ以下の頭文字だ。

●**会話の準備をする（Prepare）**　どんなコーチングでも、適切かつ十分な事前準備が必要である。そうすることで、各コーチングの間に継続性が生まれる。またマネジャーも、販売員が営業プロセスのどの段階にいるかを考えることで、どんな行動が重要か、状況変化に対応するための第一歩は何かが、わかるようになる。

●**関係を確認する（Affirm）**　営業担当者がコーチとしてのマネジャーを受け入れ、聞く耳を持とうとしなければ、コーチングの努力も無駄になる。マネジャーは、業績管理とコーチングとを区別し、後者では能力開発の側面を強調しなければならない。その境目はつねに曖昧だが、部下が安心してコーチングを受けられる状況をつくることは可能だ。

●**期待すべき行動を理解する（Understand）**　多くのマネジャーにとって難しいのは、何を求めて販売員の行動を観察すべきかを理解することである。求めるべき行動がわかっていれば、その行動がなされているかどうかは簡単にわかる。

●変えるべき行動を明確にする（Specify）　何が重要な行動を特徴づけるかを知り、その客観的な判断基準を持っていれば、マネジャーは具体的で客観的なフィードバックを提供しやすい。するとコーチングが抽象的、主観的、高圧的、的外れになることもない。

●新しい行動を組み込む（Embed）　ここでのねらいは、コーチングプログラムを一度きりのものに終わらせず、制度化されたプロセスにすることである。企業側は、マネジャーが一人ひとりの販売員について実行計画を立てるためのツールを提供し、継続的なコーチングをバックアップすること。マネジャーのコーチング活動や能力を、具体的に、質的に確認できる視点をサブマネジャーに提供することも重要だ。

この枠組みがあれば、効果的なコーチングの大きな阻害要因を克服できる。また、忙しいマネジャーが陥りがちな「該当欄をチェック」式の活動ではなく、PAUSE（立ち止まる）の名のとおり、コーチングのねらいや目的をゆっくり考えながら進むので、真に強力な武器になる。さらに、コーチングでの会話が、前回の会話をふまえた連続的なものとなる。能力開発の機会を文書化するので、つねに客観的・規範的なコーチングも可能になる。コーチングを正しく行なうのはなかなかの難事業だが、それを無視したときの痛手は計り知れない。とくに、「チャレンジャー・セールス・モデル」のような、意欲的な変革をめざそうとする組織にとっては。

ここまでかなりの時間を費やしてコーチングについて語ってきたのは、それが世界クラスの営業マネジメントの大きな柱だからである。しかし、本章の初めに紹介した分析結果からすると、マネジャーのパフォーマンスに影響を与える要因として、コーチングは必ずしも最大のものではない。われわれのクライアント企業は、このことにびっくりする。マネジャーの有能さのざっと半分以上が、コーチング力によって決まると考えているからだ。

残念ながら、現実はそうではない。もちろん、コーチングも重要にはちがいないのだが、マネジャーのパフォーマンスには、もっと大きな要因がかかわっている。では、その最後の要素、「営業イノベーション」について見ていこう。

イノベーション――「未知」を開拓するということ

最も重要なマネジャーの特性が営業イノベーションだとすれば、営業マネジャーがイノベーションのためにやるべきこととは、いったい何だろう?

図8・5は、営業イノベーションを達成するうえで最も重要とされた、九つの要素を示している。ご覧のとおり、これら九つの要素は「調査」「創造」「共有」という三つの活動に集約される。

「調査」とは、営業を進めるうえで何が障害になるかを判断する能力である。誰がかかわっているか?　どんな決定基準が採用されるか?　どんな金銭面の心配が出てくるか?　革新的なマネジャーは、販売員と綿密に協力しながら、顧客の意思決定プロセスをできるだけ詳しく調べ上げ

図 8.5 営業イノベーションの構成要素

調査	創造	共有
●新しい営業活動の阻害要因を特定する ●効果の有無に関するフィードバック情報を集める ●顧客の苦痛の解消法を明らかにする	●製品・サービスの新しいポジショニングを生み出す ●理想的な結果を明らかにする ●新しいオファーやソリューションを定義・検討する	●戦術や成功事例を共有する ●部門横断的な関係を構築・維持する ●情報やデータを取捨選択する
役割分担 ●販売員が情報を収集 ●マネジャーが実行	**役割分担** ●マネジャーがソリューションを開拓 ●販売員が情報を提供	**役割分担** ●マネジャーがインサイトを共有 ●組織が後押し

出典：CEB、SLC（2011年）

る。途中で暗礁に乗り上げている取引については、なおのことだ。

これが重要なのは、ほとんどの売り手が顧客の意思決定方法について、最低限の情報しか持っていないからだが、それだけではない。顧客自身も、じつは自分たちの組織の意思決定方法をあまり知らないからである。あなたが既存・新規両方の顧客に、もっと複雑なソリューションを売ろうとすれば、取引のさいに複雑な障害が次々と出てくるはずだが、それこそ革新的なマネジャーが得意とする戦場である。彼らは販売員と協力して、その取引がどこで行き詰まっているかを見きわめ、どう解きほぐすかを決めていく。

革新的なマネジャーに特有のふたつ目の行動は、ソリューションの「創造」だ。とはいえ、現場の営業マネジャーに、新しい製品やサービスを考える権限を与えろというのではない。これは製品イノベーションではなく、営業イノベーションなのだから。革新的なマネジャーは、取引レベルで自由にイノベーションを起こすことができる。たとえば、顧客が抱える課題への対応力を整備し直したり、長期契約やクロスセル（抱き合わせ販売）の機会と引き換えに、顧客のリスクを肩代わりしたり……。

マネジャーなら誰でも、販売員といっしょに多くの時間を使って取引の成立をめざすが、その大半はたぶん、販売員の働きぶりをチェックするのに費やされる。「折り返し電話をしたか？」「提案書は送ったのか？」「オプションサービスについてもふれたか？」。これらはソリューションの創造ではなく、たんなる点検である。おそらく、販売員と過ごす時間のざっと七、八割をその点検が占めるのではないか。

営業イノベーションとは、販売員の行動をチェックすることではない。それは、価値判断をともなわない共創関係であり、ともに協力し合って取引を前に進めることである。マネジャーには、一筋縄ではいきそうにない取引、言い換えれば、イノベーションの効果が最大限発揮される取引に、労力を集中してもらいたい。

よく考えてみると、どこの企業にも、真に革新的なマネジャーのひとりやふたりはいるものだ。彼らは、まったく見込み薄だった取引でも必ずものにする方法を見つけ出す。彼らの考えたそのソリューションは、営業チーム内の伝説となることも少なくない。「スミス商事との取引をまとめるのに、ボブがシンディをサポートしたんだって？」「ああ、大したものさ！　よくあんな手を思いついたもんだ」

このようなマネジャーを、「営業の忍者」と呼ぶ者もいる。おかしな表現だが、なんだかぴったりな気もする。彼らは契約成立のためのあらゆるノウハウを身につけている。ほかの誰にもできなくても、彼らだけはやり遂げることができる。

そして最後に、革新的なマネジャーは、イノベーションの成果を積極的に「共有」する。他人がそこから学ぶことができれば、ほかの場所でもそのイノベーションを再現できる。イノベーションが拡張性を持つのだ。これはたいへん有意義なことである。革新的なマネジャーとは、成功事例を共有し、社内で強力なネットワークを築き、部下の販売員に新しいアイデアやソリューションを伝授する――そんな存在にほかならない。

さて、「営業イノベーション」とは何かを感じ取ってもらったところで、あらためてそれを、マネジャーのパフォーマンスに影響する「責任感」のもうひとつの要素、「資源配分」と比べてみよう。すると、両者がいかに平和裏に共存できるかについて、重要なことが読み取れる。

相反する世界

本章の「一流の営業マネジャーの条件」という箇所で、営業マネジャーに必要な特性がいまや大きく変化し、もっと広い意味のリーダーシップも求められるようになったと述べた。今日の一流マネジャーは、「既知」を伝授するコーチングの力だけでなく、「未知」を開拓するイノベーシヨンの力もそなえていなければならない、と。

これは、「チャレンジャーモデル」を追求する組織にとってはとくに重要である。たとえ「指導」「適応」「支配」のスキルに秀でた「チャレンジャー」がいても、一〇〇%の確率で顧客の現状を崩せるとはかぎらない。多くの取引はやはり脱線し、行き詰まる。そのときこそ、革新的なマネジャーの出番だ。彼らなら、営業の失敗を「意思決定者がいない」せいにすることなく、取引をしっかりまとめることができる。

また、さきほどわれわれは、マネジャーのパフォーマンスを高める要素を予測させると、ほとんどの営業リーダーが「資源配分」をいちばんに挙げる傾向があるとも述べた。資源配分とはつまり、担当エリアのマネジメントの向上、営業プロセスの遵守などを通じて、限られた資源をもっと効率的に活用するよう指導することである。その肝はすなわち「効率」だ。他方、「営業イノベーション」の肝は、むしろ「効果」だろう。

図8・6でわかるように、「効率」重視と「効果」重視が、それぞれマネジャーのパフォーマンスに与える影響を比較すると、後者は前者の二倍近い影響力を持っている。営業プロセスの効率を高めるのがよくないと言いたいわけではない。だが効率とは、すでにやり方を知っていることをもっとうまくやることにほかならない。正しい販売員に正しい顧客をターゲットにさせ、正しい行動をとらせる。そして、それを何度もくり返す。できれば少しずつスピードを上げて――。

残念ながら、そんなふうに効率一辺倒でうまくいくのは、どの取引もまったく同じ場合に限ら

図 8.6「資源配分」と「営業イノベーション」がマネジャーのパフォーマンスに与える影響の比較

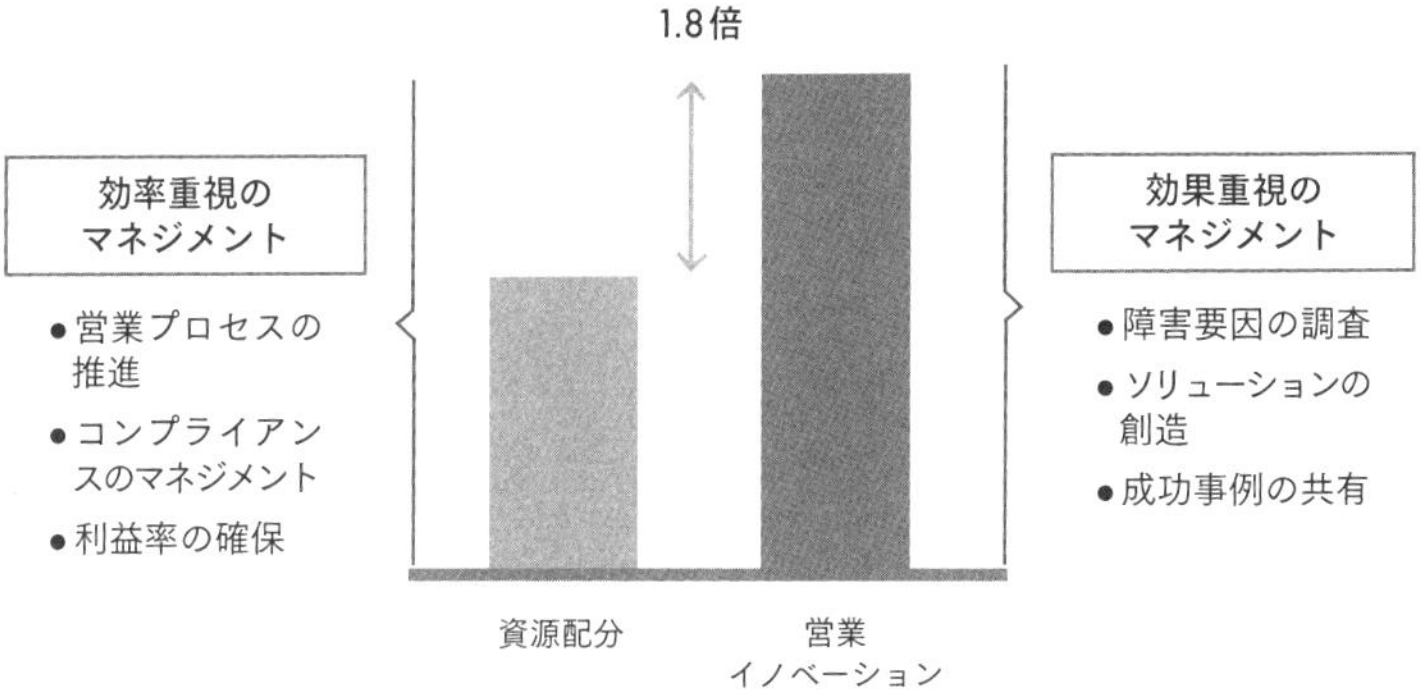

出典：CEB、SLC（2011年）

れる。ニーズがわかりきっていて、顧客の行動も予測できるような世界であれば、プロセスを固定させ、それに沿って徹底的にコーチングをすればよい。五、六年前まではたしかにそんな状況だった。どちらかといえば、単純なプロダクト営業がまだ主流の時代である。

だが、いまはもうそんな時代ではない。この環境下で売上を伸ばそうと思ったら、「既知」を中心とした効率アップから、「未知」を中心とした協調的イノベーションへ、少しでもシフトしなければならない。あるクライアントの社員は、われわれにこう語った。「昨年も四角四面にいつもの営業プロセスに従っていたら、あの三つの大きな契約はとれていなかったでしょう」

いまの時代の営業を成功させるためには、すでにわかっていることへの対応力を上げるよりも、まだわかっていないことに取り組む力を、養わなければならないのだ。よい業績をあげるためには、そうしたイノベーションを可能にする営業組織、そして営業文化を築

図 8.7「貴社の幹部は以下のことをどれだけ奨励・支援していますか？」という質問への営業マネジャーの回答

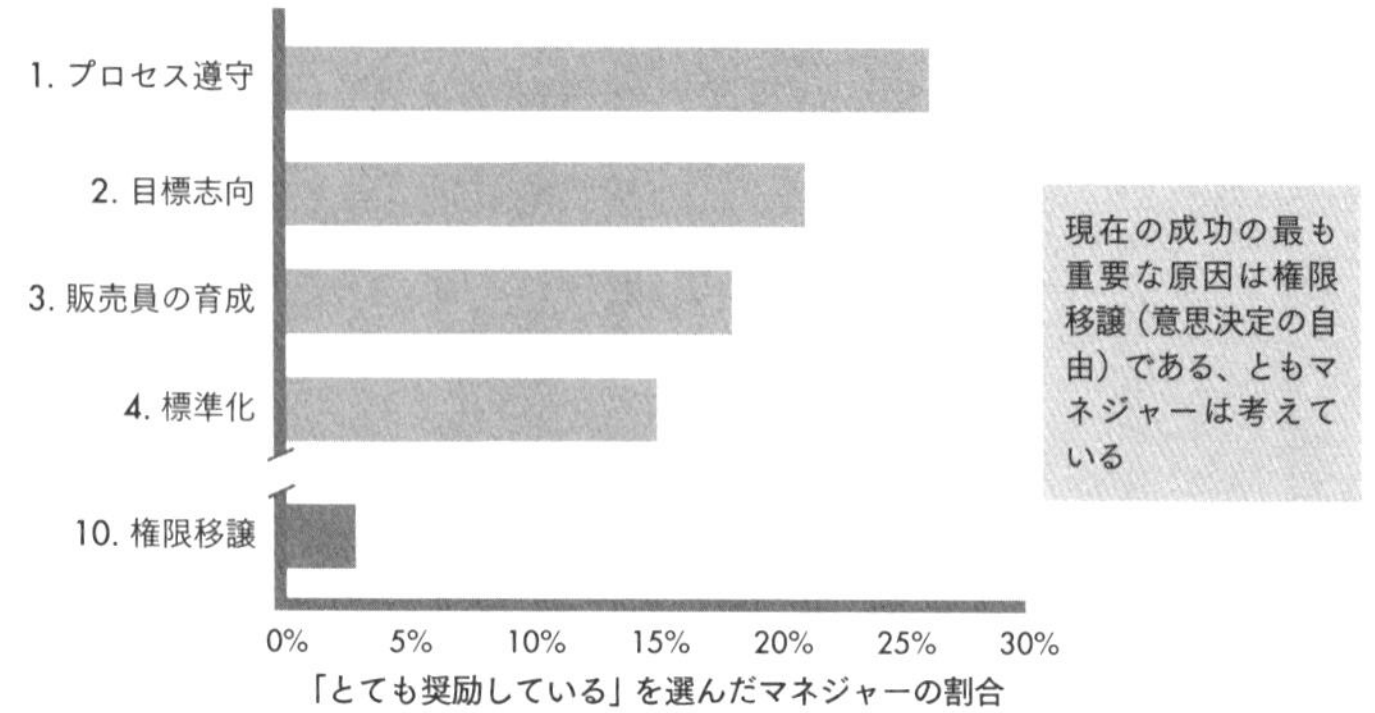

出典：CEB、SLC（2011年）

かなければならない。それは、「効率」より「効果」を重んじる文化である。しかし、ほとんどの営業組織は、まだまだこれからという状況のようだ。

上図を見てほしい。われわれは、現場の営業マネジャーに対するある調査で、さまざまな要素や行動を手がかりにして、経営幹部の現在の戦略を評価してもらった。回答は明快だった。ほとんどのマネジャーが、営業プロセスの効率的な遂行が重視されている、と答えたのだ。一方、「経営幹部から権限が移譲され、自由に方針を決められる」という項目に同意したマネジャーは、ほとんどいなかった。だが、その同じ調査のなかで彼らは、現在の成功の最も重要な原因は権限移譲（意思決定の自由）である、とも述べている。営業マネジャーのパフォーマンスに関するわれわれの調査によれば、彼らはたぶん正しい。

たしかに、どんな営業組織にも、強制力のあるルールは必要だ。具体的な事業目標を設定し、その達成に向けて尻をたたかなければならない。しかし、そんななかでも、革新的な方法でその目標をめざす自由をマネジャーに与えてやる必要がある。現実には、それが可能な文化をそなえた企業はまだないに等しいと思われる。だからどうしたと言われるかもしれないが、そこには、次のような厳しいメッセージが隠されている――営業リーダーが「成長への回帰」を必要とする時代に、成長のエンジンが誤ったシャーシの上に乗っている。つまり、「効果」が勝利を収める時代に、「効率」が組織の前提になっているのである。そうであるかぎり、営業イノベーションが盛んになる文化の構築も、まだまだ先になる。

「効率」重視の文化から「効果」重視の文化への移行には、実際、長い時間がかかるものだ。だが、営業マネジャーの革新力アップのために、いますぐにできることもいくつかある。

マネジャーに自身の思い込みを理解させる

じつは、革新的であることを妨げる大きな障害になっていることのひとつに、マネジャーのふだんの思考パターンがある。次ページの図8・8に示すように、われわれはこの種の思考を「しぼり込み思考」と呼ぶ。しぼり込み思考とは、ある複雑な問題に直面したときに、現存する選択肢を比較検討し、解決策（ソリューション）をひとつ決めることをいう。乏しい資源をどう配分するかといった難しい決定を即座に下すときには重宝する。ただし、しぼり込み思考では、顧客の困難な課題に対する創造的なソリューションは発想しづらい。新しい選択肢を考案・検討する

図 8.8 マネジャーの思考様式

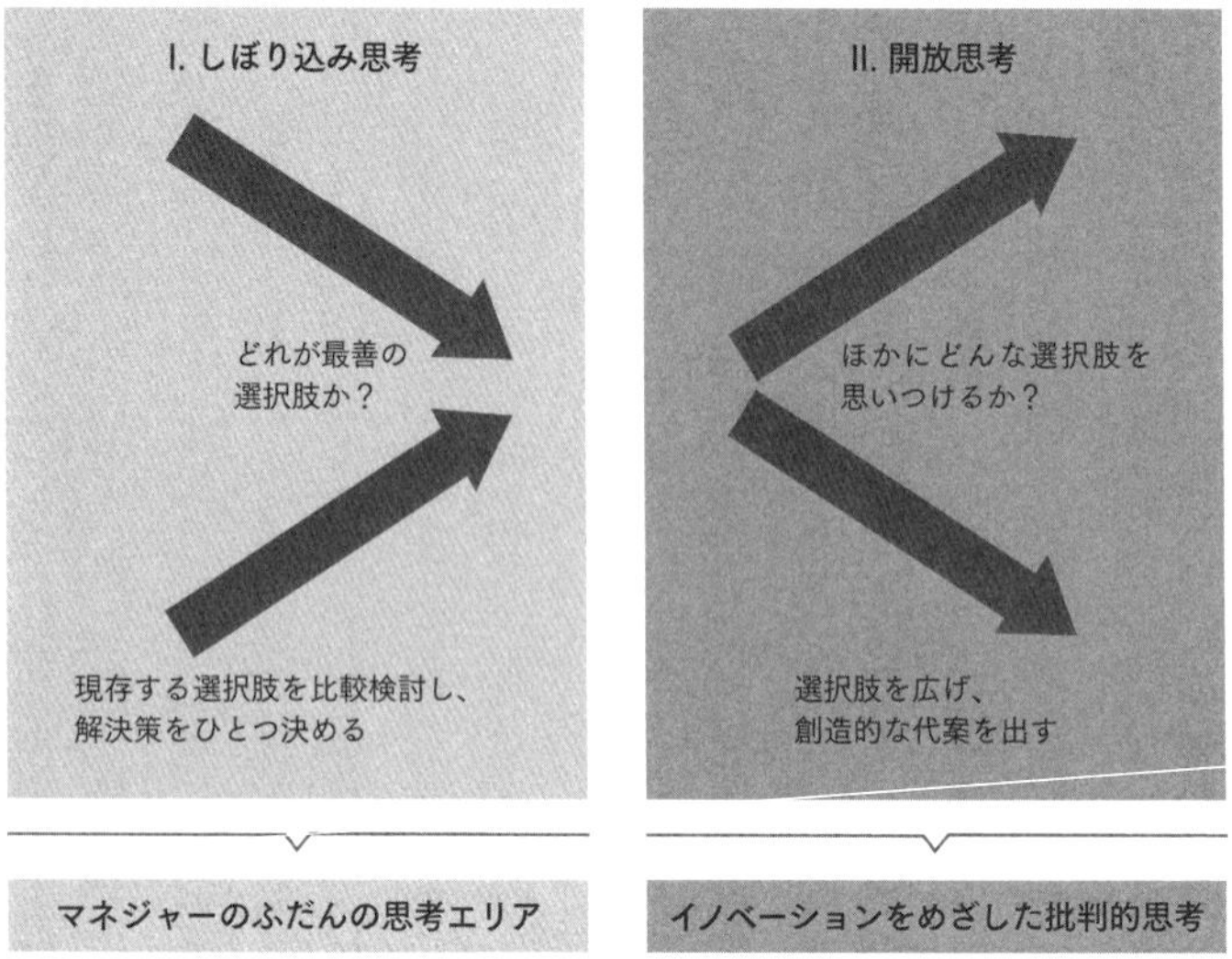

I. しぼり込み思考
どれが最善の
選択肢か？
現存する選択肢を比較検討し、
解決策をひとつ決める
マネジャーのふだんの思考エリア
II. 開放思考
ほかにどんな選択肢を
思いつけるか？
選択肢を広げ、
創造的な代案を出す
イノベーションをめざした批判的思考

出典：Morgan D. Jones, "The Thinker's Toolkit"、CEB、SLC（2011年）

のではなく、検討すべき選択肢を消去することが中心になるからだ。

その反対は「開放思考」である。こちらは、できるだけたくさんの選択肢を考案・吟味するのが特徴だ。しぼり込み思考が資源管理に有効なら、開放思考は営業イノベーションに有効だといえる。

革新的なマネジャーを育てようとするなら、とかく窮屈な考え方になりがちなのを思いとどまらせ、少なくとも、営業イノベーションが求められるときは、開放的に考えるためのツールや枠組みを、組織が提供してやらなければならない。そしてそのためには、まず、開放思考を妨げている要因がそもそも何なのかを気づかせることが必要だ。

幸い、何十年にも及ぶ人間行動の研究

により、開放思考を阻む数多くの思い込みが明らかになっている。なかでもよく問題となるのは、次の六つだ。

●実用に関する思い込み：非現実的なアイデアは捨て去るべき。
●確証に関する思い込み：説明できない顧客行動は無視してよい。
●汎用に関する思い込み：ここで駄目なら、よそでも駄目。
●伝統に関する思い込み：いつものやり方がベスト。
●最初の結論に関する思い込み：最初に出した結論がたいていはベスト。
●個人に関する思い込み：私が買わなければ、顧客も買わない。

これらの思い込みは、それ自体「悪」ではない。それどころか、大量の情報をすばやくより分け、迅速に判断を下すために日々必要とされる精神的ツールである。私たち人間、なかでも時間のない営業マネジャーが、複雑な意思決定をてきぱきこなすためのフィルターと言ってもよい。しかし同時に、こうした思い込みは、ものごとに対する深い探究をはしょってしまう。迅速な意思決定には役立つが、そのぶん、じっくり考えたうえでの意思決定が犠牲になるのだ。それに、どの思い込みも自分自身の視点からしか世界を見ていない。顧客の視点に立てないので、営業の世界では致命的になりかねない。これは、マネジャーとして不適切だからというより、人間だから起きる現象である。営業担当者といっしょに、絶望的なくらい膠着状態にある取引について検討するときにも、こうした思い込みのせいで、状況を前へ進める革新的な方法を見出せない。

では、これらの思い込みを克服し、思考を開放するにはどうすればよいか？ それには、ふたつの簡単な方法がある。第一の方法は、思い込みそのものの存在を本人に気づかせること。思い込みについて伝え、継続的に注意を喚起するだけで、自分本位の見方は大きく改善されるものだ。第二は、別の視点からの思考を促す問いかけ（自身への問いかけが主だが、販売員への問いかけも）をマネジャーに教え込むことである。

この「問いかけ」について、もう少し詳しく掘り下げてみよう。

思い込みを減らす

別の視点からの思考を促す問いかけとは、簡単にいえば、思考を広げさせる強制メカニズムである。上手に自問すれば、ある問題や状況を検討するさいに、「理解を深める」「視野を広げる」、または「アイデアを拡大する」ことができる（図8・9参照）。

第一に、問いかけの多くは、問題を十分理解してから結論を導くためのものだ。たとえば、「顧客が置かれた状況から、もっと大きな全体像が見えてこないか？」、「これが本当だとしたら、その背後でほかに何が起こっているのか？」というように。このように自問すれば、マネジャーは簡単に答えを決めつけずにすむ。

図 8.9「思考を促す問いかけ」の特徴

	1. 理解を深める	2. 視野を広げる	3. アイデアを拡大する
目的	問題を十分理解しないうちに解決策を提案または放棄する傾向を直す	個人的な視点や販売中心の視点からしか問題をとらえない傾向を直す	既存の前提条件に合うアイデアしか検討しない傾向を直す
例	● 顧客が置かれた状況から、もっと大きな全体像が見えてこないか？ ● これが本当だとしたら、その背後でほかに何が起こっているのか？	● 顧客のCFOだったら何を期待するだろう？ ● マーケティング責任者はこの提案を見てどう思うだろう？	● 顧客対応の予算がもっとあれば何をするか？ ● スケジュールが半年から1年に延びたら、どんな手を打つか？
いつ使うか	問題の中身にかかわらず同じ答えを出す傾向があるとき	問題を理解するのに個人の経験に依存しすぎる傾向があるとき	実用性の名の下にアイデアを早々にあきらめる傾向があるとき

出典：CEB、SLC（2011年）

第二に、別の視点を検討させる問いかけがある。答えはもう全部わかっていると考えがちなマネジャーは、「顧客のCFOだったら何を期待するだろう？」、「マーケティング責任者は、この提案を見てどう思うだろう？」のように考えるとよい。

最後は、実用性や現実性の枠を一時的に外させる問いかけだ。たとえば、「顧客対応の予算がもっとあれば何をするか？」と問うてみる。すぐにできない理由を探そうとするマネジャーには、うってつけだ。

では、このやり方は実践でどう機能するのだろう？　次ページの図8・10のツールを見てほしい。

われわれは、「思考を促す問いかけ」ツールをクライアント向けに豊富に用意しているが、このフレームワークは、多くの企業が営業組織

図8.10 SCAMMPERRフレームワーク

課題：顧客が値上げに抵抗している

イノベーション	内容	考えられるアイデア
置換 (Substitute)	その代わりに何が使えるか？	
結合 (Combine)	他の製品とどう統合・結合できるか？	顧客が評価する他の製品とバンドルする
転用 (Adapt)	外部のアイデアをこの状況に適用できないか？	
拡大 (Magnify)	優れた特徴をもっと強調できないか？	
修正 (Modify)	製品の特性をもっとよいものに変更できないか？	数量を減らし頻度を増やして売る
応用 (Put to another use)	顧客企業の他の部門はこれをどう思うか？	当社製品を顧客の製造工程で二次使用する方法を探す
除去 (Eliminate)	顧客が評価しない要素を除去できないか？	不要なパッケージコストをなくして値上げ分と相殺する
再配列 (Rearrange)	順序を変えてもっとよいものにできないか？	
逆転 (Reverse)	まったく逆のアプローチができないか？	

すべての問いかけに答える必要はない

出典：Michal Michalko, "Thinkertoys: A Handbook of Creative Thinking Techniques" (2006)、CEB、SLC（2011年）

で活用しているもののひとつである。一列目に並んだ単語の最初の文字をとって「SCAMMPERRフレームワーク」といい、昔からブレーンストーミングの活性化によく用いられている。

このツールがすばらしいのは、とてもシンプルなところだ。脳の配線をやり直したり、研修を長年受けたりしなくても、マネジャーはこれで、イノベーションの可能性を体系的に探ることができる。見たことがないツールかもしれないが、読み進むうちに、優秀なマネジャーはこれを毎日自動的にやっていることがおわかりになるのではないか。

たとえば、顧客が値上げに強硬に抵抗しているために取引が難航し、マネジャーと販売員がその対策を練っているとしよう。もちろん、販売員がどんな提案をするかはわかっている。価格が高すぎるのだから、割引を持ちかけるべきだ――。

しかし革新的なマネジャーは、その限られた解決策に飛びつくのではなく、このようなツールを使って、次に何をすべきかを幅広く考える。価格を変えなくても顧客を納得させるような、仕切り直しのアイデアをいろいろ出すことができるのだ。「代わりになるものはないか？」、「他の製品と組み合わせられないか？」、「ほかでうまくいったアイデアをここに適用できないか？」などの問いかけによって、マネジャーと販売員は、割引を安易に持ち出す前に、もっと幅広い検討を迫られることになる。

この図の「修正」の項目にあるように、たとえば数量を減らし、頻度を増やして売るのはどうか？　あるいは「除外」の項目にあるように、不要なパッケージや専用のパッケージをやめれば、値上げ分を相殺できるかもしれない。ＳＣＡＭＭＰＥＲＲフレームワークは、行動の可能性を広げさせるためのしかけである。すべての問いかけに答える必要はない。

ここまでで、現場のマネジャーが果たす重要な役割は、理解いただけただろう。次章では、われわれがさまざまな企業の「チャレンジャー」営業組織づくりをサポートするなかで学んだ、実践的教訓を紹介しよう。

第9章
先例に学ぶ

二〇〇九年に「チャレンジャー」の重要性を発見して以来、CEBは営業リーダーやマーケティングリーダーが「チャレンジャー・セールス・モデル」を導入する手助けをしてきた。そして、これらの先例から、じつに多くのことを学び取った。本章では、営業リーダー、マーケティングリーダー、そして経営幹部にとっての実践的教訓を紹介する。

営業リーダーに贈る教訓

すべてのハイパフォーマーが「チャレンジャー」とはかぎらない

リーダー層の人間はともすれば、ハイパフォーマーはみんな「チャレンジャー」だと考えがちだ。だが、ハイパフォーマーにもいろいろあり、「指導」「適応」「支配」を通じて「チャレンジャー」になるのは一部である（われわれのデータによれば、およそ四〇％）。「チャレンジャー・セールス・モデル」とは、「チャレンジャー」販売員が自然にやっていることを制度化・体系化したものである。彼らがどのように「指導」「適応」「支配」するかを調べ、その知識を営業担当者全員と共有する——これを効果的に行なうためには、パフォーマンスの高い「関係構築」タイプや「一匹狼」タイプの戦術や習慣を、誤って記録しないようにしなければならない。

まず肝心なのは、「チャレンジャー」を正しく特定することだ。そのうえで、彼ら「チャレンジャー」の営業ぶりを観察する。「チャレンジャー」を特定してくれ、とマネジャーに頼むだけでは駄目だ。それをやると、実際の営業スタイルに関係なく、パフォーマンスの高い販売員を選ぶ可能性が高いからだ。

ＣＥＢでは、「チャレンジャー」調査をもとに作成した、企業向け診断テストを使用している。質問内容は、「チャレンジャー・セールス・モデル」をつくるときに使ったものと同じである。巻末に「付録Ｂ」として、簡易版の自己診断を載せているので参照してほしい。

すべてのハイパフォーマーが「チャレンジャー」とはかぎらないように、すべての「チャレンジャー」がハイパフォーマーとはかぎらない。なかには、「休眠中」の「チャレンジャー」もいる。正しいスキルをそなえているのに、その使い方がわからないのだ。だが、いったん「指導」

「適応」「支配」の枠組みにふれれば、彼らのスキルは「活性化」される。

「ローンウルフ」に気をつけろ

われわれの調査をつぶさに観察した方なら、じつは「ローンウルフ」すなわち「一匹狼」タイプこそ、ハイパフォーマーである確率が最も高い、と主張されるかもしれない。これは、ある意味正しい。「一匹狼」の販売員がサンプル全体に占める割合は一八%と少ないが、ハイパフォーマー全体を見ると、その二五%が「一匹狼」である。言い換えれば、ある集団から抜き出した「一匹狼」がじつはハイパフォーマーである確率は、きわめて高い。ただし、そこからすぐ、販売員はみんな「一匹狼」であるべきだと結論づけるのはまずい。

なぜか？　「一匹狼」ばかりの営業組織には、パターンというものがないからだ。彼らは人から押しつけられたプロセスやルールには従わないので、その行動を組織のなかで再現するのは不可能である。つまり、トップパフォーマーがいくら優れた成績を収めても、平均的パフォーマーを同じように彼らのレベルまで引き上げるすべがないのだ。

「一匹狼」はまた、複雑なソリューションをチームで協力して売り込むことが求められるといった環境にそぐわない。あるハイテク企業の営業担当バイスプレジデントは、次のように語っていた。「うちは個人ではなく、チームとしての営業に急速に移行しています。そんな環境では、『一匹狼』はちょっと厄介な存在ですね」。個々の「一匹狼」はそれなりに成果を出せるかもしれないが、彼らがチームを組むと、何も売ることはできない。

さらに、販売員のタイプは環境に左右される面があることがわかっている。販売員は、基本的にいちばん儲かるやり方、会社から報われるやり方を追求しようとする。もし、営業組織の大半を「一匹狼」が占めるとすれば、それは彼らが「効果的な営業法など自分で見つけてこい」と直接的・間接的に言われているからだという可能性が高い。このような環境のままでは、その会社は信用を失い、販売員からそっぽを向かれる。顧客ニーズの権威として的確な助言をくれるどころか、成功の邪魔にさえなる組織だと思われるだろう。「一匹狼」の営業部隊に言わせれば、会社は販売員に何の付加価値も与えてくれない。研修や営業プロセス、CRM、各種のツールなどは、彼ら「一匹狼」にとってはほとんど無価値である。こうした組織で販売員がノルマを達成したとしても、それは会社側が提供したサポートやアドバイスのおかげではない。

「チャレンジャー」採用に踏み出せ

「チャレンジャー」は育成できる、とわれわれは固く信じている。「チャレンジャー」養成研修を受けた販売員は、この役割を担うことを大いに喜んでくれるし、一度そのコツがわかれば、彼らはすぐにでも顧客に「チャレンジ」することができる。しかし一方では、やめていく販売員の補充、あるいは組織の成長にともなう増員に、「チャレンジャー」を採用するのもアリだろう。「チャレンジャー」を採用する場合は、これまでとは違う面接や選抜のしかたが必要になる。わわれわれはその支援ツールとして、「チャレンジャー」採用ガイドを作成している（「付録C」を参照）。このガイドは、「チャレンジャー」販売員の主要コンピテンシー（能力や行動特性）を軸に、面接官の質問例、コンピテンシーごとの評価基準、注意すべき点などを示している。

たとえば、「チャレンジャー」のコンピテンシーのひとつに、「独自の視点を顧客に提供できる」というものがある。この点を探りたいなら、面接官は「顧客との会話をふだんどのように始めますか？」、「顧客に、自分たちが抱える問題やニーズについて、違う角度から考えさせたときのことを教えてください」のように尋ねることができる。面接を受けるほうは、売り手の強みよりも、顧客にとってのベネフィットを強調すべきであるし、できれば、顧客の考え方を変えるきっかけになるような独自の知見《インサイト》を提供するのが望ましい。売る側の特徴や長所ばかりに焦点を当てたトークは要注意である。

このツールは、多くのクライアント企業に採用されている。ある飲料関連企業によれば、「チャレンジャー」採用ガイドを使って雇い入れた販売員は、「もとからいる販売員たちより営業成績がよい」という。

一般に手に入る予備選考ツールを使って「チャレンジャー」をしぼり込んだという成功談も耳にするが、この場合は、既存ツールを改良していることが多い。販売員向けの予備選考ツールはいろいろあるが、「チャレンジャー」を特定する目的でつくられたものはない。誰かがこの問題を解決するまでは既存のツールを使うにしても、営業リーダーはよく注意する必要がある。

個人のスキルと組織の能力は並行して開発せよ

「チャレンジャー・セールス・モデル」の恩恵を十分にこうむろうとするなら、会社が組織の能力にも個人のスキルにも投資しなければならないのは明らかである。だが、この投資に適切な順序があるのかどうかは定かでない。まず組織の能力を築くべきなのか、それとも販売員のスキルが先なのか？ これはクライアントがよく発する質問である。われわれの答えは、「優れた組織は両方に同時に投資する」だ。

販売員の意識やスキルを高めないまま、「商談直結型の指導」メッセージをつくり上げようとする企業からは、販売員たちが新しい指導メッセージを受け付けず、長年慣れ親しんだやり方に戻りたがるという話をよく聞く。同様に、販売員のスキルには投資したが組織の能力には投資していない企業では、販売員たちが、本来の「チャレンジャーモデル」の実行に必要なツールがないと感じてしまう。

これに対して、両方を同時にめざす企業は、ダイナミックで効果的な協力体制がとれるようになる。「チャレンジャー」アプローチの威力を知った販売員は、マーケティング部門からの「指導メッセージ」をほしがり、同じく「チャレンジャー」アプローチの考え方に賛同したマーケティング部門は、営業部門からインサイトのヒント（つまり、パフォーマンスの高い「チャレンジャー」によって、いままさに届けられているメッセージ）を得ようとするのだ。

教育研修だけでなく、その前後も変えよ

給料は別にしても、営業研修の費用は会社にとって使ってても使わなくてもよい裁量支出である。また、研修にかかる時間とお金は無駄になりやすい。ニール・ラッカムの調査によれば、営業研修の内容は、一カ月で八七％が忘れ去られるという。

では、「チャレンジャー・セールス・モデル」の場合はどうか？　このモデルは、販売員の大きな行動変革を必要とするため、人材育成担当部門には、変革を実現・維持しなければならないというプレッシャーがかかる。研修の効果を定着させるうえで欠かせないのはコーチングであるが、ほかにも重要なポイントがある。われわれの最近の調査でわかったのだが、研修そのものをいくら改善しても、内容を定着させるのは難しい。むしろ大事なのは、研修の前後に何ができるかである。

研修投資の効果（ＲＯＩ）を大きく高めるため、先進的な企業では三つのことを実行している。第一に、販売員の「変革需要」を高め、研修への期待を事前に盛り上げること。第二に、質の高い体験学習を用意し、実践に備えたよい練習になると感じさせること。そして第三に、時間とともに学習効果を強化する行動認証プログラムをつくること。

これらは、「チャレンジャー」養成プログラムの設計思想の大きな特徴である。「チャレンジャー」販売員の行動を中心に据えているので、研修の中身がユニークなのはもちろんだが、あわせ

て、「これもしょせん上からの命令だろう」と思わせないために必要な「需要」を生み出すようにしている。また、確かな実践練習の場となるよう、デュポン、メルク、ナイキ、IBM、バンク・オブ・ニューヨーク・メロン、プロクター・アンド・ギャンブル（P&G）といった企業の元営業リーダーを招いて、教室での体験学習を進めている。それからこれも重要なのだが、われわれは、研修の効果を測るためによく使われる、「何かを学びましたか？」的なアンケート評価では満足せず、研修効果を持続させるための構造的アプローチをとっている（日々のコーチングを通じて、変革の推進役となるマネジャーとのやりとりに時間をかける）。これによって販売員は、教室で学んだ新しい行動を確実に実践し、目標どおりの成果をあげることができるのだ。

以上三つの原則にこだわるのが、教育研修のミソである。われわれはすべてのクライアント企業に、研修の「前後」に頭を使うよう助言している。そうすれば、販売員のなかに需要が生まれ、この重要な投資から着実にリターンが得られるからだ。

マーケティングリーダーに贈る教訓

「顧客中心」を声高に叫ぶな

B2Bのサプライヤーは、かつてないほど「顧客第一」を強調している。この不況から脱して成長するには、何をするにも顧客価値を最大化しなければならないという理屈である。だが先述したように、ビジネスに悪影響を及ぼす「顧客中心」もある。クライアント企業からよく聞く例はふたつ。①長期的に何も得られないのに、値引きなどをして収益性を悪化させる。②まるで御用聞きのようにふるまう（つまり、長期的な取引関係について考えさせるのではなく、顧客からの短期的な要求にばかり応じる）。

「顧客中心」という言葉は、もはや手垢がついてしまった感がある。たとえば、研究開発プロセスに顧客を関与させたからといって、「その顧客が一日に一〇時間オフィスで何をしているか、何に苦労しているか」（あるクライアントの言）を、平均的販売員が理解できるわけではない。営業の世界の顧客中心とはそういうことであり、販売員がそれを知っている例はめったにない。

結論はシンプルである。顧客中心の組織を本当につくりたければ、「インサイト中心」の組織をつくらなければならない。顧客があなたの製品やソリューションではなく、自分自身のビジネスについて考え方を改めるきっかけになるような、インサイトの創出をめざさなければならないのだ。

「デブラ・オラー・クエスチョン」は避けて通れない

「顧客はなぜ、他社ではなくわが社から買うべきなのか？」。もしこの問いに答えられなければ、「チャレンジャー・セールス・モデル」失格である。

「チャレンジャー」アプローチの要諦は、顧客の世界観を再構成し、コスト削減や利益アップの方法に関する、新しい考え方を提示することにある。顧客の目を引くコスト削減や利益アップのアイデアはいろいろあるかもしれないが、そのほとんどは、あなたならではの能力（あなたがライバルより勝る能力）とは結びつかない。自分自身を差別化できなければ（「なぜ顧客は他社ではなくわが社から買うべきなのか」という問いに答えられなければ）、あなた独自のアピールポイントを顧客に教えることなどできない。

どの企業にも、独自の差別化要因が何かしらある（さもないと、たぶんこの世に存在していない）。その独自のベネフィットにつながるインサイトを考えるには、なにもゼロから始める必要はない。経験豊富なマーケティング組織なら、現場でまさに「チャレンジャー」販売員が、顧客に新しいインサイトを教えていることがわかっている。それを活用すれば、もっと拡張かつ持続可能な「商談直結型の指導」力を築く取り組みにも、弾みがつくはずだ。

プレゼンテーションスライドに、この一〇語は禁物

あなたの会社の標準的なプレゼンテーションスライドや、ホームページの「わが社について」、あるいはPR用資料などをよく見てほしい。そのなかに「業界随一」「ユニーク」「ソリューション」「革新的」などの語があれば注意しよう。とくに「私どもはお客様独自のニーズを理解し、そのニーズに応じた個別のソリューションを提供いたします」のようなフレーズがあれば、削除することだ。こうした決まり文句を使うたびに、「うちは他社とまったく同じです」と言ってい

	使い古された言葉	プレスリリースでの登場回数
1.	リーダー	161,000
2.	業界随一	44,900
3.	ベスト	43,000
4.	トップ	32,500
5.	ユニーク	30,400
6.	偉大	28,600
7.	ソリューション	22,600
8.	最大	21,900
9.	革新的	21,800
10.	革新者	21,400

るようなものだからだ。

皮肉にも、違いは強調すればするほど、よそと同じように聞こえる。広報の専門家アダム・シャークが、先だって企業広報で使われる言葉を分析したところ、結果はさんざんだった。頻度トップテンは、上表のとおりである。

当然ながら、ひとつの業界にリーダーは一社だけである。なのに一六万一〇〇〇社がそれぞれ、「われこそはリーダー」だと考えている。七万五〇〇〇社以上が自分たちは「ベスト」または「トップ」だと考え、三万四〇〇〇社が自分たちは「ユニーク」だと考えている。「ソリューション」も第七位に入った。もしも、自分たちの製品・サービスを「ソリューション」と呼べば差別化できると考えているなら、考え直したほうがいい。各社がこぞって、わが社は「業界随一のソリューション」を提供していると言ったら、顧客はどう考えるだろう？　反応は想像に難くない。「なるほど——一〇％引いてください」

われわれは創業以来、「うちの提供価値はライバル以上だ」と考えない企業に出会ったことがない。当たり前だろう。二流製品をつくる会社で働きたいと思う人がどこにいる？　しかも、それを売るのが仕事だとしたら。だがそのとき、使う言葉がまったく同じだと、自社製品の優位性を正しく表現しようとすればするほど、正反対の結果になってしまう。そう、ほかと同じに聞こえてしまうのだ。

われわれのクライアント企業の顧客も、たとえ偉大な製品でも他社と大差はない、と言う。あなたがいくら、「目に見える価値を提供するために参りました」と語ろうが、次にやってくる販売員もまったく同じせりふを口にするのはまちがいない。ある食品会社の調達責任者が、次のように述べたことがある。「『価値』という言葉を聞くたびに身構えます。何かを売り込む気だなとわかりますから」。同じ顔をした双子でも親なら区別がつくように、似たような製品でもあなたにはその微妙な違いがわかるのだろう。でも、顧客にはたぶんわからない。

とはいえ、ライバルとの差別化は不可能ではない。そのコツは、違いを述べるのではなく、違いを顧客に尊重させるところにある。そのためには、ふたつのことを覚えておくとよい。

第一に、好感を持たれるよりも、印象に残ることをめざす。事業上の利益やノウハウについて話をするのも、スポーツや子どもに関する世間話をするのもかまわないが、独自の鋭いインサイトを中心に会話を再構成しないかぎり、顧客はあなたが帰ればすぐに話の内容を忘れてしまうだろう。「違う」ことには危険もともなうが、忘れられるよりはよっぽどいい。

第二に、あなたのソリューションを前面に出すのではなく、ソリューションへつながるように話を組み立てる。自社の能力についてしゃべる前に、顧客自身が気づいていなかった問題を指摘する。もちろん、それはあなたのほうが競合他社より首尾よく解決できる問題でなければならない。そのうえで初めて、ソリューションの詳細へと話を進めるのだ。

経営幹部に贈る教訓

「チャレンジャーモデル」を拒絶する一部の層に寛容であれ

われわれはよく、「チャレンジャー」でないハイパフォーマーについて質問される。ノルマは達成するけれども「チャレンジャー」とは異なる営業アプローチをとる販売員がいる場合、顧客とのかかわり方を変えさせるべきだろうか、と。われわれの答えは、「その必要なし」である。ただし、いくつか注意点がある。

営業組織をなんらかの方向へ変えようとするとき、われわれが学んだ教訓のひとつは、「一〇〇%をめざすな」ということである。新しいスキルであれ、ツール、プロセス、システムであれ、八〇%の採用をめざすのがよい。残りの二〇%はそう簡単にはクリアできない。模範的な企業は八〇%をめざし、残る二〇%には好きなようにさせておく。ただし、その二〇%の販売員も、目標を達成している（そして、組織全体の変革に悪影響を及ぼさない）ことが条件である。

「チャレンジャー」アプローチを推進するさいも、同様である。なかにはその取り組みに抵抗し、ちゃんと結果を出しているのだから変わる必要はないと主張する販売員もいるだろう。彼らが目標を達成しつづけるかぎり、それはそれでかまわない。つまりこういうことだ。営業パフォーマンス向上をめざす新しい共通プログラムを組織が導入するとき（この場合は「チャレンジャー・セールス・モデル」）、これを拒むのは事実上、「一匹狼」タイプである。そして本書でもすでに述べたように、「一匹狼」のマネジメントの常道は「剣に生き、剣に死ぬ」である。パフォーマンスが落ちた瞬間、彼らはその新しいアプローチを採用するか、あえて身を引くかしなければならない。

パフォーマンスの高い販売員には、共通点がある。彼らは、どうすれば業績を改善できるか、絶えず研究を怠らない。だから、われ先に新しいものを試そうとしやすい。エリートアスリートみたいなものだ。陸上の世界のハイパフォーマーは、さらなる強みを絶えず探し求めている。役に立ちそうな新技術があれば採り入れるし、これはというトレーニング法があれば試してみる。成績向上につながる新しいスキルがあれば、身につけたいと思う。営業の世界のハイパフォーマーも同じである。営業について研究熱心で（本書を読むのもたいがい一番乗りだったはずだ）、他の販売員が用いてうまくいったメッセージやツールに目を光らせている。

だが、これもエリートアスリートと同様、パフォーマンスの高い販売員は目が肥えている。新しいやり方に価値がないと思えば、てんで受け付けない。逆にいえば、ハイパフォーマーである「チャレンジャー」（および「チャレンジャー」のスキルをそなえた優秀なマネジャー）を特定し、彼らを早いうちに賛同者にすることができれば、残りのメンバーもついてくる可能性は高い。

いま現在、「チャレンジャー・セールス・モデル」は新しい手法であるが、やがてすぐに標準的モデルとなるだろう。その採用を拒んでいる人も、「チャレンジャー」メソッドを導入している他社の販売員とかかわりを持つ顧客が増えてくれば、顧客への食い込みがだんだん難しくなるはずだ。最先端の分野は絶えず移ろい、進化する。他に先駆けて導入した者が恩恵を得るのは確かだが、いずれその導入は選択肢のひとつではなく、必須条件となる。

抵抗を見せる「最後の二〇％」に手を焼く営業リーダーも、時間がくれば解決するとたかをくくっていればよい。ノルマをクリアしているかぎりは、抵抗派の販売員には好きなように売らせておこう。だが彼らも年々、そうした好業績をあげるのが難しくなる。同じ組織の他の販売員に抜かれはじめるといらだちを隠せず、ついには新しい方法を試すようになるだろう。

「犠牲者」を覚悟せよ

われわれの経験では、販売員の二、三割はおそらく「チャレンジャーモデル」への転換ができない。自分たちのやり方にこだわりすぎていたり、「チャレンジャー」の特性を見て、「そんな仕事をしにきたんじゃない」と思ったりするようだ。

彼らは駄目な従業員ではないが、ノルマのある仕事に向いていないのは確かだろう。とくに複雑で手間のかかる営業にはまず向かない。クライアント企業の数々の実績によると、こうした人たちは、たとえば顧客サービスの仕事にうまくはまるらしい。マーケティングや製品のスペシャリストという道もあるという。要は、現場のことはよくわかっているが、販売員のように顧客に挑みかかる必要はない、そんな場所である。

いずれにせよ、販売員の二、三割が変身できないとしても、七、八割はそれができるということを忘れてはいけない。営業リーダーにとって、この数字は御の字である。われわれは販売員のDNAを配列し直そうとか、その人となりを変えようとかいうのではない。顧客を前にして「チャレンジャー」としてふるまうのに必要なスキルやツール、コーチング力を身につけさせるのが目的だ。そして多くの販売員は、それができる。しかも喜んでトライしてくれる。プロの販売員として成功するための、まったく新しい、いままでになく具体的な道しるべが示されるからだ。求められるのは、人間を変えることではない。売り方を変えることである。

実験をしたうえで全面導入せよ

第5章で紹介したW・W・グレインジャーは、注意深く実験を重ねながら、新しい営業モデルや指導ツールを広く採り入れていった。たいていの企業は、新しいツールの全社的導入の前に、どんな修正が必要かを知るための実験をするが、グレインジャーは一歩先をいく。いつ、なぜ導入がストップするかを知るための実験をするのだ。具体的には、四つの問いを立てている。

①このツールをいち早く導入する人たちはどの程度いるか（導入がストップし、導入曲線が横

ばいになりそうなのはいつか）？
②いち早く導入するのはどんな人で、導入しない人と何が違うか？
③このツールの効果をもっと正確に予測するには、どんな指標をチェックすればよいか？
④この経験を活かして、どうすればツールの効果を高め、導入率を上げることができるか？

これらの問いに答えることで、グレインジャーの営業オペレーションチームは、導入が止まったときにそれを打ち破る方法を、あらかじめ計画できるのだ。

同社によれば、販売員はツールを採用するかどうかを決めるとき、時間軸に沿って「アーリーアダプター（早期導入）」「マジョリティ（多数）」「ラガード（出遅れ）」「ネイセイヤー（拒絶）」の四つのタイプに分けられるという。前のタイプを説得しないうちに次のタイプに導入を迫っても、労力の無駄になりかねない。たとえば、「マジョリティ」は「アーリーアダプター」がうまくいくかどうかを見守っており、「ラガード」は「マジョリティ」が成功したのを見てからツールを受け入れる。正しいタイプに、正しいタイミングで、正しいルートを通じて働きかけるのが、「アーリーアダプター」と「マジョリティ」のあいだにある「キャズム（溝）」を越えて導入を拡大させるカギである。新製品を市場に浸透させていくのと同じ要領だ。

グレインジャーの導入戦略でもうひとつポイントになるのは、「近さ」が大切だということだ。営業マネジャーは平均的な販売員に、ハイパフォーマーがすることをまねろと言いたがる。だが、ハイパフォーマーの行動を手本にさせるのは、変革を社内で「売り込む」手段としては失敗しやすい。たしかに、あるべき行動を規定するという意味では、ハイパフォーマーの行動をまねるのは正しい。本書でも、あなたが再現すべきハイパフォーマーの行動について具体的に紹介している。しかし、この変革を本格的に展開する段階で、「ハイパフォーマーがすることをまねろ」というのは、むしろ逆効果である。

なぜか？　人は、花形パフォーマーが成功したからツールを使いはじめたり、特定の行動をとりはじめたりするのではない。自分と同じような人が成功しているから使うのである。だから、新しいアプローチを販売員全体に広げようとするなら、非「チャレンジャー」から「チャレンジャー」への変身に成功した平均的パフォーマーの事例を、さまざまな市場、さまざまな製品ポートフォリオから探してこなければならない。そうした事例は、正しい実験をすることで初めて手にできる。

用語は馬鹿にならない

「チャレンジャー」という言葉が、ときに人の神経に障ることがあるのは承知している。これまでにも、いろいろな反発があった。市場で攻撃的あるいは野蛮なふるまいをしても許される、と販売員が誤解したら困るという会社もあれば、「関係構築」タイプとの違いを強調すると、もはや関係性は重要でないとの誤解を招きかねないと恐れる会社もある。

クライアント企業のなかには、「チャレンジャー」がじつは顧客との関係を強化するのだとしたら、「新しい関係構築者」のような呼び方にしてはどうかと提案してくれるところもあった。にもかかわらず、われわれがそうしない理由は単純である。「新しい関係構築者」では、誰も気にとめないからだ。もし疑うなら、自問してほしい。本書が「新しい関係構築者」の養成法に関する本だったら、はたして買っていただろうか？　まずまちがいなくノーだろう。

あなたが推進しようとする変革に組織の注意を向けさせるためには、「認知的不協和」が不可欠だ。そのうえで、販売員が「あれではなく、これをする」のだとはっきり理解する瞬間がなければならない。新しいモデルが古いモデルの焼き直しなら、わざわざ変える必要がどこにあるだろう？　変革はやはり難事業である。AからBへの明確な変化を見せられれば、販売員はその違いに納得するだろうが、それがAバージョン1からAバージョン2へのマイナーチェンジなら、「今週の重点プロジェクト」とか、悪くすれば「ほとんど同じ」くらいにしか思ってもらえない。

メッセージを骨抜きにしてはならない。われわれの調査の威力は、ひとつには、そこに提示される古い売り方と新しい効果的な売り方とのコントラストにある（これは、モデルそのもののアーリーアダプターによって確認されている）。古い売り方のほうにメッセージの重心を置くと、販売員は、「行動を少し修正してもよい」と言われているように感じる。だがそれでは、結果的に何も変わらない。メッセージが組織に及ぼす影響力を測る最良の指針は、「どれだけの人が反対するか」である。これは、たぶんどんなことにも当てはまるが、営業組織で変革を推し進めようとする場合は、とくにそうだ。古いやり方に対する彼らの固執の度合いは、控えめに言っても相当なものだから。

言い換えれば、もしあなたが営業リーダーや研修の専門家なら、あなた自身が「チャレンジャー」でなければならない。あなたが売り込む変革を、販売員が尊重するようになるまで指導しなければならない。誰の反発も招かない安全な言葉は、組織に波風を立てないかもしれないが、あなたの話を覚えている人はほとんどおらず、したがって変革の果実を得る可能性は低いだろう。

販売員が顧客にプレゼンテーションする場合も同じである。ほかにはない営業体験、結果的にロイヤルカスタマー増につながる営業体験を生むのは、(顧客の考え方を再構成する言語やデータを通じて)建設的な緊張関係をつくりたいという「チャレンジャー」の願いなのである。

「ここでは無理だろう」と思い込むな

グローバルな営業組織を擁するクライアント企業から、「チャレンジャー・セールス・モデル」は欧米以外の市場でも有効か、と訊かれることがある。というのも一部の市場、すなわちアジア太平洋地域では、「チャレンジ(挑む)」という行為や表現が、より攻撃的で尊大に思われがちだからだ。

顧客にインサイトをもたらす組織および販売員こそが報われる、という「チャレンジャーモデル」の中心的教えは、どこで売ろうが誰に売ろうが変わらない。このことは、われわれの顧客ロイヤルティ調査（全世界の顧客が対象）だけでなく、クライアント企業（その多くが長年、国外市場で営業組織のマネジメントに携わっている）によっても裏づけられている。コスト削減や利益アップを後押しする新しいアイデアがほしいのは、なにも欧米の顧客だけではない。

ただし、アジア太平洋などの販売員やマネジャーに門前払いされないよう、少々の工夫は必要かもしれない。われわれの経験では、アジアの営業組織のなかには、「チャレンジャー」という表現に尻込みし、顧客に「教える」という考え方を嫌うところがある。「チャレンジャー」を別の名で呼んでメッセージを骨抜きにするのは避けたいが、「教える」のような言葉を「インサイトを伝達・共有する」と言い換えるのはいいだろう。

あるクライアントの社員は、中国の営業チームに「チャレンジャー」アプローチを紹介したときの経験を話してくれた。そのとき彼女は、最初の何回かは反応が鈍いので驚いたという。そこで、三回目のセッションが終わったところで、昔からの部下のひとりを目立たないように呼んで尋ねてみた。なぜ、マネジャーも販売員も、「チャレンジャー」コンセプトに乗り気でなさそうなのか？　米国やヨーロッパでは大いに盛り上がったのに――。

部下の説明によれば、調査そのものにはみんな興味を引かれたが、言葉づかいが少し気になるという。彼は微修正を提案した。「教える」「チャレンジする」「支配する」などの前に、「敬意をこめて」という言葉を加えてはどうか、と。次のセッションで彼の案を取り入れると、営業チームは前よりずっと熱心になった。口々にあれこれ質問したり、新しいインサイトを持ち込んで顧客の考え方に「敬意をこめてチャレンジする」方法を、率直に話し合ったりしたという。

このように、「チャレンジャー」のコンセプトは欧米以外の市場でも有効だが、チャレンジのしかたには、多少の違いがあるかもしれない。アイデアを顧客に紹介し顧客と話し合う、そのやり方は、国や地域の文化によって差がある場合も考えられる。だが、営業というのは昔からそういうものだ。文化は違っても基本原則は同じ。その実行方法は各地の行動規範などに応じて変化する。言い換えれば、「チャレンジせよ、だが適宜適応せよ！」となる。

いますぐ始めよ

前にも言ったが、もう一度くり返そう。もし即効薬を求めているのなら、よそを当たったほうがいい。「チャレンジャー・セールス・モデル」を全面展開してすぐに成果を出した企業もあるにはある。われわれがサポートしたある企業は、一年で市場シェアを六％伸ばしたし、別の企業は「チャレンジャー」研修を全社的に導入して三カ月とたたずに、かつてない大型案件をものにした。だが「完全導入」は、一朝一夕では無理である。

「チャレンジャー・セールス・モデル」は、商談成立へ向けた変革プロセスである。これを正しくやり遂げるには、営業部門とマーケティング部門の交流のあり方、営業担当者に持たせるツール、採用する販売員、販売員への研修内容、マネジャーと販売員のコミュニケーションのあり方を、大きく変えなければならない。どれも簡単ではない。本書で紹介した企業の大部分が、この変革には、月単位ではなく年単位の時間がかかったと言うだろう。そして、その取り組みはいまも続いている、と。さきに述べたように、「チャレンジャー・セールス・モデル」はたんなるソフトウェアの追加更新ではなく、組織全体の新しいオペレーティングシステム（OS）なのだ。

しかし、悪い知らせばかりではない。いまスタートすれば、ライバルより先に販売員の行動を変えることができる。しかも、顧客が何を求めているかはデータから明らかである。ライバルが自社製品の特徴やメリット中心の会話で武装した「関係構築」タイプを送り込むあいだに、あなたの会社の「チャレンジャー」販売員は、質の高いインサイトで顧客を引きつけ、顧客が気づきもしなかった問題を指摘・伝達する。ライバル企業の販売員に対応する顧客が、時計をちらちら見ながら、「ご提案の件については追ってご連絡します」と心にもない返事をする一方、あなたの販売員に対応する顧客は、ゆっくり時間をとり、再訪を快く受け入れ、行動を起こす約束をしてくれるだろう。

ライバルは顧客を探すことに力を注ぐが、あなたは顧客をつくっているのである。

おわりに　営業を超えたチャレンジ

二〇〇九年の終わりに開催した、クライアント向けミーティングの昼休みでのこと。あるハイテク企業の営業責任者が、出席者三〇人ほどに「チャレンジャー」の調査結果を発表したばかりのわれわれのほうへ身を乗り出して、こう言った。「きょうの発表はじつにおもしろい。営業マンに関する話も興味深い。ですが、それ以上に、いまの話はこの会社での私のキャリアそのものなんです」

何のことだかわからず、われわれは彼にその意味を尋ねた。「私はずっと営業にいるわけではありません」と彼は説明した。「最初はエンジニアでしたが、その後、ＩＴ部門、人事、マーケティングを経験しました。営業はまだ日が浅いんです。おもしろいのは、『チャレンジャー』アプローチが、そのどれにも当てはまりそうなところです」。そして続けた。「ＩＴにいるときは、社内の顧客に価値を提供する力をどうやったら伸ばせるだろうと、いつも話していました。つまり『御用聞き』の状態から抜け出し、信頼できるアドバイザー、ライン部門のコンサルタントのようになるにはどうすればよいか、と。それから人事に異動したのですが、みんなで話し合うことは同じでした。マーケティングもそうです。まさに『チャレンジャー』とは、という話です。これは営業担当者だけの問題ではありません。みなさんは営業以外のシーンに、このモデルを当てはめてみたことがおありですか？」

じつはそんな発想はしたことがなかったのだが、CEBの同僚たちは違っていた。

わが社のような企業の一員であるメリットは、世界中に数多くの同僚がいて、ありとあらゆる企業部門に関する最先端の調査・研究結果を生み出していることだ。「セールス・リーダーシップ・カウンシル（SLC）」は、「営業、サービス」をめぐるわが社の取り組みのひとつだが、全社的には、そうした大きな取り組み分野がほかに七つある。「人事」「財務」「イノベーション、戦略」「法務、リスク、コンプライアンス」「情報技術」「マーケティング、コミュニケーション」「調達、オペレーション」である。

全部合わせると、わが社のクライアントは一一〇カ国以上のおよそ一万の組織、二四万人以上のビジネスリーダーに及ぶ。どんなビジネスイシューにも相当広い角度から対応できるわけだ。そこで、われわれは電話に向かい、さまざまな同僚幹部に訊いてみた（一部のクライアントにも尋ねた）。「『チャレンジャーモデル』は、そちらの分野にも当てはまりますか？」

するとおもしろいことがわかった。あのとき発言した男性は、かなり鋭かったのだ。

社内顧客もインサイトを必要としている

ここまで読み進めればもう明らかだろうが、顧客が何よりも望んでいるのは、売り手が有益な知見《インサイト》を提供してくれることである。インサイトとはすなわち、顧客自身がそれまで考えもしなかった、コスト削減や利益アップの新しいアイデアのことだ。そして組織内部の顧客もまた、関連部門に同じことを望んでいる（期待している、といったほうがより正確かもしれない）。

たとえば人事部。わが社の調査によると、採用担当者のパフォーマンスを左右する要素のトップは、戦略的アドバイザーになれることだった（五二％）。次いで、パイプライン管理（商談プロセスの把握・管理）が三三％。採用プロセスの管理能力は、わずか一五％だった。注目すべき結果だ。だがもっと興味深いのは、採用責任者に言わせると、現時点で有能なアドバイザーといえるのが、全担当者の一九％にすぎないということである。

ＩＴ分野の同僚からも、似たような話を耳にした。彼らは昨年、ＩＴビジネスリエゾン（ライン部門の幹部との連絡窓口を務めるＩＴスタッフ）が、社内顧客に提供する価値を高めるにはどうすればよいか、という問題について調査した。歴史的に、これはＩＴ部門にとって大いに改善のチャンスがある分野である。

その結果によれば、自社のIT部門が事業ニーズに応じたITサービスの提供という点で「優秀」だと考えるビジネスリーダーの割合は、二〇〇七年には三一％だったのが、二〇〇九年には二六％に減少していた。IT部門に改善の余地ありと考えているのは、リーダークラスだけではない。二〇〇九年に五〇〇〇人以上のエンドユーザー（ライン部門の従業員）にアンケートをとったところ、IT部門の新しいシステムによって仕事の成果が改善したと思わない人が、七六％もいたのだ。

これは、採用そして営業の分野で得られた調査結果にとても似ている。ITビジネスリエゾンは、コスト削減や利益増をもたらすテクノロジーの利用法に関して、社内の顧客に新しいアイデアを提供することが求められている。効率的なサービスもよいが、本当に望まれているのは、どうすれば、もっと効果的に競争できるかというインサイトだ。

ふり返っておくと、企業のロイヤルティの五三％は営業体験、すなわち独自のインサイトを顧客に提供する売り手の能力に依存していた。この数字は、有能な採用担当者やITビジネスリエゾンの条件についてわれわれが得た調査結果にきわめて近い。さらに、顧客が求める独自のインサイトを提供できる営業担当者（「チャレンジャー」販売員）は、全販売員の二七％にすぎなかったが、これも人事採用やITに関する調査結果と共通している。

「御用聞き」をやめよう

「関係構築」タイプの販売員は、営業以外の分野では「御用聞き」と見なされる。CEBの同僚たちとの話し合いのなかで、われわれはこれを何度も聞かされた。「マーケティング、コミュニケーション」分野の同僚によると、広報担当者は長いあいだ、バリューチェーンを上流にさかのぼるべく、社内の顧客と戦ってきた。たんに言われたことをやるのではなく、その前提となる議論にもかかわりたいのだが、そのためには「戦術への無頓着」とでもいうべき手法を使わなければならない。言い換えれば、社内の顧客から依頼される特定の戦術（たとえば、「Xの件に関するプレスリリースの準備をお願いします」）をわざと無視し、その要請のもととなる戦略的な理由（「うちがこの分野に進出したことを、競合他社に知らせる必要があります」）を探れるようにするのである。こうすることで、経験豊富な広報担当者は、たんなる「御用聞き」では実現できない、大きな価値を届けられるようになる。

　われわれが広報プログラムのメンバーに伝える成功事例のひとつに、某自動車メーカーの広報担当バイスプレジデントの話がある。彼女は部下たちに、パートナーが抱えるビジネス上の問題について批判的思考《クリティカル・シンキング》をするための、五段階のプロセスを教示した。このプロセスは、パートナーのパフォーマンス未達の最大要因に的をしぼった広報ソリューションの立案に役立った。おかげで、ソリューションの質と効果が向上し、業績改善への広報の貢献が目に見えやすくなった。結果的にこの広報部門は、ビジネス成果を後押しできるコンサルタント的パートナーとしての地位を確立したという。

もっと効果が大きい場合もある。企業が戦略や研究開発、調達といった本社部門に期待するのは、たんに注文をとることではなく、ライン部門が事業の前提となる仮説を徹底的に考え抜くように仕向けることである。たとえば新しい市場機会に関する仮説でもいいし、重要な素材の価格に関する仮説でもいいだろう。

わが社の「調達、オペレーション」分野の同僚は最近、企業の調達部門が、どのようにして社内の顧客の思い込みに一石を投じられるかを調査をした。同僚スタッフの説明はこうだ。「真に革新的なアイデアを生みたいなら、調達部門は事業戦略を理解するだけでなく、その戦略の根拠となる仮説や前提条件も理解しなければなりません。そうすれば、たんなる支出データの分析にとどまらず、自分たちの専門知識が活きる他の領域を知ることができます。また、事業戦略のもとになる仮説がわかったら、戦略のどの部分が誤った仮説に基づいているかを指摘することも大切です。ライン部門の考え方に異を唱え、優れた代案を示すことは、会社にとっても大いにプラスになります」

研究開発もまた、仮説や思い込みに疑問を投げかけることが非常に重要な分野である。誤った仮説のせいで、会社がバイアスにとらわれたり、不慮のリスクの犠牲になったりしてはならない。企業は、現在の不安定な経済状況を乗り越えるため、研究開発部門に「変革的イノベーション」を望んでいる。つまり、イノベーションパイプラインの初期段階を強化したいと考えている。これがうまくいったときのリターンは莫大である。「イノベーション、戦略」分野の同僚によると、変革的なアイデアによって成長の種まきができる研究開発組織は、そうでないところに比べて、新製品の売上が二倍になる。しかも、変革的なアイデアの開発サイクルは、競合他社より一一％速い。熟慮を経た市場ニーズに直結するアイデアは、手直しがあまり必要ないからだ。

同僚スタッフによれば、研究開発部門がそなえるべきコンピテンシーのうち、変革的アイデアを可能にするという点で最大のリターンをもたらすのは、「戦略への影響力」、すなわち企業や事業の戦略に影響を与える能力である。だが、研究開発責任者の七〇％近くが、自分たちのチームにはこの重要な能力が足りない、と回答している。

ここで問題になるのは、イノベーションプロセスの初期段階で、多くのよいアイデアが消えてゆくということである。どうやら各企業は、変革的イノベーションの機会をたびたび逃している。市場で成功を収めるアイデアがほとんどないのは、研究開発部門が優れたアイデアを排除してしまう、アイデアの値打ちを説得できない、あるいはアイデアを市場ニーズに結びつけられないためであることが多いのだ。

これを受けて同僚たちは、われわれが「チャレンジャー・セールス・モデル」を裏づけるためにやったように、さまざまな成功事例を収集した。そしてクライアント企業に対して、研究開発チームが事業部門の思い込みに疑問を呈し、新しいアイデアが門前払いをくうのを防ぎ、初期段階のアイデアについて迅速に意見を集めるにはどうすればよいかを、教えるようになった。

事業部門の言葉で話そう

いわゆる本社部門は、各事業部門がわかる言葉でコミュニケーションできないという問題で、よく苦労する。法務であれITや人事であれ、本社部門の人間は特定分野の専門家であり、その専門知識は社内の顧客の信頼に値するが、残念ながら、魅力的なアイデアやインサイトを伝える助けにはならない。

わが社の「営業、サービス」分野の某クライアント企業（金融サービス関連）は、顧客サービスにおける永遠の課題とは、「顧客の苦情をきっかけに、事業部にどうアクションを起こさせるか」だと話してくれた。その企業の顧客サービス部門はこれまで、電話の件数、苦情処理に要した時間といった、いわば「コールセンター用語」で、顧客の苦情を報告してきた。だが、それでは事業部に響かないことがわかった彼らは、一つひとつの苦情が会社に及ぼす財務的影響を算出するモデルを開発した。すると突然、事業部の面々は興味津々になった。顧客サービス担当のバイスプレジデントいわく、「こうしたデータは無視できない明快な事実を示していて、誰もがその問題を直視せざるをえない。体系的な問題の発見にも役立ちますし、うちと協力すればこれを解決できるというメッセージにもなります」。

専門用語という点でいちばんひどいのは、法務部だろう。「法務、リスク、コンプライアンス」分野のクライアント企業によれば、法務チームのスタッフ育成には、相当な時間と労力がかかるという。「法律家がロースクールで学ぶスキルは、ビジネスの場では役に立ちません。ロースクールでは、長い専門的な弁論趣意書を書くように教わります。それは裁判官には有効かもしれませんが、ビジネスパーソンにとっては最悪です。ですから、事業パートナーとのコミュニケーションのとり方を、時間をかけて教えます。コミュニケーションのコーチを招くこともあります。いかにも法律文書といった聞きなれない言葉を使わせないためです。社内の法務関連部門で成功したければ、ビジネスの世界になじむ必要があります」

この法務責任者がさらに言うには、法律家がビジネスパートナーとうまくつきあえないのは、専門用語のせいだけではない。彼らは意思決定に役立つ選択肢を示すのではなく、どうしても判定を下そうとしてしまうのだ。「法律家はどっちつかずの答えを出したがります。『その決定はあなたの有利になるかもしれないし、不利になるかもしれません』というように。でも、それでは無意味です。意思決定の参考になりませんから」

このような体質を改めさせるため、彼は外部専門家の協力をあおいで、訴訟リスクの予測について教えている。「未来を占う水晶玉があるわけではありませんが、それぞれの意思決定についてある程度の確率を計算し、損害額をはじき出すことはできます。『勝訴の可能性も敗訴の可能性もあります』と言うよりは、そのほうがよほど役に立ちます」

専門用語を使わず、事業部門の言葉で話すだけでも、話を聞いてもらいやすくなる。だが、それではまだ、重要な戦略会議に呼ばれたり、リスクの高い意思決定をするときに「なくてはならない存在」と思われる可能性は低い。無視はされないにしても、必要とされるには至らない。本社部門のスタッフがしっかり「席を確保する」には、説得力のあるインサイトが要る。ライン部門の多忙な幹部は、二度も三度もチャンスを与えてはくれない。

戦略会議に呼ばれてこそ

そこで、あなたのチームを事業に欠かせないパートナーとするための戦術を、当社の「マーケティング、コミュニケーション」分野の研究成果から紹介しよう。あるハイテク企業の事例だ。

どの企業でも、市場調査担当者は、ここまでふれてきた問題に漏れなく苦しんでいる。言われたことをやるだけの「御用聞き」にすぎないとの評価を受けたり、専門領域にどっぷりつかっているせいで、事業部との関係づくりに苦心したり……。そのハイテク企業の市場調査部門では、市場調査が経営幹部レベルの戦略的議論に大きな影響を与えるチャンスは何度もあったのに、部門ができたばかりだったせいで、一度も幹部クラスの人間と席を囲めていなかった。当時の調査責任者が言う。「会社に提言できる戦略的アドバイスはあったのですが、うちはまだ経営陣に耳を貸してもらえる立場ではありませんでした。まずは戦略的アドバイザーに何ができるかを直接知ってもらうこと、つまり、わがグループの能力を示すチャンスをどうやって見つけるかが問題だったのです」

だが、ついにチャンスがやってきた。そのとき彼は、経営陣にできるかぎりよい第一印象を与えるために、全部員にいくつかの条件を課した。①重要な経営課題に対応する調査プロジェクトであること。②有意義なインサイトを見出す可能性が高いこと。③グループの専門知識内のプロジェクトであること。④問題解決の確率が高いこと。⑤必要なリソースが少ないこと。どこかで聞き覚えがある？　そう、優れた「指導トーク」に必要な条件とずいぶん似ているのである。第5章で見た「SAFE-BOLDフレームワーク」にも似ている。

結局、この条件のおかげで、調査部門は最初の経営陣向けプレゼンテーションで魅力的なインサイトを提示することができた。依頼される戦略プロジェクトの数も倍増し、部門予算は六五％増加した。「要は」と、さきの責任者は言う。「正しい問題を見つけることです。最初にうまくやればドアは開かれ、経営陣も時間をとってくれます。何か大切なことを言いそうだと思ってもらえるからです」

変革は続く

CEBでは、ほかにも本社スタッフ向けの研修プログラムを数多く提供している。たとえば、人事や財務関連の「リーダーシップアカデミー」では、クライアント企業のスタッフがコンサルティングスキルを身につけるのを重点的に支援しているし、市場調査関連のプログラムでは、コンサルティングスキルとプレゼンテーションスキルの研修を実施している。どのプログラムもつねに盛況だ。いまのところ、これがリーダーにとって喫緊の課題だからだろう。

とはいえ、この手のスキルや能力に対する需要も、いずれ下火になるのだろうか？ 五年後、一〇年後に、大手企業でどんなスキルがもてはやされるのかを予測するのは難しい。けれども、事業部門が本社スタッフに対する要求のレベルを簡単に下げるとはまず考えにくい。社内の顧客はこれからも、（社外の顧客と同じように）コスト削減や利益アップのアイデアを歓迎し、（社外のサプライヤーであれ、社内のサポートスタッフであれ）優れたインサイトをもたらす相手に報いようとするだろう。事業部は本社スタッフを選べないものの、財布のひもを握っていることが多い。いままでどおりのサポートを頼むための予算なら知れているが、大規模なプロジェクトやソリューションを依頼するとなれば、予算額は大幅にアップするにちがいない。

われわれは、「チャレンジャー」のコンセプトは営業以外の部門にも効果的だと考えている。それは、このコンセプトが多くのリーダーが置かれた現状に対する、有力な変革オプションのヒントになるからだ。顧客ロイヤルティを獲得しようと戦うサプライヤーさながら、本社部門のリーダーも（自分自身とチームのために）、大きな事業決定が下される場に同席したいと願っている。「チャレンジャーモデル」は、そうしたチームが受け身の御用聞きではないと見なされるきっかけになるのだ。

付録

付録A 「チャレンジャー」コーチングガイド（抜粋）

指導

訪問前（計画立案時）にする質問

- この顧客が抱えるどんな問題に焦点を当てる予定か？　なぜそれが彼らにとって重要だと思うのか？　同じような企業が、この問題にどう対応したか？
- このインサイトは顧客の興味をどれくらいそそるだろう？　彼らはなぜ、いままでそれに気づかなかったのだろう？

訪問後（報告時）にする質問

- 顧客はそのインサイトにどの程度興味をそそられたか？　なぜそう思うのか？

「チャレンジャー」コーチングのポイント

①状況を理解する

②顧客（見込み客）をひとつ選び、以下の問いに答える。

●その会社の今後一～三年の戦略目標は何か？

●彼らがライバルより強いのはどの点か？　後れをとっているのはどの点か？

●接触する人物の役割は、その会社の戦略目標や強み（弱み）にどう影響しているか？

コーチは販売員と協力して、自社の強みと顧客の事業機会を結びつけるにはどうすればよいかを考え、説得力ある「指導」の会話を準備する。

適応

訪問前（計画立案時）にする質問

●この顧客の業界における最新トレンドはどのようなものか？　そのトレンドは顧客にどう影響するか？

訪問後（報告時）にする質問

●この顧客の市場ポジションでユニークなのはどんな点か？　彼らの弱点はどこか？

●この顧客の経済ドライバーについて何を知ったか？
●思わぬ情報や目標が語られなかったか？　それにどう対応したか？

支配

訪問前（計画立案時）にする質問

●購買プロセスを前進させるために、次はどうするか？
●顧客の購買プロセスをどう理解しているか？

訪問後（報告時）にする質問

●この会話は商談を進めるうえでどう役立ったか？
●緊張が高まったとき、緊張感を和らげたいと思ったか、それともかまわず続行したか？
●次のステップはどうするか？

＊コーチングガイドの完全版は www.thechallengersale.com よりダウンロード可（二〇一六年一一月一〇日まで）。ここには、
●コーチングと育成のポイント
●「チャレンジャー」の行動詳細ガイド

●訪問前・訪問後の質問
●「チャレンジャー」チーム構築のヒント
●チームミーティングのポイント
●「チャレンジャー」リーダーとしてのあなたの役割

などが紹介されている。

付録B 営業スタイル自己診断

診断方法

左記の各項目について、自分の営業方法をどの程度言い表しているかを1～5で評価してください。

1：まったくそう思わない
2：あまりそう思わない
3：どちらともいえない
4：まあそのとおりである
5：まったくそのとおりである

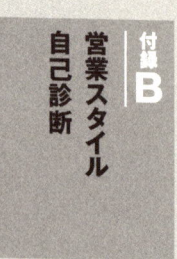

項目	スコア
①顧客と長期にわたって有益な関係を築くことが多い。	
②顧客に独自の視点を提示し、自社の製品・サービスにつながる新しいインサイトを伝授することができる。	
③自分が売る製品・サービスに精通しており、買い手よりよほど知識がある。	
④顧客にとって正しいと思うことを言うためなら、嫌な顔をされるのも覚悟する。	
⑤交渉の席では、顧客にとってのバリュードライバー（価値向上要因）に応じてメッセージを変える。	
⑥顧客のビジネスにとって重要な要因を特定し、その情報をもとに営業アプローチを変えることができる。	
⑦顧客からの要望には、自分ですべて応えるようにしている。	
⑧状況が困難になっても、顧客に意思決定を促すのをいとわない。	
⑨価格や報酬について顧客と上手に話し合うことができる。	
⑩訪問営業や打ち合わせの前に、人よりも時間をかけて準備する。	

集計方法

●問②と③のスコアを足し、「差別化のための指導」欄に数字を記入。
●問⑤と⑥のスコアを足し、「共感を得るための適応」欄に数字を記入。
●問⑧と⑨のスコアを足し、「営業プロセスの支配」欄に数字を記入。

①、④、⑦、⑩のスコアが高い人は、「チャレンジャー」以外のスタイルで営業する傾向がある（①は「関係構築」タイプ、④は「一匹狼」タイプ、⑦は「問題解決」タイプ、⑩は「勤勉」タイプ）。

差別化のための指導　□

共感を得るための適応　□

営業プロセスの支配　□

それぞれの欄の数字が、

●8以上：出足はばっちり。この調子で顧客の考え方にチャレンジせよ。
●5～7：土台はあり。開発分野をしぼり、もっとチャレンジすることを自分に課せ。
●4以下：まだ不慣れか。ここならと思う分野を決めて、能力開発をスタートさせよ。

付録C 「チャレンジャー」採用ガイド——面接で何を訊くか

コンピテンシー	定義	面接時の質問例	評価指針	よくない傾向
独自の視点を提供する	●顧客のビジネスに対する見方に異を唱え、これを再構成する。 ●顧客の優先順位に応じたインサイトを、売り手ならではの差別化要因に結びつける。	●顧客との会話をふだんどのように始めますか? ●顧客に、自分たちが抱える問題やニーズについて、違う角度から考えさせたときのことを教えてください。 ●営業トークに盛り込む内容をどのよ	●売り手の強みよりも顧客のベネフィットを強調するように営業トークを組み立てる。 ●顧客のビジネスに関係が深く、売り手の能力に結びつくインサイトを提供する。 ●顧客の反応に基づ	●営業トークが製品・サービスの特徴や利点ばかりを強調している。 ●インサイトが顧客の優先事項と合っていない。 ●売り手の差別化要因を明確化できない。

コンピテンシー	定義	面接時の質問例	評価指針	よくない傾向
		うに決めていますか？ ●顧客があなたの考え方に納得していることを、どのようなやり方で確認しますか？ ●営業トークがうまくいかなかったとき、どう対応しましたか？ ●相手によってどう営業トークを修正しますか？	いて営業トークを修正する。	●営業トークを途中で修正できない。
双方向コミュニケーションを促す	●売り手の提供する価値を明示し、顧客とともにビジネスの優先事項に対応する。 ●言葉以外の手がか	●顧客とふだんからどのような関係を築いていますか？ ●どのようにして顧客に事業上の優先順位について語ら	●顧客ニーズへの対応力に基づいて関係が築かれている。言葉以外の手がかりをふまえて行動を修正する。	●オープンで親しみやすい態度が見られない。 ●融通がきかず、最終決定を下したがる。

	りを読み取り、想定外の顧客ニーズを特定する。 ●顧客社内のステークホルダーから賛同を得ることができる。	せますか? ●顧客との対話中、言葉以外のどんな手がかりに注意していますか? ●水面下の顧客ニーズに積極的に対応したときのことを教えてください。 ●多忙な幹部に会わせてもらうため、どのように「門番」に働きかけますか? ●各部門間の調整を苦労してなし遂げたときの話をしてください。	●複雑な顧客ニーズをふまえて、各部門間の調整ができる。	●ボディランゲージを理解できない。 ●複数の関係のバランスをとるのが苦手。
顧客のバリュードライバーを知っている	●顧客のビジネスについて詳しく、多角的に問題を論じられる。	●顧客のさまざまなステークホルダーから賛同を得るため、どんな方法をと	●体系的なプロセスに従って、意思決定者とその優先事項を特定する。	●取引にかかわるすべての当事者を把握していない。 ●どんな相手にも同

コンピテンシー	
定義	●幅広いインフルエンサーと話すのをいとわない。 ●売り手の能力を個々の目標と結びつけ、購買の障害をなくす。
面接時の質問例	りますか？ ●意思決定者やインフルエンサーをどのように特定しますか？ ●意思決定者にとって何が重要で何が重要でないかを、どのように判断しますか？ ●顧客のビジネスについて知るための調査方法を教えてください。 ●顧客組織内でライバル企業を支持しそうな人を、どのようにチェックしますか？ ●あなたの製品・サ
評価指針	●顧客独自の要求事項に営業トークを適応させる。 ●売り手対買い手の関係からパートナーシップへ移行し、顧客の目標達成に貢献する。
よくない傾向	じ営業トークを使う。 ●あくまで取引中心の関係を維持する。 ●顧客のビジネスの優先事項をよく知らない。

		ービスが顧客ニーズに合わなかったときの話をしてください。		
経済ドライバーを特定できる	●業界や経済の動向を追跡し、それが顧客の事業に及ぼす影響(新しいビジネスチャンスなど)を理解する。 ●業界のトレンドや他社の成功事例を顧客に教える。	●いまの経済危機が顧客の業界にどんな影響を与えましたか? ●顧客の優先事項を決定または修正するのを手伝ったときのことを教えてください。 ●あなたはライバルから経済や業界事情の専門家と見なされていますか? また、それはなぜですか? ●事業環境について知るのに、どんなリソースを使ってい	●業界や経済の動向に詳しく、それを顧客のビジネスに関連づける。 ●計画立案段階で顧客からよく相談を受ける。 ●顧客シェアを高めるビジネスチャンスをよく見つける。	●業界に精通していない。 ●経済動向を顧客の目標に関連づけることができない。 ●新しい顧客機会を生み出せない。 ●顧客にビジネスの優先事項をアドバイスできない。

コンピテンシー		お金の話をいとわない
定義		●自社および他社の価格、顧客の予算を把握している。 ●製品・サービスの価値と価格を明確に結びつけ、価格設定に文句を言わせない。 ●商談をいつ打ち切るべきかがわかる。
面接時の質問例	ますか？ ●新しい顧客を開拓した、あるいは開拓しようとしたときの話をしてください。 ●業界の成功事例を顧客と共有したときのことを教えてください。	●値上げの話を押し通して了解させたときの話をしてください。 ●値下げを迫る顧客にどのように対応しますか？ ●曖昧な価格指針でも相手をうまく納得させたときの話
評価指針		●どんな段階でもお金の話をいとわず、絶対的な価格指針に依存しない。 ●価格にとどまらない、売り手ならではの差別化要因に顧客の目を向けさせる。 ●大きな利益が出る
よくない傾向		●価格の正当性をはっきり説明できない。 ●顧客の購買力を知らない。 ●すぐに値引きを認めてしまう。

	顧客にプレッシャーをかけることができる
	●意思決定プロセスを理解し、主な意思決定者に影響を及ぼす力がある。 ●相手の反論に先手を打ち、望ましい結果へ顧客を導く。 ●売り手になり代わって合意形成をしてくれる賛同者を顧客組織内につくる。
を教えてください。 ●つねにあなたより安い価格をつけるライバルにどう対応しますか？ ●価格のせいで商談を打ち切ったときのことを教えてください。	●あなたについて顧客が連想することをひとつ挙げるとしたら？ ●取引にかかわる人全員のコンセンサスをどのように築きますか？ ●行き詰まった商談をどうにか前進させたときの話をしてください。
商談をまとめることができる。	●意思決定プロセスやさまざまな関係者の優先事項を知る、熟練の交渉者である。 ●ステークホルダーのコンセンサスを築き、単独で取引をまとめる。 ●経営幹部よりもまず賛同者をねらって支持を確保する。
	●顧客に対して過度に攻撃的または受動的になる。 ●ステークホルダーのコンセンサスをなかなか得られない。 ●交渉を終わらせるために値下げに走る。 ●経営幹部ばかりに接触しようとする。

コンピテンシー	
定義	
面接時の質問例	●あなたの交渉術に閉口した顧客に、どう対応しましたか？ ●成約を得るために譲歩したときのことを教えてください。そのとき、どんな譲歩をしましたか？ ●顧客側の賛同者に、あなたになり代わって営業してもらったときの話をしてください。
評価指針	
よくない傾向	

弊社刊行物の最新情報などは
以下で随時お知らせしています。
ツイッター
@umitotsuki
フェイスブック
www.facebook.com/umitotsuki
インスタグラム
@umitotsukisha

チャレンジャー・セールス・モデル
成約に直結させる「指導」「適応」「支配」

2015年11月2日　初版第1刷発行
2022年6月11日　　第17刷発行

著者
マシュー・ディクソン／ブレント・アダムソン

訳者
三《み》木《き》俊《とし》哉《や》

編集協力
藤井久美子

装幀
Y&y

印刷
中央精版印刷株式会社

発行所
有限会社 海と月社
〒180-0003　東京都武蔵野市吉祥寺南町2-25-14-105
電話0422-26-9031　FAX0422-26-9032
http://www.umitotsuki.co.jp

定価はカバーに表示してあります。
乱丁本・落丁本はお取り替えいたします。

ISBN978-4-903212-52-4